Massin

Händlerrufe
aus europäischen Städten

Übersetzung aus dem Französischen

Ulrike Bergweiler

Heimeran

CIP-Kurztitelaufnahme der Deutschen Bibliothek
Massin, ... :
Les cris de Paris – Händlerrufe aus europäischen Städten. – München:
Heimeran, 1978.
[Einheitssacht.]: Les cris de Paris [dt.] –
ISBN 3 7765 0269 X

© 1978, Editions Gallimard, Titel der französischen
Originalausgabe: Les Cris de la Ville.
Alle Rechte der Wiedergabe vorbehalten.

© 1978 der deutschen Lizenzausgabe, Heimeran Verlag, München
Archiv 609.

Voirre Jolis

Eschandes gateaulx petyt choubz chaulx

2

6

Haren coz haren coz

8

mabelle poiree mes beans epiuars

4

souliers vieulx

rane: doulceraue

8

A mes bons naues naues

9

13

Kebue : de : mares

10

14

beaulx a b c belles heures

11

Olos quadrans des

12

A la malle tache

13

14

Ramône la cheminée otabas

15

qui veul de bon lai

Argét miduict gaigne petit

17

Aceurefe   les bon furis

18

Händlerrufe aus Paris

Die Rufe der ambulanten Händler haben die Straßen der Großstädte durch viele Jahrhunderte hindurch belebt. Sie sind die erste, „mündliche" Form der Werbung. In einer Zeit, in der die Kultur einer privilegierten Minderheit vorbehalten blieb und die Zahl der Ungebildeten groß war, verfügten die Händler nur über ihre Rufe, um die Kundschaft über ihr Warenangebot zu informieren. Behördliche Maßnahmen und Bekanntmachungen wurden aber ebenfalls durch Ausrufen publik gemacht. Der Ausrufer fungierte im Mittelalter als Nachrichtenvermittler: ihm kam die Rolle zu, die heute Zeitungen, Rundschreiben, Benachrichtigungen, Anzeigen und Plakate spielen. Offizielle Verlautbarungen, Waren, verlorene Kinder, Einberufungen, Beerdigungen, Versammlungen der Bruderschaften usw. wurden durch vereidigte öffentliche Beamte ausgerufen. Diese genossen jedoch weniger Ansehen als der Herold, dessen Mission es war, Kriegserklärungen anzukündigen und Wappen zu prüfen, und dessen Person, wie man weiß, unantastbar war. (Der Wappenherold fungierte seinerseits bei Turnieren als Ausrufer und Zeremonienmeister.)

Ein im 18. Jahrhundert veröffentlichtes *Wörterbuch des Handels* definiert den Ruf folgendermaßen: „Verkündigung oder Bekanntmachung, die von Polizeibeamten ausgeführt wird, um dem Volk den Verkauf von Waren . . . die Eröffnung von Märkten, die Wiederherstellung oder Freigabe des Handels zwischen ehemals verfeindeten Nationen, sowie Verbote und Suspendierungen usw. mitzuteilen. Man bezeichnet so auch alles, was durch die Meister der Alteisen- und Lumpensammlerzunft, oder auch durch gewisse arme Frauen, die man Marktschreierinnen alter Hüte nennt, laut ausgerufen wird, oder schließlich durch andere Personen, die Kleinkram, Gemüse, Obst usw. verkaufen, Waren, die sie in Kiepen tragen und auf Hausiererkästen vor sich ausbreiten oder die sie auf Maultieren und kleinen Pferden, die sie vor sich hertreiben, geladen haben."[1]

Straßenrufer hat es zweifellos schon immer gegeben. Es ist zu vermuten, daß sie bereits in der Antike populär waren. Dennoch werden sie in antiken Texten selten erwähnt; bildliche Darstellungen der Straßenhändler sind nicht überliefert. Im klassischen Griechenland wurden die Bekanntmachungen von offiziellen Verlautbarungen und kommerziellen Anzeigen öffentlichen Ausrufern anvertraut. Feste, die unter religiösem Vorwand organisiert wurden, boten Gelegenheit für kommerzielle Veranstaltungen. Dabei war es Brauch, während dieser Zeit politische Kämpfe ruhen zu lassen, wodurch die Händler ihre Geschäfte in voller Si-

Zu den Abbildungen 1–18: Die erste bekannte bildliche Darstellung von herumziehenden Händlern mit Angabe Ihres Rufs (ca. 1500). 1. Schöne Gläser (Glaswaren). 2. Windbeutel, Kuchen, kleine warme Windbeutel. 3. Geräucherte Heringe . . . 4. Mein schöner Mangold, mein schöner Spinat. 5. Alteisenhändler. 6. Alte Schuhe. 7. Verkäufer von Besen. 8. Rüben, süße Rüben. 9. Meine guten Kohlrüben, Kohlrüben. 10. Saubohnen. 11. Schöne Alphabethe, schöne Kalender. 12. Großes, trockenes Brennholz (Bündel aus kurzen und mitteldicken Holzstücken). 13. Entfleckungsmittel (Fleckenrausmacher, Kleiderreiniger). 14. Oblaten- oder Waffelverkäufer (das *oublie* ist ein feines Gebäck das später *plaisir* heißen wird). 15. *Fege den Schornstein von oben nach unten.* 16. Wer will gute Milch? 17. Scheren- und Messerschleifer (*gagne-petit*, Kleinverdiener; Namen mit dem man zumeist den Scherenschleifer bezeichnete). 18. Verkäufer von Feuersteinen.

cherheit abwickeln konnten. Auf dem Herbstmarkt an den Thermopylen waren den Sklavenhändlern und Geldwechslern feste Plätze zugewiesen; man konnte dort unter anderem Kräuter und Blumen kaufen. Plutarch erwähnt die „Nomaden der Straßen", zu denen er auch öffentliche Spaßmacher, Wahrsager und Scharlatane zählt. Man weiß auch, daß es im alten Rom Hausierer, außerdem öffentliche Ausrufer und Leichenbitter gab. Über die Sitten und Gebräuche der Händler des Mittelalters besitzen wir ein Dokument von ganz besonderer Bedeutung: das *Livre des Métiers*, „Buch der Berufe", das uns der im 13. Jahrhundert lebende Etienne Boileau hinterlassen hat.[2] Darin zählt Boileau nicht weniger als 120 Berufe auf; er erklärt deren innere Organisation und zeichnet die Statuten der einzelnen Gruppen auf. Durch dieses Dokument sind wir in umfassender Weise über das Leben der Zünfte, die Regelung der Arbeit, die geltenden Wettbewerbsgesetze und die Gerichtsbarkeit im 12. und 13. Jahrhundert informiert. So erfahren wir, daß das Ausrufen als öffentliche Dienstleistung der königlichen Autorität unterstellt war. Die offiziellen Ausrufer, von Privatleuten entlohnt, zahlten dafür eine Abgabe an den Staat, die bald eine so bedeutende Einnahmequelle wurde, daß der König schließlich den Ertrag des Pariser Ausrufwesens, *crierioe parisiensis*, an einen Lehnsherrn verpachtete. Die so entstandene Korporation wurde von zwei Delegierten, den sogenannten Meistern der Ausrufer, verwaltet; jeder von ihnen herrschte über ein Seineufer. Später kam das „Pariser Geschrei" wieder unter die königliche Obhut; aber Philippe-Auguste übergab es 1220 für eine jährliche Rente der Hanse der Wasserträger, die ihrerseits der Ursprung der Pariser Gemeindeverwaltung ist. Als Etienne Boileau 1268 daran ging, die Gebräuche der Pariser Berufe zu kodifizieren, vertrauten ihm die Weinausrufer ihre Statuten an.

Die Weineinzelhändler entrichteten für jedes frisch angestochene Faß eine Abgabe an die Stadt. Morgens meldete sich ein Ausrufer in der ersten besten Schänke[3]; vorausgesetzt, es hatte sich nicht bereits einer seiner Berufsgenossen eingefunden, war der Schankwirt verpflichtet, ihn aufzunehmen. Der Ausrufer überwachte sodann die Weinzubereitung, beobachtete das Abfüllen und probierte den Wein; dann ließ er sich einen Krug und einen Becher geben und ging durch die Straßen und rief den Wein aus; er lobte seine Qualität und seinen Preis und gab ihn den Bürgern zu kosten. Den Händlern war es untersagt, einen eigenen Ausrufer einzustellen. Sie mußten außerdem, wenn ein Ausrufer bei ihnen erschien, um sich bei den Gästen nach den ihnen abverlangten Preis zu erkundigen, ihren Tarif dem angleichen, den man für den Wein des Königs zahlte.

Die Weinausrufer, die von der Gemeinde ernannt und abberufen wurden, leisteten einen Berufseid und zahlten an diese eine Abgabe von einem Heller. Ausgerufen wurde zweimal am Tag, mit Ausnahme von Sonn- und Feiertagen, Fest- und Hoftrauertagen, an denen selbstverständlich keine Abgaben geleistet werden mußten. Die Weinhändler, die ihrerseits den Ausrufern vier Heller pro Tag zahlten, fanden die Gemeindeabgabe bald zu hoch und die Einmischung der öffentlichen Beamten in ihre Geschäfte lästig. Sie beklagten sich beim König, doch sah dieser natürlich keinen Grund, auf ein jährliches Einkommen von 320 Livres zu verzichten. Das Privileg blieb also bis 1415 erhalten, dem Zeitpunkt, da die Ausrufer sich wieder zu einer Zunft zusammenschlossen. Die neue Verordnung schaffte jegliche Unterschiede zwischen den verschiedenen Ausrufern ab. Sie riefen nunmehr nicht nur Wein aus, sondern auch Öl, Zwiebeln, Bohnen, Erbsen usw., sowie die Namen der Verstorbenen und „alle anderen Dinge, die in der genannten Stadt auszurufen waren". So kam es dazu, daß unter der Regierung Karls VI. der Weinausrufer, der sich nicht mit dem Ausrufen von Waren, polizeilichen Verordnungen und strafrechtlichen Urteile zufrieden geben wollte, zum *clocheteur des trépassés*, Leichenbitter, wurde.

Wie der Weinausrufer gehörte auch der Leichenbitter, *crieur des corps*, Leichenausrufer, genannt, zur Klasse der öffentlich vereidigten Ausrufer, im Gegensatz zu den vereidigten, freien Ausrufern. Mit einer weißen, von schwarzen Tränen übersäten Dalmatika bekleidet und seine Glocke läutend, durchwanderte er bei Einbruch der Dunkelheit die Straßen und verkündete mit trauervoller Stimme Namen und Titel des Verstorbenen, sowie Tag und Zeitpunkt der Beisetzung. War der Verstorbene wohlhabend, stellte die Familie zwei oder drei Ausrufer ein. Die Einhüllung der Leiche erfolgte durch eine Frau, die dazu dreieinhalb Ellen Leintuch verwendete. Handelte es sich um eine wichtige Persönlichkeit, so nahmen Kräuterspezialisten und Apotheker eine Einbalsamierung vor, und der Leichnam wurde, prunkvoll bekleidet, in einem mit Wachstuch ausgelegten Sarg aufgebahrt. Der Brauch wollte es, daß der Leiche Arme folgten, die neu eingekleidet und mit Fackeln und Geld versehen wurden. Auf diese Weise konnte man Leichenzüge sehen, denen bis zu 400 Arme folgten. Die weniger Wohlhabenden oder die, die in Krankenhäusern starben, wurden einfach in ein grobes Leintuch genäht und morgens früh, fünfzig auf einmal, (um Platz zu sparen, legte man die Kinder zwischen die Beine der Erwachsenen) in einem von zwölf Männern gezogenem Karren, zum Friedhof von Clamart gebracht. Dort kamen sie in ein immer offen stehendes Grab, in dem jede neue Leichenreihe nur mit ungelöschtem Kalk bedeckt wurde. Es soll sogar vorgekommen sein, daß Kranke, die man für tot gehalten und daher aus ihren Betten geholt hatte, durch die große Kälte aufwachten. Nach Merciers *Tableau de Paris* haben junge Chirurgen des öfteren die Leichen gestohlen, während die Totengräber, die sich die Zeit damit vertrieben, die Gräber zu schänden, im Winter mit dem Holz der Särge heizten und sich mit den Hemden der Toten bekleideten. Später, als die Mode aufgekommen war, die Beisetzungen mit Pracht und Pomp zu feiern, verlieh die Zunft der Ausrufer, die seit Beginn des 15. Jahrhunderts die vom Brauchtum geforderten „Gewänder und Mäntel, seidenen Stoffe und Trauerkappen" lieferte, auch große Leichenwagen. Diese waren zumeist in einem so schlechten Zustand, daß man im Inneren vorsichtshalber Handwerker unterbrachte, die notfalls rasch Reparaturen ausführen konnten. Hatten sie ausnahmsweise nichts zu tun, so schlugen sie sich die Zeit tot, indem sie zum Beispiel auf dem Sarg Würfel spielten. Die Zeiten haben sich geändert, die Leichenwagen sind stabil und motorisiert; das Monopol der Leichenbitter ähnelt jedoch in frappierender Weise jenem, das einige Jahrhunderte später von den Bestattungsunternehmen ausgeübt werden wird.

Ursprünglich riefen die Händler ihre Waren selbst aus. Die meisten Geschäfte wurden sowieso auf der Straße abgewickelt, denn die tiefen, niedrigen Läden waren dunkel. Die aufklappbaren Fenster[4] der Läden, die sich in der Mitte waagerecht öffneten,

Ouiſtre a l'eſcaille.

Ie crie ouiſtre en eſcaille, eſcaille viue eſcaille,
Pour faire deſieuſner ceux qui ieuſnent la nuict:
Et ſi ma marchandiſe aux mauuais ieuſneurs duit,
Et ſur tout à ceux-là pour de l'argent i'en baille.   1.
A Paris, Chez Iean le Clerc, rüé S. Iacques, à l'Eſtoille d'or.

19

A tirer la den

Quand ie tire à quelqu'vn la dent, & la douleur,
Il piſſe en ſa chemiſe & change de couleur:
Les plus mauuais ie fais tenir par trois ou quatre,
Car en leur faiſant mal, ils me pourroient bien batre.   12.

20

waren später kein fester Bestandteil der Vorderfront mehr. Das Schutzdach hingegen wurde fest mit dem Bau verbunden und nahm mitunter derartige Proportionen an, daß eine Verordnung seine Höhe auf 12 Fuß vom Erdboden und seinen Vorsprung zur Straße hin auf 3 Fuß festlegte.

Bis ins 14. Jahrhundert war die Hälfte der Gewerbe jeweils in einem Viertel und sogar in einer einzigen Straße vereinigt. Es ist nicht bekannt, inwieweit diese Zentralisierung von den Machthabern gewollt oder von den Zünften selbst gewünscht war, um eine gegenseitige Kontrolle der Handwerker zu ermöglichen. Da die Mitglieder einer Zunft somit Tür an Tür wohnten, ist es nicht verwunderlich, daß die Wettbewerbsregeln äußerst streng waren.[5] Es wird von einem Fischverkäufer berichtet, der von seinen Berufsgenossen fast zu Tode geschlagen wurde, nur weil er seinen Fisch billiger verkaufte.

War eine Absprache (das heißt, das Einvernehmen, die Preise zu erhöhen oder zu senken) streng verboten, so war es den Händlern auch untersagt, einen Käufer anzuwerben, der den nachbarlichen Laden noch nicht verlassen hatte, oder die Ware eines Kollegen abwertend zu beurteilen. Es mag insofern verständlich sein, daß diese an ihre strengen Zunftgesetze gebundenen Händler die Hausierer mit Argwohn betrachteten. Sie mußten zurecht befürchten, daß diese mangelhafte und schlechte Ware oder Produkte zweifelhaften Ursprungs anbieten könnten. Einige Gewerbe bemühten sich deshalb, diesen Handel zu unterbinden. Andere hingegen, die gezwungen waren, ihn zu dulden, versuchten, ihn durch Verordnungen zu reglementieren. So erlaubten die Teppichhändler das Hausieren nur am Freitag, Sonntag oder an Großmarkttagen. Die Fransenmacher verbaten den Hausierern, mehr als eine Haube oder einen Kopfkissenbezug auf einmal feilzubieten. Im allgemeinen war es jedoch schwierig, die kleinen Leute, die Hauptkunden der Hausierer, daran zu hindern, ihre Ware abzunehmen. Sie versäumten es auch nicht, von Tür zu Tür gehend, ihre Dienste anzubieten, und dies mit einem derartigen Geschrei, daß Guillaume de la Villeneuve im 13. Jahrhundert in einem seiner Gedichte sagen konnte:

Que jà ne fineront de brère
Parmi Paris jusqu'à la nuit.

(Sie werden nie zu schreien aufhören / in Paris bis in die Nacht hinein)

Die Straßenhändler und ihre Rufe sind zu allen Zeiten und in allen Ländern von Dichtern und Komponisten gerühmt worden, sie haben Historiker und Chronisten beschäftigt. Sie wurden auf Stichen, auf von Hausierern vertriebenen Flugblättern und auf Zierbildchen für „liebe Kinder" dargestellt; ihre Gestalten schmückten Keramiken, Gesellschaftsspiele, Fotoalben, Schattenspiele, Werbevignetten und Spielkarten; sie wurden in Liedern und Opernarien besungen. Vor einem halben Jahrhundert, also kurz bevor sie fast vollkommen verschwanden, entzückten sie noch Marcel Proust, als er die Morgenstunden in Gesellschaft von Albertine im Bett verbrachte.

Ausrufer aus dem 16. Jahrhundert: 19. Austern mit der Schale (im Gegensatz zu den *huitres huitrées*, Austern, die man ohne Schale verkaufte). 20. Zahnauszieher. 21. Verkäufer von Stroh. 22. Verkäufer von Weinhefe, die man bei der Herstellung von Hüten verwendete. 23. Wiederkäufer von Hüten. 24. *Ich weiß wohl, was ich zu machen habe,* das im 18. Jahrhundert zu *Jeder weiß, was er zu machen hat* wurde. Dieser Träger von Eimern, die unter einem weitem Umhang verborgen waren, ist nichts anderes als eine herumziehende „Bedürfnisanstalt". Holzstich anonym; 1582 von Jean Clerc veröffentlicht, ein Händler von Druckgrafik, „A l'Estoille d'Or", rue Saint-Jacques in Paris.

Bereits im 13. Jahrhundert schrieb der Dichter Rutebeuf, der in Paris das armselige Leben eines von Krankheit, Armut und Gläubigern geplagten Jongleurs führte, in seinem Gedicht *Dit de l'herberie* das Selbstgespräch eines Marktschreiers, des Händlers von Orviétan, das ein Meisterstück an Erfindung und Komik ist. Guillot de Paris gibt in seinem *Dit des rues de Paris*, in dem er nicht weniger als dreihundert Namen von Pariser Straßen anführt, ein malerisches Bild der mittelalterlichen Sitten. Der bereits erwähnte Etienne Boileau schildert in seinem *Livre des Métiers* die Tätigkeit der herumziehenden Händler. Guillaume de la Villeneuve stellt hingegen in dem Werk *Dit des cris de Paris* eine bemerkenswerte Liste ihrer erstaunlichen Vielfältigkeit auf. Die Anpreisungen der Straßenhändler wurden auch in zahlreichen Fabliaux (altfranzösischen Verserzählungen) und manchmal sogar in Mysterienspiele aufgenommen: so der Ruf des Schankwirts und des Baders oder der des Kurzwarenhändlers, der unter dem Vorwand, eine vollständige Aufzählung seiner Ware zu geben, es nicht vergaß, die Aufmerksamkeit der jungen Mädchen und Frauen auf die Ware zu lenken, die er selbst ihnen zugedacht hatte.

Im 15. Jahrhundert rühmt François Villon in der *Ballade des femme de Paris* das sprachliche Talent der zwei Heringsverkäuferinnen des Petit-Pont und versichert, daß („il n'est bon bec que de Paris") es nur in Paris eine spitze Zunge gäbe. Im folgenden Jahrhundert parodiert Rabelais in seinem *Pantagruel* die *Göttliche Komödie* von Dante, indem er die Helden der Antike in Straßenhändler verwandelt: Priamos wird zum Lumpensammler, Kleopatra zur Zwiebelverkäuferin und die Päpste Alexander und Julius II. Rattenfänger und Pastetenverkäufer.

Clément Janequin, inspiriert von den freien musikalischen Formen und der chromatischen Melodieführung, die das italienische Madrigal und die Ars nova charakterisieren, fügt in seine *Inventions musicales* ein Quartett für Sopran, Alt, Tenor und Baß – *Les cris de Paris* genannt – ein. Dem *Chanson de tous les cris de Paris* liegt die Melodie der „volte de Provence", eines Tanzes, der in Wirklichkeit aus Italien und nicht aus der Provence stammt, zugrunde. Zu erwähnen ist außerdem die *Farce nouvelle trés bonne et fort récréative pour rire des cris de Paris* von 1548, „Die neue, sehr gute und sehr erheiternde Farce, um über die Pariser Händlerrufe zu lachen", die der französische Architekt Viollet-le-Duc in seinem Werk *Ancien Théâtre français* veröffentlicht hat. Das vollständigste Werk bleibt jedoch *Cris de Paris que l'on cite journellement par les rues de ladite ville* „Pariser Rufe, die täglich in den Straßen der genannten Stadt zu hören sind"; darin werden nicht weniger als 107 Händlerrufe angeführt (zu denen später noch 21 andere Rufe hinzukamen). Dieses Buch war gleichzeitig auch das populärste seiner Art. Es wurde von 1584 an durch das ganze 17. und 18. Jahrhundert hindurch von den „Presses de Troyes" und den Hausierern der „Bibliothèque Bleue" (Volksmärchensammlung) vertrieben. Die meisten Ausgaben lassen auf das fast vollständige Verzeichnis der Händlerrufe einen „kurzen

Überblick über die Ausgaben, die jeden Tag innerhalb der Stadt gemacht werden" folgen. Dank dieses durchaus lehrreichen Dokuments aus dem ausgehenden 16. Jahrhundert wissen wir, daß der Moloch Paris zu jener Zeit täglich unter anderem 200 Rinder, 1000 Hammel, ebenso viele Kälber und 70 000 Hühner verschlang und in der Hauptstadt mehr als 872 000 Familien lebten, „ohne dabei die Priester, die Studenten und andere zu zählen", sowie (Vororte nicht einbegriffen) fünf- bis sechstausend schöne Mädchen.

Die frühesten bekannten Wiedergaben öffentlicher, europäischer Ausrufer erscheinen in einem französischen Manuskript des

Foirre nouueau foirre.

Ie ne ſuis point marchand pour aller à la Foire,
Par Paris ie vay vendre, & n'on donner mon foirre:
A pleine gorge on m'oid foirre nouueau crier,
I'en baille pour argent ſans m'en faire prier. 10.

21

La Lye.

Les bons biberons ſont en grand'melancholie,
Alors qu'il demeure au muid beaucoup de lie:
Mais ie ne ſuis pas tel; & tant plus y en a
C'eſt mon plus grand profit, & i'ayme bien cela. 9

22

Folgende Seiten von 25 bis 35: Ausrufer aus dem Beginn des 17. Jahrhunderts, anonyme Kupferstiche. 25. Neue Kalender, Kaninchenfelle. 26. Besenhändler, Verkäufer von süßen Rüben. 27. Zahnauszieher, Puppenspieler. 28. Kupferschmied (Kesselflicker), Schornsteinfeger. 29. Reisigbündel, Brunnenreiniger. 30. Austern- und Maulbeerenhändler. 31. Messerschleifer, Wasserträger. 32. Warme Pasteten, *oubly*, Waffelart.

14. Jahrhunderts, das dem „Leben des Monseigneur Saint Denis' gewidmet ist. Diese Miniaturen zeigen einen Weinausrufer, einen Wasserträger, eine Milchfrau, einen Lumpensammler, eine Obst- und Gemüseverkäuferin, einen Kolonialwarenhändler, einen Oblatenverkäufer und seine Auslage, usw. Zu diesen gesellen sich ein Jongleur, ein Bärenführer, ein barfüssiger Pilger und sich schlagende Landstreicher. Ein berittener Reisender, ein Hirt mit seiner Herde, ein Heuwagen und ein Weinfaß, das auf einem von vier Männern gezogenen Leiterwagen ruht, sind ebenfalls dargestellt. Eine weitere frühe Abbildung eines Ausrufers ist in dem auf die Jahre 1407 – 1409 zurückgehenden Stundenbuch des Duc de

Vieux chapeaux gras.

Les chapeaux ie degraiſſe , & ne puis m'engraiſſer,
Pour ce qu'en les cherchant ie marche ſans ceſſer :
Si de mon eau la graiſſe aux vieux chapeaux gras i'oſte,
Les gras peuuent oſter la leur en courans la poſte.　　7.

23

Ieſçay bien ce que ſçay 'aire.

Auec vn long manteau i'alloy par ceſte ville,
Et portoy deux grands ſeaux où lon chioit debout:
Mais voyant auiourd'huy que lon chie partout,
Ie ne m'en meſle plus : l'office eſt inutile.　　8.

24

30

Berry zu finden; es handelt sich hierbei um eine Randzeichnung, die einen an seinen Hausiererkasten gelehnten Straßenhändler darstellt. Die älteste überlieferte Folge, bei der außerdem auf wenigstens fünfzehn Abbildungen der Händlerruf des betreffenden Händlers angeführt wird, ist jedoch erst nach der Erfindung der Buchdruckerkunst entstanden. Obwohl die Umstände der Veröffentlichung, die ursprüngliche Reihenfolge sowie die Anzahl der Blätter unbekannt sind, ist zu vermuten, daß diese Serie von achtzehn kolorierten Holzstichen auf den Anfang des 16. Jahrhunderts zurückgeht. Manche datieren sie auf das ausgehende 15. Jahrhundert, andere sind der Ansicht, daß die vierzeiligen Gedichte, die einige Stiche begleiten, von François Villon sein könnten. Alle abgebildeten Gestalten werden in Aktion gezeigt: die Bewegung der Beine deutet das Gehen an; die Frauen haben eine Hand in der Hüfte, mit der anderen halten sie den auf ihrem Kopf ruhenden Korb; meistens ist der Mund offen, so, als ob sie gerade ihre Ware ausrufen wollten. Der in gothischer Schrift wiedergegebene Ruf ist, ähnlich einer Legende, mal über der Figur, mal unter ihr, mal aber auch seitlich von ihr angebracht; bei der Bohnen- und der Bücklingsverkäuferin erscheint der Ruf auf der Höhe der Lippen, wie wir es heute von den Sprechblasen der Comics kennen. Das Überraschende hierbei ist gerade, daß diese kräftigen, sicheren, wenn auch einfachen Zeichnungen (vielleicht durch deutschen Einfluß gekennzeichnet), Züge einer so modernen Kunst aufweisen, daß man sie mit der Plakatkunst vergleichen kann. Jede Gestalt ist mit einem kompromißlosen, auf jegliche unnötigen Details verzichtenden Realismus wiedergegeben; sie ist zudem mit einer solchen Klarheit gezeichnet, daß sie das eigene Ideogramm zu sein scheint. Sie stellt sozusagen den Ausrufer-Archtypus des Berufs, den sie vertritt, dar. Nach dem heutigen Forschungsstand kann man sagen, daß Frankreich mit diesen achtzehn Holzschnitten die erste homogene Folge von Händlerrufdarstellungen in der Welt besitzt. Mit ihr beginnt in brillanter Weise die über vier Jahrhunderte andauernde Geschichte der Straßenhändler und ihrer Rufe, die auf die verschiedensten Arten geschildert wird. Festzuhalten bleibt, daß für diese Galerie menschlicher Typen, diese Moden- und Trachtenschau, diesen Überblick über die Sitten und die vielen Momentaufnahmen des täglichen Lebens die Stadt Paris den wichtigsten ikonographischen Beitrag geliefert hat. London folgt sicherlich dicht darauf.

Es besteht kein wesentlicher Unterschied zwischen dem Londoner Straßenhändler und dem aus Paris, Hamburg oder Bologna: seine Universalität scheint an die ökonomischen und sozialen Gegebenheiten der Großstädte gebunden zu sein. Das Ausrufen selbst ist, wie wir bereits sahen, sehr schnell zu einem kulturellen Phänomen geworden. Obwohl also die Funktion der herumziehenden Händler in den verschiedenen Ländern dieselbe ist, gibt es genügend Merkmale, an denen man die Straßennomaden der jeweiligen Städte erkennen kann: die Sprache, derer sie sich bedienen, die Tracht, die sie tragen und die bildlichen Darstellungen, die die einzelnen Künstler von ihnen überliefert haben. Diese Un-

Almanach nouueau *Peau de Conii*

25

Argent de Balletz *Raue douſce raue*

26

Arracheur de dents *Godeno*

27

Choudronnier   Ramoneur de cheminee
                Hault a bas

28

Cotterets Sec   Efcurer de Puits

29

A L'efcaille biue   A la meure meure

30

terschiede fallen um so mehr ins Auge, als die feilgebotene Ware zum Teil die gleiche ist. Man denke nur an die Heringsverkäuferin, die, nachdem sie die verschiedenen, von ausländischen Märkten kommenden Sorten aufgezählt hat, „unseren Hering" anbietet, das heißt den aus dem eigenen Land. Dieses Beispiel beweist zudem, daß im 16. Jahrhundert nicht nur angefertigte Erzeugnisse, sondern auch Lebensmittel ein- und ausgeführt wurden; es hebt außerdem die Anziehungskraft hervor, die die europäischen Märkte ausübten. Die scharfe Konkurrenz, die unter den verschiedenen Handelsplätzen herrschte, war andererseits das Pfand ihrer wirtschaftlichen Blüte. Die Entdeckung Westindiens hatte zweifellos die Entwicklung des Güteraustauschs beschleunigt und damit den Umlauf der Reichtümer erleichtert. Darüber darf aber nicht vergessen werden, daß bereits die Kreuzzüge und die im frühen Mittelalter erschlossenen Straßen zum Fernen Osten den übernationalen Handelsbeziehungen einen gewaltigen Aufschwung gegeben hatten.

Nur eine Gestalt scheint abseits der „Internationale" der Ausrufer zu stehen: es ist der *oublieur*, Oblaten-, Waffenhändler, der ausschließlich in Frankreich anzutreffen ist. Der *oublieur*[6] ist ein Verkäufer von *oblies*, von Hostien, vom Lateinischen *oblatoe*, Opferkuchen, abgeleitet. Es handelt sich hierbei um ein leichtes Feingebäck, das aus einem fettlosen, mit Zucker, Eiern und manchmal auch mit Honig zubereiteten Teig hergestellt wurde. Die Oblate oder Waffel war rund und dünn, sie wurde zwischen zwei flachen Eisen gebacken. Dem *oublieur* stand im Mittelalter das Vorrecht zu, die Hostien herzustellen; er mußte dementsprechend auch ein „Mann guter Gesinnung und guten Rufes" sein; keine Frau durfte ihm bei seiner Arbeit helfen. Im Gegensatz zu den anderen Händlern durfte er aber auch sonntags seiner Tätigkeit nachgehen.

Ursprünglich wurden die Waffeln am Abend mit den Teigresten hergestellt und den Konditorenlehrlingen überlassen. Diese schlugen sehr bald Kapital daraus und boten sie den in den Straßen vorbeigehenden Bürgern an. Sie trugen die Oblaten und des öfteren auch andere Waffelsorten entweder in einem einfachen, mit einer weißen Serviette bedeckten Korb oder in einem ledernen Kasten, auf dessen Boden sie einen Behälter mit kochendheißem Wasser stellten, der mit einem feinem Gitter bedeckt war; daraus entwich ein weißlicher Dampf, der den Händler auf seinem Weg begleitete. Die Einnahmen der Oblatenverkäufer waren, besonders im Winter und zur Faschingszeit, hoch. Obwohl sie im 16. Jahrhundert auf Grund einer Verordnung der Konditorengilde angeschlossen wurden, gaben sie ihren Oblatenhandel nicht auf und boten nun auch gelegentlich kleine Pasteten[7] feil. Zeitweilig mußte allerdings der Kanzler Michel de l'Hospital ihren Verkauf verbieten, da sie „die Naschhaftigkeit begünstigten und faul machten".

Die Oblatenverkäufer durchwanderten die Straßen zur Zeit des Abendessens. Dieses ursprünglich gegen fünf Uhr eingenommene Mahl wurde im Laufe der Jahre immer weiter in den Abend hinein verschoben, so daß die *oublieurs* zu ziemlich später Stunde durch die Straßen zogen und manche unangenehme Begegnung machten. Da die Straßen bei Dunkelheit zumeist unsicher und daher fast menschenleer waren (die erste öffentliche Beleuchtungsanlage geht in Paris auf das Jahr 1667 zurück), setzten die Oblatenverkäufer immer weniger Ware ab. Deshalb wagten sie sich bald in die Häuser, um dort ihre Ware anzubieten. Es kam aber auch vor, daß man sie von einem Fenster aus zu sich winkte und in die Wohnung bat, um das Ende eines geselligen Abendessens zu erheitern. Die Tischgäste knobelten dann um das Gebäck, und wenn der Korb leer war, mußte der Oblatenverkäufer ein Lied vortragen, dessen ursprünglich harmloser Text (es handelte sich um den Kaufruf des Händlers) bald mit frivolen und obszönen Einlagen gespickt wurde. Es konnte passieren, daß das Fest zu einer Orgie ausartete und der *oublieur* zum Prügelknaben der allzu heiteren Runde wurde. Am nächsten Morgen wagte er es meist nicht, sein Mißgeschick der Polizei zu melden, da sie sich in vielen Fällen als machtlos erwiesen hatte und er außerdem fürchten mußte, daß sie von den Schuldigen bestochen worden war. Viele seiner Fachkollegen hatten mit ihr zudem schon manche Schwierigkeiten gehabt. Da diese Händler leicht in den Häusern aufgenommen wurden und sich frei in den Salons bewegen durften, konnten sie Einrichtung sowie Aufteilung der einzelnen Wohnungen in aller Ruhe studieren, was dazu führte, daß die *oublieurs* zu Spitzeln oder Handlangern der Diebe und Einbrecher wurden. „Sie verkauften Diebstähle", sagte man zu jener Zeit. Einige unter ihnen gingen noch weiter und schlossen sich Banden an; wurden sie verfolgt, so konnte es geschehen, daß sie Passanten mit ihren Laternen niederschlugen. Es ist also nicht verwunderlich, daß manche herumziehende Konditoren ihre Laufbahn auf dem Folterrad oder Galgen beendeten. Zu Beginn des 18. Jahrhunderts hatte der durch seine Übeltaten legendär gewordene Cartouche, der die Stadt Paris lange Zeit terrorisierte, den Gedanken gehabt, seine Leute als Oblatenverkäufer zu verkleiden. Mit diesem Kunstgriff erleichterte er ihnen ihre Aufgabe und schützte sie in gewisser Weise vor dem Zugriff der Polizei. Die Folge davon war, daß 1722 der Pariser Polizeileutnant „den Konditoren, ihren Kollegen und anderen untersagte, Oblaten (Waffeln) in Paris auszurufen und mit ihrer Ware in den Straßen der Stadt zu hausieren." Einer der angegebenen Gründe für dieses Verbot lautete, daß dieses Gebäck „gewöhnlich minderwertig sei und unwürdig, in den menschlichen Körper zu gelangen."

Viele Oblatenverkäufer gaben daraufhin ihren Beruf auf, andere übten ihn nurmehr tagsüber aus. Aber auch diese verloren bald ihre Arbeit; sie wurden von den Kolleginnen verdrängt, die *plaisirs* verkauften, ebenfalls eine Waffelart, aber größer als die ursprünglichen Oblaten, und nicht flach sondern tütenförmig. Sie waren darin den damals berühmtesten, in Lyon hergestellten Plaisirs ähnlich. Die Verkäuferinnen dieser Waffelhütchen waren anfangs hübsch und jung und ließen sich leicht und gerne den Hof machen. Favart hat sie 1758 in seinem Stück *La soirée des boule-*

Gaingne Petit   *Qui veut de l'eau*

31

Petit patez tout chaud   *Oubly Oubly*

32

33

34

35

vards auf die Bühne gebracht, während Desaugiers ihnen die Komödie *La marchande de plaisir* widmete.[8] Im 19. Jahrhundert waren die Händlerinnen dieses Gebäcks eher alt; man ging sogar so weit, sie als Wesen „ohne Geschlecht, ohne Alter und ohne Lächeln" zu beschreiben. Sie trugen ihre Ware in einem grünen, zylindrischen Blechbehälter, der quer über Schulter und Brust hing und bewegten monoton ihre Schellen. Ihre Kundschaft bestand jetzt zwar aus Kindern[9], ihr Kaufruf entsprach jedoch dem ihrer jungen, schönen Vorgängerinnen:

Voilà le plaisir, Mesdames
Voilà le plaisir

(Meine Damen das Waffelhütchen, hier das Waffelhütchen)
Die schelmischen Gassenjungen antworteten ihrerseits:

N'en mangez pas, Mesdames, Ça fait mourir

(eßt davon nicht, meine Damen, das bringt den Tod).

Der Oblatenverkäufer spielt in der Geschichte der Straßenhändler eine der ältesten Rollen. Das Steuerregister aus dem Jahre 1292 erwähnt für Paris bereits 29 *oblaiers*[10] (den Oblatenverkäufer des Königs nicht inbegriffen). Die Statuten dieses Gewerbes gehen auf das Sterbejahr von Ludwig dem Heiligen zurück, das heißt auf 1270. Ihnen ist unter anderem zu entnehmen, daß man „erst nach einer fünfjährigen Lehrzeit Meister-Oblaier werden konnte und die Fähigkeit besitzen mußte, tausend Oblaten pro Tag herzustellen."

Es gab zwei Gruppen unter den Straßenhändlern, die Oblatenverkäufer und die Milchfrauen, die kaum Gelegenheit hatten, sich in den Straßen zu begegnen, denn sie übten ihren Beruf zu ganz

Von 33 bis 38. Ausrufe aus dem Beginn des 17. Jahrhunderts, 6 Stiche aus der Schule von Jacques Callot (?).
39. Verkäuferin von kleinen Windmühlen.

36 37 38

verschiedenen Tageszeiten aus. Da sie dennoch besonders auf den aus dem 18. Jahrhundert stammenden Stichen nebeneinander dargestellt sind, liegt die Vermutung nahe, daß sich die nächtlichen Streifzüge des *oublieur* bis in die Morgenstunden hinzogen, in der er auf die Milchfrau stoßen konnte. Diese hatte dann zumeist schon einen weiten Weg hinter sich, denn die Hauptstadt wurde mit Milch aus den umliegenden, zum Teil zwei Meilen entfernt gelegenen Dörfern versorgt. Die Milchfrau trug einen roten Rock, hatte meist ein sonnenverbranntes, faltiges Gesicht und ähnelte also nicht unbedingt dem Bild, das Greuze uns von ihr überliefert hat. Mit einem Gefäß auf dem Kopf und einer Kanne in der Hand ging sie durch die Straßen; ihre Haltung muß jener entsprochen haben, die der anonyme Zeichner der bereits erwähnten Händlerrufe aus dem 16. Jahrhundert festgehalten hat. Sie hielt sich zumeist an Straßenecken oder Toreinfahrten auf und rief: *A mon bon lait chaud! Qui veut du bon lait? Ça, tôt le pot, nourrices! La laitière, allons vite!*, „Meine gute warme Milch! Wer will gute Milch? Kommt schnell herbei, Ammen! Die Milchfrau, kommt schnell!". Die Ziegenmilch und mehr noch die Eselsmilch wurde von den Kunden sehr geschätzt, zumal letztere von vielen als Allheilmittel angesehen wurde. Die feilgebotene Milch war natürlich nicht immer von gleichwertiger Qualität; manche Verkäuferinnen verdünnten sie mit Wasser und mischten ihr Mehl bei, andere entrahmten sie (daher auch der Ruf: *Au lait sans eau*, „Milch ohne Wasser", den einige Händlerinnen gebrauchten). Die größte Sorge aber bereiteten der Kundschaft die Kupferbehälter, in denen die Milchfrauen ihre Milch transportierten. Ihre Verwendung wurde schließlich auch untersagt.

39

Die Straßenhändler jedoch, die am frühesten aufstanden, waren die Branntweinverkäufer. Ihr Kaufruf: *La vie! La vie! A un sou le petit verre*, „Branntwein, Branntwein zu einem Sou das Glas", ertönte in der Morgendämmerung noch vor dem Hahnenschrei. Mit Flaschen, Maßen und Gläsern ausgerüstet, die sie in einem um den Hals hängenden Weidenkorb trugen, zogen die Männer durch die Straßen; die Frauen bauten hingegen an den Straßenecken einen mit einem Schutzdach versehenen Tisch auf, auf dem sie, manchmal durchaus kunstvoll, eine Decke, eine Laterne sowie Flaschen, Gläser, eingemachtes Obst und Zuckerstücke anordneten. Sie riefen daher auch den Passanten zu: *A la bonne eau-de-vie, pour réjouir le coeur! Eau-de-vie, brandevin[11], et la dragée au bout!*, „Der gute Branntwein, um die Herzen zu erfreuen! Schnaps, Branntwein und ein Bonbon, danach!" Zu ihrer Kundschaft zählten außer den sich zur Arbeit begebenden Handwerkern [12] und Arbeitern auch einige „bessere Herren". Manche Bürger hatten sogar die Angewohnheit, sich den Branntwein ins Haus bringen zu lassen. So erzählt Tallemant des Réaux in einer seiner *Historiettes*[13] die Geschichte jenes Edelmannes, der „morgens einen Branntweinverkäufer zu sich rief, um sich von ihm, vor dem Aufstehen, ein Reisigbündel anzünden zu lassen und abends den Oblatenhändler, damit er ihm die Stiefel auszog, und dies alles mit vorgehaltener Pistole".

Ein anderer herumziehender Händler, der bei Tagesanbruch in den Straßen von Paris erschien (und dessen Ruf, wie man sagte, den Gesang der Lerchen ersetzte), war der Austernverkäufer, *écailler* genannt. Sein Namen leitet sich von der von ihm feilgebotenen Spezialität ab: er verkaufte nämlich die Austern *de barque*, die sogenannten Bootsaustern, die in ihrer Schale mit einem Kahn nach Paris gebracht wurden, im Gegensatz zu den *huîtres huîtrées*, den Austern, von denen man die Schale entfernt hatte, um ihr Volumen zu reduzieren und sie leichter transportieren zu können. Diese Sorte nannte man auch *„huîtres de chasse*, „Jagdaustern", denn sie wurden von dem zu Pferde reisenden *chasse-marée*[14], Fischkärrner, in die Hauptstadt gebracht. Die Kärrner konnten die Entfernung zwischen dem Ärmel-Kanal und Paris, dank der von ihnen auf der Strecke eingerichteten Umspannorte, in kürzester Zeit zurücklegen. Da die *huîtres de chasse* somit am schnellsten nach Paris gelangten, waren sie auch die geschätztesten. Die Austern waren schon früh beliebt; im Mittelalter gab es bereits spezielle Messer, mit denen man sie ohne Schwierigkeiten öffnen konnte. Die Austern wurden mal roh gegessen, mal auf einem Grill mit Butter und Pfeffer zubereitet, mal aber auch in einer Pfanne gebacken. Nur im 17. Jahrhundert scheinen sie ihre Popularität eingebüßt zu haben, denn der Arzt Ludwigs XIII. fand, sie seien „grob und schwer verdaulich und würden eine Menge irdischer und melancholischer Stimmungen hervorrufen". Im folgenden Jahrhundert nahm ihre Beliebtheit aber wieder zu, zumal die Verkäuferinnen hübsch[15] waren und die Austern mit großem Geschick öffneten. Ein Chronist jener Epoche erzählt sogar, daß der Sohn Crebillons, Autor von *Egarements du coeur et de*

l'esprit, „Verwirrungen des Herzens und des Geistes", in seiner Anwesenheit „hundert Dutzend Austern aß und dabei nicht platzte".

Ungefähr zur gleichen Stunde wie die Austernhändler trat der Gehilfe des Bademeisters auf. Sein Ruf *Les bains sont chauds, c'est*

40. Grafik von Jean Lenftan, Bilderhändler aus der rue Saint-Jacques (1. Hälfte des 17. Jahrhunderts). Die rue Saint-Jacques und die in ihrer Nähe liegenden Straßen waren während zwei Jahrhunderten das wichtigste Zentrum des Pariser Bilderhandels.

41. bis 49. *Les cris de Paris dessinés et gravés à l'eau forte par Pierre Brebiette*, „Die Rufe aus Paris, gezeichnet und gestochen von Pierre Brebiette" (ca. 1640). Die Folge besteht aus 43 radierten Tafeln. 41. Kupferschmied (Kesselflicker). 42. Oblaten- oder Waffelverkäufer. 43. Zunder. 44. Milchfrau. 45. Wasserträger. 46. Austernverkäuferin. 47. Neue Lieder. 48. Essighändler. 49. Apfelsinen, Zitronen.

sans mentir!, „Die Bäder sind heiß, das ist nicht gelogen", ertönte jeden Morgen in den Straßen der Hauptstadt.

Seit den Kreuzzügen hatte sich die Mode der Dampfbäder in Europa verbreitet. Sie waren in den Zeiten, in denen die Hygiene unbekannt war und Plagen, wie die Pest, stark bevölkerte Städte[16] dezimierten, eine durchaus heilsame und gesunde Angewohnheit. Obwohl die Bademeister, *étuveurs* oder *baigneurs*[17], wie man sie später nannte, Menschen „guter Gesinnung und Sitten" sein mußten, verschlechterte sich der Ruf der Anstalten, um die sie sich kümmerten, sehr schnell. Zwar war das Baden in der Zwischenzeit durchaus populär geworden, doch verloren die Bäder, nicht zuletzt durch die erbaulichen Reden der Prediger und die Angriffe der Hugenotten, einen großen Teil ihrer Kunden, sodaß ihr Geschäft mit der Zeit zusammenbrach: es mag sein, daß die Moral dadurch gewann, sicher ist jedoch, daß die Hygiene dabei verlor.

Bei Anbruch des Tages hielten die Fischverkäuferinnen ihren Einzug und mit ihnen Obst- und Gemüsehändler, Bratenverkäufer[18] und alle möglichen Kolonialwarenhändler. „Es gibt keine Stadt in der Welt", sagt Louis-Sébastien Mercier in seinem *Tableau de Paris*, „in der die Ausrufer und Ausruferinnen eine schrillere und durchdringendere Stimme hätten. Man muß die über die Dächer hinweg erklingenden Stimmen einmal gehört haben; ihr Schreien übertönt den Lärm und den Krach der Straßenkreuzungen. Für einen Fremden ist es unmöglich, die einzelnen Rufe zu verstehen; der Pariser kann sie selbst nur aus Routine unterscheiden. Der Wasserträger, die Ausruferin alter Hüte, der Alteisen- und Kaninchenfellhändler, die Verkäuferin frischer Seefische, sie alle bemühen sich, mit einem noch lauteren und durchdringenderen Ton die anderen zu übertönen. All diese mißklingenden Rufe bilden ein Ganzes, von dem man sich kein Bild machen kann, wenn man es nicht selbst gehört hat. Der Jargon dieser umherziehenden Ausrufer ist so eigen, daß man ein Studium darauf verwenden müßte, ihn begreifen zu können. Die Hausbediensteten haben ein geübteres Ohr als die Akademiker, denn sie besitzen die Fähigkeit, vom vierten Stockwerk aus oder von einem Straßenende zum anderen zu unterscheiden, ob Makrelen, frische Heringe, Kopfsalat oder Runkelrüben ausgerufen werden. Von allen Seiten erschallen rauhe, dumpfe, helle Ausrufe: „Makrelen, die nicht tot sind, sie kommen, sie kommen! Auf Eis gelegte Heringe, frische Heringe! Bratäpfel!" „Er brennt, er brennt!" gemeint ist kaltes Gebäck. „Das Plaisir für die Damen, das Plaisir!", gemeint ist eine billigere Waffelart „Zum Boot, zum Boot!", hierbei geht es um Austern; „Portugal, Portugal!", gemeint sind Apfelsinen. Diesen Rufen muß man noch das wirre Geschrei der Trödler und der Händler von Sonnenschirmen hinzufügen. Die Stimmen der Frauen ähneln denen der Männer, diese wiederum jenen der Frauen. Es ist ein ewiges Gekreische, und wenn sich alle Stimmen an einer Kreuzung begegnen, wird es unmöglich, den Ton und die Akzente dieses jämmerlichen Spektakels zu beschreiben".[19]

Der aus der Normandie kommende Fisch wurde jeden Morgen

Chaudronniers argent des rechaux

Oublie oblie ou est il.

42

Foysre nouueau foisre.

43

A bon lait.

44

Qui veut de leau.

45

Des huitres a l'escalle

46

Chansons nouuelles douze difairentes pour vn soul

47

Voyla de bon Vinaigre

48

Oranges et citrons grenades

49

Vn hidalgo qui aux combats   Par vn infortune de guerre
Faisoit trembler toute la terre   Va criant de la mort aux rats.

Bosse in. et fe.   le Blond excud auec Priuilege.

50

in den Markthallen in einer öffentlichen Versteigerung an den Meistbietenden verkauft. Die Gastwirte der rue Montorgueil oder des Palais-Royal legten alles darauf an, die schönsten Exemplare Lachs oder Stör zu ersteigern, um damit ihre Auslagen zu dekorieren. In Paris wurde der Fisch nur von Händlerinnen feilgeboten, und zwar täglich zwischen vier und neun Uhr morgens. Die *poissonnières*, Fischverkäuferinnen wurden auch *poissardes*, Fischweiber, genannt. Ihre Schimpfwörter sowie überhaupt all ihre malerischen Ausdrücke waren und sind auch heute noch berühmt. Im 18. Jahrhundert wurden sie mit großem Erfolg in den zum Fasching und für den Gebrauch der Masken von Courtille (Pariser Boulevard, berühmt wegen seiner Fastnachtsfeiern und Kabaretts) verteilten *catéchismes poissards* aufgenommen. Fischweibern sowie Kohlenhändlern kamen bei Volksfeiern die Ehrenplätze zu; bei eintrittsfreien Vorführungen hatten die Fischweiber traditionsgemäß Anrecht auf die Loge der Königin, die Kohlenhändler auf die des Königs. So ist es auch nicht erstaunlich, daß die Fischweiber als Monarchistinnen galten und jederzeit bereit waren, einen König oder Prinzen anzusprechen. Beim Tod des Königs hat man sie sogar Hoftrauer anlegen sehen. Es stimmt aber auch, daß man ihnen politischen Wankelmut vorwerfen konnte: nachdem sie Blumensträuße zu den Tuilerien gebracht hatten, begleiteten sie den König bei seinem „Marsch auf Versailles"; während der Revolution waren sie jedoch eifrige „tricoteuses", das heißt bezahlte Weiber, die strickend den Sitzungen der Volksversammlung beiwohnten; bevor sie, schließlich, die alliierten Herrscher nach dem Sturz Napoleons empfingen, rühmten sie das Kaiserreich.

Die Obst- und Gemüsehändlerinnen, Bindeglied zwischen den Landwirten der Vororte und den Pariser Konsumenten, verkauften Gemüse, Obst, Blumen und Kräuter (*La petite chicorée sauvage!*, „Die kleine wildgewachsene Zichorie!"). Sie boten die berühmten Backpflaumen aus Tours an, Birnen aus England, Pflaumen aus Damskus; sie riefen ihren „großen Gutedel aus Fontainebleau" aus, sie verglichen ihre Früchte mit den „wahren Brüsten der Venus", und vertrieben Endivien, Petersilie, Sauerampfer, Zwiebeln, getrocknetes Obst, Melonen (*Achetez les beaux melons!*, „Kauft die schönen Melonen!"), Artischocken (*Les bons artichauts, la tendresse, la verderesse!*, „Die guten Artischocken, zart und grün!"), Spargel (*Ma belle botte d'asperges!*, „Mein schönes Bündel Spargel!"), Pfirsiche (*Mangez des pêches, buvez des pêches!*, „Eßt Pfirsiche, trinkt Pfirsiche!") . . . Um neun Uhr mußten sie ihren Handel beenden; beim Erscheinen der Polizeibeamten ergriffen sie die Flucht.

Zu den überall bekannten Straßenhändlern muß natürlich der Wasserträger gezählt werden. Viele Jahrhunderte lang bestand dieses archaische, individuelle Gewerbe, das sich in Paris in der Hand der Auvergnaten befand. Die Wasserversorgung war ihre Spezialität, wenn nicht sogar ihr Privileg. Die Ausrüstung der Wasserträger hatte sich seit dem 13. Jahrhundert kaum verändert. Sie bestand aus zwei, an einem Ledergurt mit Eisenhaken befestigten

Les cris de la ville de Paris, „Die Rufe aus der Stadt Paris", Folge von 12 Stichen, gezeichnet und gestochen von Abraham Bosse und Jean Leblond (ca. 1640 bis 1650).
50. Der Rattenfänger: Eine Gestalt, der man zu jener Zeit, in der die Pest eine der größten Plagen war, in ganz Europa begegnen konnte. Folgende Seiten: 51. Branntweinverkäufer. 52. *Oublieur* (Oblaten- oder Waffelhändler). 53. Essighändler. 54. Schornsteinfeger. 55. bis 71.: *Les Cris de Paris*, „Pariser Kaufrufe", herausgegeben von Bonnart (ca. 1676). Im ganzen 36 Tafeln. Henri Bonnart und seine Söhne waren Graveure und Grafikhändler in der rue Saint-Jacques; sie hatten eine für sie so charakteristische Art von Grafiken entwickelt, daß man diese Ende des 17. Jahrhunderts die der „Bonnarts" nannte. 55. Messer- und Scherenschleifer. 56. Kohlenhändler. 57. Kupferschmied (Kesselflicker). 58. Ausrufer von Kirschen. 59. Branntweinhändler. 60. Ausruferin von gebackenen Birnen. 61. Verkäuferin von alten Kleidern. 62. Verkäuferin von frischen Makrelen. 63. Ausruferin von Rüben. 64. Wasserträger. 65. Schornsteinfeger. 66. Tabulettkrämer. 67. Flicker von „menschlichen" Schuhen. 68. Ausruferin von Besen. 69. Ausruferin von Marroni. 70. Verkäuferin von Lohkuchen. 71. Ausruferin von „kleinen" Käsesorten.

Si vous reſſentez la pepie
Mal de cœur, de teſte, de dents,

Prenez contre ces accidents
Vn double de mon eau de vie.

Beſſe in et ſc.   le Blond excud auec Priuilege du Roy.

51

le Blond excud auec Priuilege du Roy.

Quand ie bats le paue, criant oublie oublie,
Ie ne redoute point ny les chiens ny les lous,
Mais ie crains ſeulement, pource que ie publie,
Commençant à marcher, l'heure propre aux filous.

52

Mon vinaigre eſt bon a merueille
Belle picarde en voulez vous.

Ou ſi vous aymez mieux le doux
I'en rempliray voſtre bouteille.

Beſſe in et ſi.   le Blond excud auec Priuilege du Roy.

53

En ramonnant la cheminee
Suiuant noſtre art du haut en bas

Sachez que nous ne craignons pas
Le feu ſi fort que la fumee

Beſſe in et fe.   le Blond excud auec Priuilege du Roy.

54

Gagne petit

Gagner petit, ou gagner gros,   Car pour moy, d'auoir le gros lots,
Des deux je sçais bien lequel prendre;   J'aymerois autant m'aller pendre.

55

le Charbonier.

Bien qu'on juge, à voir sa figure,   Ce Plumet, comme on nous asseure,
Qu'il sort de l'infernal manoir ;   N'est pas si Diable qu'il est noir.

56

le Chaudronier

Auec sa voix de loup garou,   Chacun dit qu'il sçait à merueille,
Et son siflet, ryde à l'oreille ;   Mettre la piece aupres du trou.

57

Crieur de Cerise.

Venez Janneton, et Cattin   Je suis ma foy un bon catin,
Acheter des bonnes griottes ;   J'ay des gobets de bonne sortes.

58

Crieur d'Eau de vie.

Messieurs a la bonne eau de vie.   Et si l'oeil en est ebloui
Le coeur en est tout rejoui.   Ma bourse en sera mieux garnie.

59

46

Crieuse de Poires cuittes.

Cette Dame Alison vient vendre a juste prix   Mangés en tous, et vous seres surpris,
Auec s'aussi vn plat de poires cuittes,   De les trouuer douces comme confitꝰ
Chez Bonnart rue s'Iacqꝰ, a l'Aigle auec priuil.

60

Reuandeuse.

De crier chapeaux vieux, a vandre,   Et je porte au cabaretier,
N'est pas mon unique metier ;   Ce que je sçay, gagner, ou prendre.

Chez H. Bonnart, rüe a vis les res purins Rue s'Iacques   auec priuil.

61

Marchande de maquereaux frais.

Tandis que je suis encor belle,   C'est aujourd'hui des Maquereaux,
Je vends ce que nous produisent les eaux,   Quelque jour ce sera Pucelle.
Chez Bonnart, a l'aigle, auec priuil.

62

Crieuse de Raues.

Le caquet de Liennarde exempt de verité,   Et lors qu'elle a goûté du meilleur de la Cauc
Luy fait vendre Souuent Carottes po.' des Raues, Vn Boheme à moins de ruse et de Subtilité.
A Paris Chez H. Bonnart rue S.t Iacques, au Coq. Auec priuil.' du Roy.

63

47

Le porteur d'Eau.

Ce porteur d'eau, à bien la mine   Et d'en boire tant de chopine,
De convertir son eau en vin,   Qu'il avalera tout son gain

64

le Ramoneur

Ce visage à seule beauté   Ramones cy, ramones cy ta, ta ta ta
Dans les rües crie, pour trante,   La cheminée du haut en bas

65

le Mercier.

Au public je suis necessaire   Voyes ce qui fait vostre affaire
J'ay tout ce dont Il a besoin   Et prenes en peigne du moins

66

Reparateur de la Chaussure humaine, et c.

Ce viel raptaceur de botte   Tire le ligneul auec les doits
Fait plus d'oh metier à la fois,   Pendant qu'il sifle la linotte

67

la Crieuse de balets.

Quiconque veut se garantir   De mes balets, doit se garnir
De l'amende, du commissaire,   On ne scauroit jamais mieux

68

la Crieuse de Chataigne

Cette Vendeuse de Chataigne,   Et si l'on croit ce qu'on en dit,
Fait un mediocre profit;   Elle boit bien ce qu'elle gaigne

69

La vendeuse de Mottes.

C'est à bon droit que l'on meprise   puisque toute sa Marchandise
sa drogue, ou qu'on l'estime peu,   N'est bonne qu'a jetter au feu

70

la Crieuse de petit fromages

Je vends du laict, fromages, créme,   Pour regaler leurs favoris
Aux belles filles de Paris;   Qui de leur côté font de mesme

71

49

A Paris chez I. Mariette rue S. Jacques aux Colonnes d'Hercules avec privilege du Roi.

L'oublieux

72

Eimern aus Buchenholz, einem bogenförmigen Bügel oder manchmal auch einer aus unbiegsamen Latten bestehenden Armatur, die die Eimer vom Körper fernhielt, und schließlich aus einem auf der Wasseroberfläche schwimmenden runden Stück Holz, *nageoire* genannt, das die durch das Gehen verursachten Wellenbewegungen des Wassers auffing und das Überschwappen verhinderte. Der Ruf des Wasserträgers war „weinerlich und traurig" und wurde mit dem eines sich in Not befindenden Menschen verglichen. Er bestand aus einem hohen und einem tiefen Ton: *A – l'eau*, „Wasser!". Reichte die Stimme nicht aus, so rasselte der Träger mit den Henkeln seiner Eimer. Im 18. Jahrhundert gab es in Paris ungefähr 20 000 Wasserträger, die man in drei Kategorien einteilen konnte. Die, deren Wasserfaß von einem Pferd (das den Galopp nicht kannte) gezogen wurde; dann die, welche das auf zwei Rädern befestigte Faß selbst zogen und schließlich die Träger, die den Wasserbehälter um den Hals trugen. Letztere holten ihr Wasser an öffentlichen Brunnen, nachdem man ihnen verboten hatte, das Wasser aus der Seine zu schöpfen. Die Brunnen waren immer von dreißig bis vierzig Trägern umlagert; nicht selten brach daher unter ihnen und den wartenden Bediensteten oder Bürgern Streit aus. Jeder Träger hatte eine ihm von der Polizeibehörde zugeteilte Ordnungsnummer; er mußte für jeden Hektoliter Wasser eine Abgabe an die Stadt entrichten und war verpflichtet, seine Fässer nachts gefüllt zu haben und der Feuerwehr im Falle eines Brandes beizustehen. Ein Träger konnte seine Kundschaft wie bei jeder anderen Geschäftsübernahme kaufen; ihr Wert hing natürlich von der Anzahl und der sozialen Stellung der Kunden ab. Der Wasserträger praktizierte das Abonnementverfahren. Eine Lieferung brachte ihm sechs Liarden (Pfennige) ein; war er stark und kräftig, konnte er bis zu dreißig Lieferungen pro Tag besorgen, selbst wenn er manchmal bis in den siebten Stock klettern mußte. Am Vorabend der Revolution beklagte sich die Pariser Bevölkerung über den hohen Wasserpreis. Sie beneidete die Londoner, die bereits von neun Feuerpumpen mit Wasser versorgt wurden. Da aber gerade eine Wasserpumpe in der Nähe von Chaillot errichtet worden war, brauchten die Pariser die Hoffnung nicht aufgeben. Es dauerte allerdings noch bis zur zweiten Hälfte des 19. Jahrhunderts, bis die Städte allgemein über öffentliche Wasserzuleitungen verfügen konnten.

Sonntags begab sich der Wasserträger an eines der Tore von Paris[20], wo er einen Kalbsbraten aß, einen Schoppen Wein trank und anschließend auf den Ball ging. Dort wurde nach dem Dudelsack oder, nach auvergnatischer Art, nach der Geige getanzt. Trank er einmal zuviel – der Wasserträger schaute leicht zu tief ins Glas – konnte er sich schnell erhitzen und mit seinen Kumpanen einen Streit vom Zaune brechen. Zumeist schritt dann die Polizei ein, nahm den allzu hitzigen Wasserträger fest und steckte ihn ins Gefängnis, worüber er sich letztlich nicht beklagen konnte, denn er wurde nicht nur ernährt, sondern hatte auch ein Dach über dem Kopf.

In Paris gab es *faiseurs d'eaux*, Wasser- und Getränkeherstel-

72. Der *Oublieu*, Oblaten-Waffelverkäufer von Jean Mariette (Ende des 17. Jahrhunderts). Die Oblatenverkäufer, die zu später Stunde durch die Straßen gingen, waren unangenehmen Situationen ausgeliefert; sogar in den Wohnungen, in die man sie einlud, um das Ende eines geselligen Abends zu erheitern. 73. Spitzel als Verkäufer von Schnürriemen und Bändern verkleidet. *Gare la mouche!*, „Gebt acht auf die Fliege!"; dieser satirische Titel der aus dem Ende des 17. Jahrhunderts stammenden Grafik geht auf ein Wortspiel zurück, denn die Spitzel hießen (und heißen auch heute noch) *mouchards*.

GAR LA MOUCHE

DES LA *SES* DU RUBAN DU FILE
· · · · · CORDONS DE *SOULLIEE*
73

51

74. *Les cris de Paris*, „Pariser Kaufrufe", von François Guérard (ca. 1700) Mitglied einer berühmten Familie von Graveuren und Grafikhändlern aus der rue Saint-Jacques. Folgende Seiten: 75 und 76. 2 weitere Stiche von François Guérard über Pariser Kaufrufe.

ler, die für die königliche Küche arbeiteten: sie ahmten „in vollkommener Weise jede nur erdenkliche Wasserart nach, sei es von Blüten oder Früchten, eiskalt oder lau, von Sorbetts, Speisen oder Mandelmilch, Pistazien-, Pinien-, Koriander-, Anis- und Fenchelwasser sowie Getränke aus den verschiedensten Getreidearten". Andere, ebenso Geschickte aber nicht so Ehrliche, kamen auf die Idee, in Paris das Mineralwasser herzustellen, das am schlechtesten für den Transport geeignet war. So berichtet La Bruyère von einem gewissen Barbereau der „reich geworden war, indem er in Flaschen abgefülltes Flußwasser vertrieb."

Im 17. Jahrhundert ließen die Weinausrufer die Passanten den Wein immer noch in den Straßen probieren. Ihr Angebot hatte sich im Laufe der Jahre nicht wesentlich verändert. In einem Gedicht aus dem 13. Jahrhundert, die *Bataille des vins*, werden nämlich bereits die Namen von mehr als fünfzig berühmten Landweinen aufgeführt, die durchaus mit den besten Weinen aus Burgund und der Champagne rivalisieren konnten[21]. Im *Cinquième Livre* durchquert Rabelais, bevor er zum Tempel der Flasche gelangt, einen großen Weinberg, in dem verschiedene Reben angepflanzt sind. Die beliebteste kam aus Orleans. Ein anderer Autor des 16. Jahrhunderts behauptet, daß die in der Umgebung von Paris wachsenden Weintrauben (in Meudon, Sèvres, Suresnes, Auteuil, Issy und Saint-Cloud) in ganz Frankreich nicht ihresgleichen fänden. Jedoch änderte sich der Geschmack offenbar im darauffolgenden Jahrhundert. Man konnte nun nicht mehr sagen, daß die Franzosen ausschließlich Weißwein und die Burgunder Roten tranken, während die Deutschen würzige Weine und die Engländer Bier bevorzugten.

Der Essig- und Mostrichhandel zählte im Mittelalter zu einem der wichtigsten. Zu einer Gilde zusammengeschlossen, vertrieben die Essig- und Mostrichhändler im 14. Jahrhundert getrockneten Senf in Form von Pastillen, die man in Essig auflöste. Sie führten den offiziellen Titel *vinaigriers – moutardiers – sauciers – distillateurs en eau-de-vie et esprit de vin*, „Essig-, Senf-, Saucenhersteller – Destillateure von Schnaps und Weingeist". In der Hauptstadt gab es um 1650 nicht weniger als 600 Essig- und Mostrichhändler. Um ihren Berufsstand nicht in Verruf zu bringen, waren sie laut Zunftgesetz verpflichtet, „körperlich gesund und sauber gekleidet" zu sein. Mit einer roten Mütze auf dem Kopf und einer Schürze um die Hüften, schob der Essigverkäufer einen zweirädrigen Handwagen vor sich her, auf dem er ein Faß, verschiedene Maße und einen Behälter hatte, und rief: *Voilà le bon vinaigre*, „der gute Essig". Nach den Angaben von Louis-Sébastien Mercier machte er durchaus gute Geschäfte. In seinem Stück *La Brouette du vinaigrier* läßt Mercier einen dieser Händler auftreten, der mit einem Faß voller Geldstücke in einen Salon tritt, sein Vermögen vor die Füße des reichen Inhabers schüttet und für seinen Sohn um die Tochter des Hauses anhält. Um die gleiche Zeit rühmte sich Maille, einer der berühmtesten Essig- und Mostrichhändler, nicht weniger als zweiundneunzig Essigsorten *de santé et de toilette*, für Gesundheit und Toilette, erfunden und in ganz

Les Cris de Paris.

74

53

Les Cris de Paris.

Paris Chez F. Guerard vis a vis la fontaine St Severin a limage Notre Dame.

Les Cris de Paris.

Paris Chez F. Guerard vis a vis la fontaine St Severin a limage N. Dame.

56

77. Radierung, Veröffentlicht von J. Maillot, „rue Saint-Jacques à la Fontaine de Saint-Séverin"; der Titel ist der Anthologie „Kaufrufe ambulanter Händler" entlehnt, die seit 1548 während zwei Jahrhunderten von den Druckereien von Troyes und den Hausierern der *Bibliothèque Bleue* (Volksbibliothek) überall in Frankreich vertrieben wurden. (Beginn des 18. Jahrhunderts).

les Veritables
Cris de Paris.
à la mode.
A Paris chez Chiquet rue St Jáques. C.P.R.

78

78. und 79. Grafiken, Veröffentlicht und gestochen von Jacques Chiquet, rue Saint-Jacques (ca. 1740). Folgende Seiten: 80. Radierungen von Basset le Jeune (ca. 1740 bis 1760?), Vertreter eines berühmten Handels aus der rue Saint-Jacques, dessen vielfältige und reiche Produktion von Beginn des 18. bis Mitte des 19. Jahrhunderts vertrieben wurde.

Europa vertrieben zu haben (vorher hatte es nur neun verschiedene Arten gegeben). Unter diesen war sogar eine, die die Fähigkeit besaß, „bereits lange verheiratete Frauen wieder jungfräulich zu machen". Sein Rivale Capitaine, der seinen Laden in der Nähe des Pont-Neuf hatte, bot hingegen mehr als hundertfünfzig verschiedene „Küchen-, Toiletten-, Heil- und andere" Essigsorten an, sowie dreißig Senfarten.

Der Kaffee wurde 1654 nach Frankreich eingeführt. Als sich sein Genuß nach etwa zwanzig Jahren durchgesetzt hatte, wurde er sogleich von den herumziehenden Händlern in den Straßen angeboten. Seine Beliebtheit nahm so rasch zu, daß viele Bürger bereits morgens Kaffee tranken und die Kaffeehändler in den Straßen ähnliche Tische wie die Branntweinverkäuferinnen[22] aufstellten. Bouchardon hat uns das Bild eines Kaffeeausrufers überliefert, der gerade aus einer imposanten Kanne Kaffee in eine Tasse gießen will. Louis-Sébastien Mercier schildert in dem *Tableau de Paris* die folgende morgendliche Szene: „An den Straßenecken, beim Schimmer einer fahlen Laterne, bieten Frauen, die auf dem Rücken ein Gefäß aus Blech tragen, Kaffee für zwei Sous in Schalen aus Ton an; er ist zwar nicht stark gezuckert, aber der Arbeiter findet diesen Kaffee mit Milch ausgezeichnet. Kann man sich heute vorstellen, daß die Gilde der Verkäufer von frischen Getränken, der sogenannten *Limonadiers*, alles nur Erdenkliche unternommen hat, um dieses legitime Geschäft zu verbieten? Sie wollten die gleiche Tasse Kaffee für fünf Sous in ihren mit Spiegeln

Les Cris de Paris

A Paris chez Chiquet rué St Jaques. C.P.R.

79

59

Beure frais beure frais.

Ma belle botte d'asper-
geala Gosse et ... la verte.

Co. co. co. co. cette excellente
liqueur qui ... rejouit le cœur.

la marmote en vie
qui veut voir la bête
sauvage.

Harang
Harang ...

Raisin beau raisin,
raisin raisin a la
livre.

Sablon d'Etampes, Faut il du Sablon.

Pierre a oter les taches tache
d'huile tache de grasse
tache de Cambouis.

Artichaux mes beaux,
artichaux a la
povrade.

A ... les mes pot ...
terrines mes p ...
mes ...

Savon Savon Savon
a la livre.

Chansons
nouvelles sur les ser-
vantes de la ville
qui ferrent la m ...
en allant a la bou-
che ... rie et au marche.

Argent de mes belles Images
a bon marché.

Vinaigre vinaigre voila le marchand

Mon bon pain d'épice de Reims du croquet du pain d'épice.

Argent de mes Corbeilles M.. etrennes moi argent
de mes petits paniers a bon Marché.

Mes petits pate tout
chauds tout bouillant.

Du bon du laurier
Sau ... au Jambe ...

Vous voyes dans cette Image
Maint different personage
Pour débiter leurs denrées
Vous faisant mille narres

Jusqu'a la marmote en vie
Et le marchand d'eau de vie
Qui appelle les passans
Disant venés mes Chalans

LES VERITABLE

a Paris chez Basset le jeune rue ...

60

x de lapin lapin
...feruille a vendre.

De la Cire a cirer
les Souliers.

De laiciti Suiri
...fiand it achette

Fraise fraise franboise
et a mon reste j'ai encore tout

Pomes de renettes pomes pomes de
...francata de la renelle.

...douce Cerise a la douce
...nos aobels a la...

Mottes a bruler
Mottes a bruler.

Fleurez pleurez petits enfans vous
aure des moulins a vent.

a racomoder les vieux
Soufliets vieux parapluie

Falourde Falourde
d'Orleans filoux de Achetez mes boltes filoux de
achete

...er les Puces

Regales vous a peu de frais
Voila le plaisir des Dames
Pour vos maris j'ai des Cornets
Pour vos amants de l'Articho/de
Venez choisirez filles et femes
Voila le plaisir des Dames
Voila le plaisir

Graie a graie
graie en faul
en faul

M.me fault il du
...t il ne vous
il pas

Noisettes au litron
Noisettes

Scaramouche, l'operateur Turpin et Pierrot.

l'Operateur Turpin place une a
...vie le Che...val de bronze
faisant...et debitant ses
drogues

...onfire, coins a confire
...e voulez vous des coins

Achetez mon beau groseiller achetes mon pot de
basilique achetes mon bel Oellet et mon Laurier

Tire lui, tire lui tout laisse lui pour boire chopine
Tire lui tire lui tout laisse lui pour boire un coup

RIS DE PARIS.

Puis l'Operateur Turpin
Attrape aussi son lopin
Des filoux ses affidez
Et même ses associez

Le racleur de violon
Contre-faisant l'Appollon
Fait le fauxbourg et la Ville
En braillant un Vaudeville.

de la rue des Mathurin a S.te Geneviève

Alcofribas, march. d'orange.

La Marmote en vie.

81. und 82. Bilder einer satirischen Radierung, von Aubert veröffentlicht. 81. Apfelsinenverkäufer. 82. Vorführer von Murmeltieren (beide Mitte des 17. Jahrhunderts). Zu bemerken ist, daß der Apfelsinenverkäufer einen Teil seines Namens dem Anagramm von Rabelais – „Alcofribas Nasier" – entlehnt.

geschmückten Läden verkaufen. Aber diese Arbeiter hatten nicht das Bedürfnis, sich in Spiegeln zu bewundern, während sie ihr Frühstück einnahmen".[23]

Die Brandweinhändler mußten sich im Laufe der Zeit auf den Verkauf von Lakritzenwasser umstellen. Die *tisane*, ursprünglich ein aromatisiertes Lakritzenwasser, wurde später aus *coco*, einem gelben Pulver, hergestellt. Der Lakritzenwasser-Ausrufer hatte bald einen Helm, bald einen dreieckigen Hut auf dem Kopf, eine weiße Schürze um die Hüften und einen blechernen, mit rotem Samt überzogenen, manchmal sogar mit einem Federbusch geschmückten Behälter auf dem Rücken. Durch die Straßen ziehend, schwenkte er seine Glocke und rief: *A la fraîche, à la fraîche! Qui veut boire?*, „Die Frische, die Frische, wer will sie trinken?". In der Romantik war er einer der am häufigsten dargestellten Straßenhändlertypen. Seine Beliebtheit beruhte sicherlich zum großen Teil auf seiner malerischen Tracht sowie auf der Gunst, die er bei den Kindern genoß. Bei großer Hitze, an Feier- und Paradetagen lief sein Geschäft besonders gut. Mit diesem typisch französischen, in keinem anderen Land zu findenden Getränk „stillte er den Durst des Armen und erheiterte den Tag des Arbeiters", denn er gab zu dem Glas Lakritzenwasser zuweilen auch ein Stück Roggenbrot oder eine Scheibe Speck. Er bediente sich abwechslungsweise eines der zwei Silberbecher, die mit einem langen Kettchen an seinem Gürtel befestigt waren. Meist erzählte er auch Scharaden und Bonmots: „Trinkt", schlug er vor, „es ist Wein aus Condrieux, Wein von den Kanarischen Inseln".

Einer der berühmtesten dieser Straßenhändler des letzten Jahrhunderts, François Champignol, hielt sich jeden Abend am Eingang des Theaters der Seiltänzer auf. Schellen hingen an seinem bemalten Behälter, den die Figur der Göttin Fama mit einer Trompete am Mund krönte. Diesem Veteran des Spanienfeldzugs von 1824 stand das Privileg zu, sich während der Pausen in die vierten Galerien des Pariser Theaters Ambigu zu begeben und dort sein erfrischendes Getränk feilzubieten: *A la fraîche, qui veut boire! Voilà le marchand!*, rief er den Kindern des Olymps zu.

Die Verkäufer von Limonade[24], *sirop de Calabre*, „Sirup aus Kalabrien" genannt, boten im Sommer auch Eis und im Winter Maroni an. Sie waren meist Italiener, sie schoben einen kleinen Wagen mit einem Baldachin vor sich her und hielten sich in den Squares oder in der Nähe der Theater auf. Sie sowie die von dem englischen Philanthropen Sir Wallace 1872 auf den Pariser Plätzen installierten Brunnen, haben die Lakritzenwasserhändler verdrängt.

Parallel zu dem etablierten Gewerbe, das nur am Ort der Niederlassung ausgeübt wurde, entwickelte sich also die Nomadenindustrie, wie man sie im 19. Jahrhundert nannte. Wie schon erwähnt, mußten die Kaufleute bereits im Mittelalter wohl oder übel den Hausiererhandel tolerieren oder ihn für ihre Zwecke benutzen. Es steht jedoch fest, daß die Zahl der herumziehenden Händler in den folgenden Jahrhunderten stetig abnahm, obwohl die Bedürfnisse der Bürger zunahmen. Diese Entwicklung hing

83

DES RADIX DES RAVES

A Paris, chez Huquier, avec priv. du Roi.

GAIGNE PETIT

84

A RACOMODER LES VIEUX SOUFLETS

85

DES NOISETTES AU LITRON

86

A LA CREME

87

DES PATEZ, DES TALMOUSES TO^{tes} CHAUDES

88

CHAUDRONIER CHAUDRONIER

89

BALAIS BALAIS

90

CHARBON CHARBON

91

A RAMONNER DU HAUT EN BAS

92

LA LAITTIERE

93

AU VINAIGRE

94

83. bis 94. Die 12 Radierungen der *Cris de Paris*, „Pariser Kaufrufe", von François Boucher gezeichnet und von Ravenet gestochen (ca. 1737). 83. Radieschen, Rüben. 84. Scheren- und Messerschleifer. 85. Ausbesserer von Blasebälgen. 86. Verkäuferin von Haselnüssen. 87. Verkäuferin von Cremespeisen. 88. Warme Pasteten. 89. Kupferschmied (Kesselflicker). 90. Verkäufer von Besen. 91. Kohlenhändler. 92. Schornsteinfeger. 93. Milchfrau. 94. Essighändler.

65

95. bis 121. Tafeln von *Études prises dans le bas peuple ou les cris de Paris*, „Studien nach dem gemeinen Volk oder Pariser Kaufrufe", 5 Folgen (aus jeweils 12 Tafeln bestehend) von Edme Bouchardon und gestochen von dem Comte de Caylus (1737 bis 1746). 95. Plakatankleber (das Plakat führt den Titel der Tafeln an). 96. Wasserträger. 97. Lastträger. 98. Lakritzenwasser-Verkäufer. 99. Verkäufer von warmen Pasteten. 100. Böttcher. 101. Nelkenverkäuferin. 102. Ambulanter Essigverkäufer. 103. Ausrufer der Liste der Lotteriegewinner. 104. Branntweinverkäuferin. 105. Verkäufer von Spicknadeln und Löffeln. 106. Tintenhändler. 107. Kauft Windmühlen! 108. Laterna-magica-Vorführerin. 109. Messer, Scheren, Kämme. 110. Leiermann, 111. Besen, Besen. 112. Kaninchenfelle. 113. Drehorgel. 114. Laternenhändler. 115. Tod den Ratten (Rattenfänger). 116. Brunnenreiniger. 117. Aus der Auvergne stammender Messer- und Scherenschleifer. 118. Reisigbündel. 119. Flicker von alten Eimern und alten Blasebälgen. 120. Die Laterne im Winter, das Wasser im Sommer. 121. Kaffee, Kaffee.

damit zusammen, daß die Hausierer eine archaische, schwer zu modernisierende Art der Verteilung praktizierten, die Kaufleute hingegen die Präsentation ihrer Waren pflegten sowie größere, einladendere und hellere Geschäfte aufmachten. Im Laufe der Zeit konnten sie ihre Machtstellung mit Hilfe der verschiedensten Werbemittel wie Anschlagzettel, Prospekte, Zeitungsanzeigen und Plakate immer weiter ausbauen. Mit anderen Worten: Gutenbergs Erfindung (selbst wenn sich deren Folgen erst spät auswirkten) trägt, zumindest zum Teil, die Verantwortung für den Verfall eines Gewerbes, das seinerseits unfähig war, sich der Zeit anzupassen und deshalb von Tag zu Tag an Boden verlor.

Welches auch immer die Unzulänglichkeiten des Hausierergewerbes gewesen sein mögen (die Schwierigkeit einer Kontrolle der feilgebotenen Ware, der Mangel an Hygiene usw.), so muß man diesem individuellen Unternehmen zugestehen, den direktesten Weg im Verkaufssystem gefunden zu haben: der Hausierer wandte sich unmittelbar an den Konsumenten, indem er die Begegnung mit dem Kunden suchte. Traf er ihn nicht in den Straßen an, machte er ihn mit seinem Kaufruf oder Lied auf sich aufmerksam. Gelang es ihm auf diese Weise nicht, den Kunden interessiert (oder verärgert) ans Fenster zu locken, ging er zu ihm ins Haus, wie es heute die Handelsvertreter tun. Ein anderes Verdienst dieses Berufsstandes (mit zumeist bescheidenem Einkommen) war, daß schon früh fast das ganze Warenangebot, das es gab, dem breiten Publikum zugänglich gemacht wurde. Alles, was sich zum Verkauf, Ankauf oder Tausch eignete, und zwar ebenso das Notwendige wie das Überflüssige, das Nützliche wie das Angenehme, wurde von diesen Händlern angeboten. Es gab wirklich nichts, einschließlich der Notdurft, das nicht auf der Straße erledigt werden konnte. Schon im 16. Jahrhundert gab es nämlich herumziehende „Bedürfnisanstalten", von Männer umhergetragen, die unter einem weiten Umhang zwei Eimer verbargen. Ihr Ausruf war von diskreter Doppeldeutigkeit: *Chacun sait ce qu'il a à faire*, „Jeder weiß, was er zu tun hat". Diesen Ausrufern begegnete man auch noch am Vorabend der Revolution; sie verlangten vier Sous pro Sitzung.[25]

Bis hierhin sind wir einigen Vertretern der wichtigsten Branchen des Lebensmittelhandels begegnet. Jetzt werden wir zunächst all die Händler vorbeiziehen sehen, die Haushaltsartikel anboten. Es folgen dann die Verkäufer von Toiletten-, Vergnügungsartikeln und Tand. Zum Schluß werden die Händler dargestellt, die Reperaturen und andere handwerkliche Dienste anboten und die ambulanten Musiker, Sänger oder die Vorführer von Kuriositäten, die versuchten, mit ihrer Kunst die Passanten zu bezaubern und zu erfreuen.

Beschäftigen wir uns zuerst mit dem sogenannten *commerce de la regratterie*, Kleinhandel, den das *Dictionnaire du commerce* als „Handel mit den Dingen, die man kauft, um sie zu verkaufen" definiert. Zu ihnen gehörten unter anderem Salz, Getreide und Kohle. Man muß sich dabei vergegenwärtigen, daß Salz, das

AVIS

ETUDES
prises dans le bas peuple
ou
LES CRIS DE PARIS
Quatrieme Suitte
1742.
A Paris chez Fessard Cloître
St. Germain de l'Auxerois
en entrant par la rue de
l'Arbre sec la premiere
Maison neuve.

Bouchardon inv. del

L'Afficheur.

Gravé à l'eau forte par C. Et terminé au burin par Et. Fessard

A Paris Ches Joullain Quay de la Megisserie à la Ville de Rome

95

Porteur d'Eau

96

Crocheteur

97

A la fraîche, à la chaude qui veut boire

98

Petits Patés tout chauds

99

Tonnellier

100

Mon bel Oeillet

101

Vinaigrier Ambulant.

102

La Liste des gagnans de la Lotterie

103

Bouchardon inv del

104

A Paris Chés Joullain.

La Viè, La Vie .

C. Sculp

Bouchardon in Achetez mes Lardoires, mes Cuilliers a Pot. c. s.

105

Bouchardon in del La bonne Ancre G. Scul

106

Bouchardon ino del. Achetés des Moulins c. Scul.

107

Bouchardon in. la Lanterne Magique. c. s.

108

71

Des Couteaux, des Cizeaux, des Peignes.

109

Le Vielleux.

110

Balais Balais.

111

Peaux de Lapin.

112

Lorgue de Barbarie
ou plustost d'Allemagne

113

Marchand de Lanterne

114

La mort aux rats.

115

Cureur de Puits.

116

Gagne petit Auvergnat.

Colterets.

à Racomoder les vieux Sçeaux les vieux Soufflets.

La Lanterne en Hiver l'Eau en Eté.
A Paris Chés Joullain.

Bouchardon inv.

Caffé Caffé

Gravé à l'eau-forte par C. S. et terminé au burin par Et.Fessard.

ETUDES
Prises dans le bas Peuple
ou
les Cris de Paris
Cinquieme suite
1746
Avec Priv. du Roy
Paris chez Fessard, rue de la Harpe vis à vis la rue Serpente

121

122. Aus der Bilderbogenkunst von Lille stammende Darstellung der kleinen Handwerke (1815). Man könnte geneigt sein, diesen Holzstich auf Grund seines groben Schnittes auf eine ältere Epoche zu datieren, vor allem aber vor den Radierungen von Bouchardon oder Bouchet, die ungefähr 75 Jahre früher entstanden sind.

sowohl für die Zubereitung des Fleisches, als auch für dessen Konservierung benutzt wurde, lange Zeit als Mangelware galt, deren Verkauf und Verbrauch streng reglementiert waren. Im 14. Jahrhundert genossen die Salzträger das Vorrecht, den Leichnam des Königs auf ihren Schultern bis zur Kirche Saint-Denis, dem Bestattungsort der Könige, zu tragen, ihn in Stücke zu schneiden, zu kochen und zu salzen. Dies geschah mit dem Leichnam Philipps V. (der Lange) und Philipps VI. von Valois (der Kühne). Sie waren die ersten, die eine Steuer auf das Salz erhoben und sogar den Verkauf zu Gunsten des Staatsschatzes monopolisiert hatten. Wie sparsam mit dem Salz umgegangen wurde, zeigt sich auch darin, daß es erst mit Beginn des 17. Jahrhunderts, genau wie Bierhefe und Milch, zur Herstellung von Brot verwendet wurde. Der Ruf des Salzverkäufers war berühmt; er bestand aus drei Tönen: zwei gleichen grellen Tönen, auf die ein ungefähr zwei Oktaven tiefer gelegener folgte.

Im Gegensatz zum Gebrauch von Salz war die Verwendung von exotischen Gewürzen bei der Speisezubereitung allgemein verbreitet. Im 12. Jahrhundert, als der Handel mit dem Orient wieder aufgenommen worden war, bediente man sich der Gewürze in einem solchen Übermaß, daß man von einer wahren *folie des épices*, Gewürzwahn, sprechen konnte. Hierbei darf natürlich nicht vergessen werden, daß zu jener Zeit der häufige Genuß von schlecht konserviertem Fleisch und Wild eine reichliche Verwendung von Gewürzen, Pfeffer[26] und von dem gerade erst in Dijon erfundenen Senf rechtfertigte.

Der Kurzwarenhändler verkaufte fast alles, er trug seinen Laden mit sich herum. In seinem Korb fanden nicht nur Datteln, Feigen, Granatäpfel, Gewürze, grüner Saft aus unreifen Trauben – verjus genannt (*verd verjus*[27]) – Platz, sondern auch Haushaltsartikel wie Holzlöffel, Messer, Mehlsiebe, Küchenformen sowie Flechtwerk[28], Sprengwedel, Spicknadeln, Saucieren oder Dinge wie Schnürsenkel, Schließhäkchen aus vergoldetem Stahl oder versilbertem Kupfer, Lanzetten für den Aderlaß, Sandstein zum Reinigen, Rasiermesser, Zahnstocher[29], Spiegel, Brillen[30]; man konnte aber auch Rosenkränze, Glocken für Klöster, Flageoletts oder Kuhschellen kaufen. Unter seinen Parfümerieartikeln hatte der Kurzwarenhändler die „gute Seife aus Paris", das Rosenwasser, „das Weiß, mit dem sich die Frauen blaß machen" (Schminke) und „die Watte, mit der sie sich die Wangen röten" (hier ist aller Wahrscheinlichkeit nach eine Puderquaste gemeint).

In den vergangenen Jahrhunderten sahen die Straßen also wie ein permanenter Basar aus. Dieser Vergleich kann auch auf die Preise übertragen werden, denn die Hausierer gewährten geraume Zeit vor der Entstehung der Großmärkte und Warenhäuser eine Art Rabatt gegenüber dem offiziellen Handel.

Obwohl die Steinkohle in Europa schon im 16. Jahrhundert bekannt war[31], benutzte man zum Heizen häufig Lohkuchen (kleine runde und flache „Kuchen" aus Gerberlohe[32], die die Verkäufer in Kiepen trugen). Die Lohkuchen waren die Kohle der Armen. Die Bevölkerung der Vororte, vor allem die des Faubourg

SAVETIER.   POP IF FAIX   BOUCHER   Td DE PIERRES   CHAUDRONNIER   MARECHAL

SERRURIER   TAILLEUR   MACON   MENUISIER   TRIANGLE   Md. DE MACARONS

PERRUQUIER   Md DE PARAPLUIES   VIELLE   GRAISSIER   REMOULEUR   FOULON

Md. DE TARTES   VITRIER   CHAPELIER   MARMOTTE   TOURNEUR   FAIENCIER

LA MAGIQUE   TONNELIER   Md. DE MOULINS   Md. DE GAUFRES   SCULTEUR   BOULANGER

SEMEUR   MUSICIEN   COUREUR   PEINTRE   POIRES CUITES   APOTHICAIRE

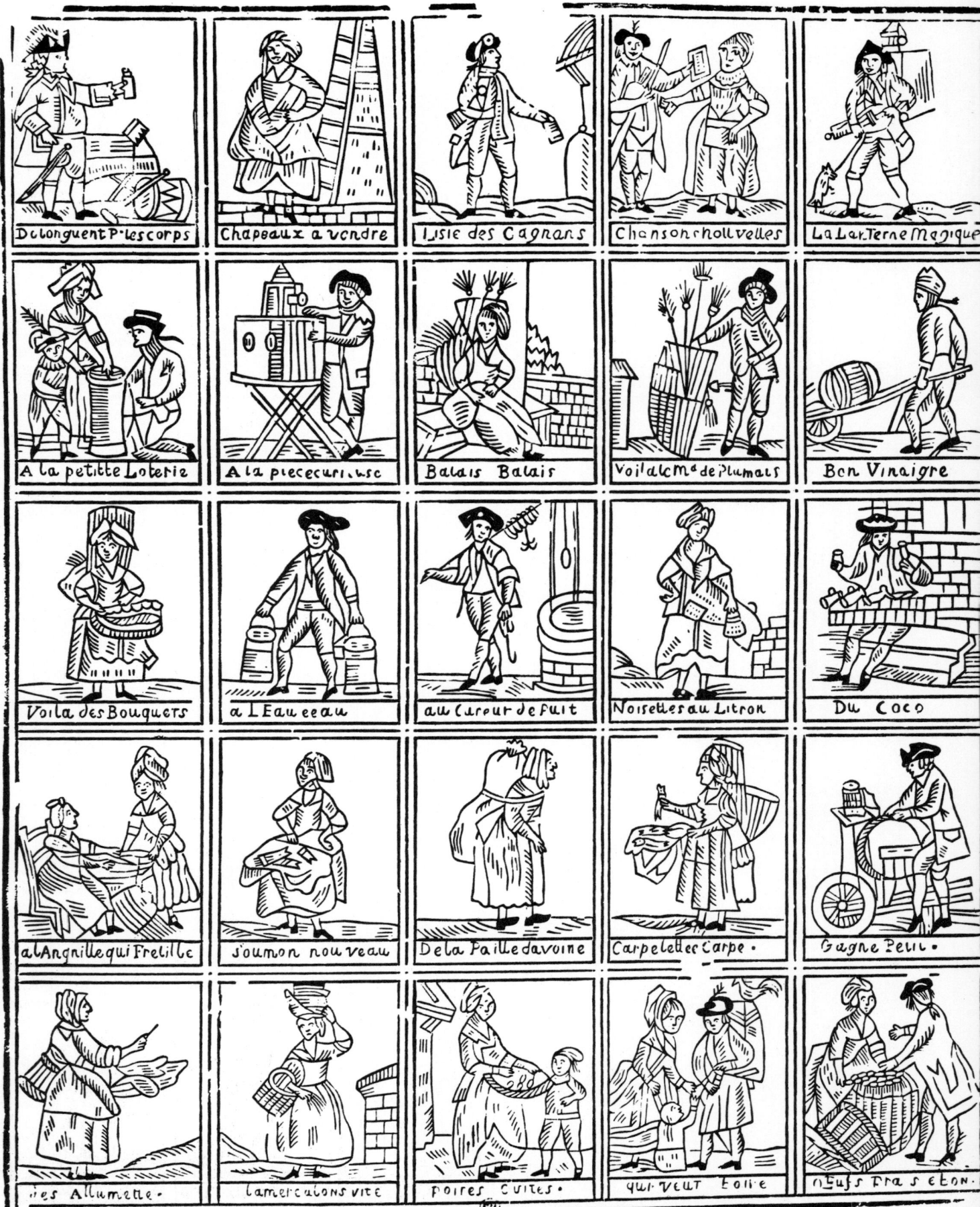

Mᶜ joi jou

124

123. Anonymer Holzstich (ca. 1785), der der
Bilderbogen-Kunst von Orléans anzugehören
scheint. 124. Der Grafik-Verkäufer, Detail eines anonymen Holzstiches aus dem Bilderbo-
genhandel von Martin-Delahaye aus Lille (um
1815). 125. Fragment eines Bilderbogens aus
Amiens (Ende des 18. Jahrhunderts). Folgende
Seiten: 126. Anonymer Bilderbogen aus Orléans (um 1780), daß im 18. Jahrhundert wegen
des Reichtums an Bildern und ihrer Qualität
eines der wichtigsten Zentren der französischen Bilderbogen-Kunst war. 127. Stich aus 2
zusammengefaßten, kolorierten Tafeln in Folio
bestehend. Er geht auf Pierre Leloup zurück,
Bilderfabrikant aus Le Mans (um 1760).

A la petite Loterie

A la piececurieuse

Voila des Bouquet

a l'Eau-eau

a l'Anguille qui fretille

Jamon nouveau

des Allumettes

La Laiture allons ut

A AMIENS, ch

125

LES CRIS DE PARIS.

Air connu :

Quel tonnerre & quel bruit dans cette ville
car l'on entend des cris defférens dans tous les
quartiers ; l'un crie, l'autre piaille, tant de bruit,
point je ne raille, m'empêche de reposer dans
mon logis, je suis défolé.

2

Qui veut du rôt tout chaud, voilà le gros
lot, qui a de la cendre, à ramoner les chemi-
nées, des radis, des raves pour les déjeûners,
des cérises et des groseilles, du cerfeuil et de
l'oseille, des guignes & des bigaros, des fraises,
des framboises & des abricots.

3

Achetez mes bons œufs frais, des colifichets,
voilà la laitière, mon bon cent de navets, des
choux, des poireaux, carottes & panets, du
verjus & des concombres, le potiron est du
nombre, papier & cornichons, persil & ciboule,
ma botte d'oignons.

4

Qui veut la pêche au vin, prunes de monsieur,
des mûrs & des nèfles, des oranges & des
citrons, pommes de rainettes, poirés au quartrou,
mon beau raisin à la livre, des pruneaux & des
figues, oui j'ai le plus beau des fruits, messieurs
voyez mes pommes d'api.

5

Dans tout le marché on entend crier parmi
les poissardes, des maquereaux & harangs frais,
des carpes & limandes, merlans & brochets,
petits poissons à frire & des macreuses à rôtir,
la moucle au persinet, voilà des anguilles & de
beaux carelets.

6

Ma chicorée frisée, la laitue pommée, la
romaine, des mâches & céleri, épinards nouveaux, mes beaux salsifis, des asperges, des
cardes, poirée & betraves, artichaud & melons,
qui veut des choux-fleurs & des champignous.

7

J'entends le porteur d'eau, le gagne-petit,
marchand de tisanne, qui veut des mottes à
brûler, fagots & cotrets, huîtres en écailles,
réchauds & chauffrettes, pierres à fusils, alumettes,
cire à décroter, bonne amadoue, fleurs de
pêcher.

Md de Plumeux | harangs nouveaux | cha

qui veut boire | gateaux fins | Ba

8

Raccommoder les vieux sceaux, soufflets,
parapluie, vlà mes souricières, paillasses & din-
dons, petits pains de seigle, qui veut des cartons, achetez ma fayence, voyez le journal de
france, almanachs curieux & beaux, noëls tant
vieux que nouveaux.

Dans Paris, p
la marchandise,
salières, tabatièr
cire d'Espagne
peignes de cor
ment des têtes

Se vend à ORLEANS, *chez Mademoiselle* BOUL.

80

vendre l huitres a l ecaille | et cureur de puits

bouquetiere | A l'Eau.

10

à deux fols
es & cifeaux,
eaux, cachets,
d'Allemagne,
e buis, orne-
s.

Un autre crie tout haut, des cuillères à pot,
à ragoût, poivrières, des égrugeoirs, marti-
nets, binets, & des éteignoirs, petits grils,
pelles & pincettes, thé-vert aux blondes & bru-
nettes, il vend des grils & chaudrons, de peur
de brûler chemifes & jupons.

11

Habits & vieux galoïs, lacets & cotons,
rubans de fil, mouchoirs & favons; encre pour
écrire, noifettes au litron, à rempailler les
chaifes, m'appellez-vous, ma bourgeoife; à
refondre les cuillères d'étain, bouteilles caffées,
peaux de lapins.

12

Achetez le haut goût du laurier; du thim,
ail & rocambole, de la fauge en voulez-vous;
échalotte; bonnes pour tous les ragoûts, lavande
& bafilique, mon romarin magnifique, du
creffon & des cerneaux, ftomage de Marole;
du faumon nouveau.

13

Lunettes & flageolets, qui veut des balaïs,
achetez des images, pains d'epice & croquets,
des moulins à vent, qui veut des bouquets,
lifte générale, mes beaux gobelets de cryftal,
pois ramés, pois écoffés, des marons, bon
lait, crême & caillet.

14

A écurer les puits, plaifir des dames, qui veut
lire la gazette, le courrier de Paris, qui veut
des marons, auffi des oublis, des plats & des
terrines, un chaudronnier qui badine, œillets
doubles, jafmin, lanterne magique, la belle
catin.

15

Voilà du mouron pour les oifeaux, appétit
nouveau, beurre à la livre, haricots tendres,
haricots; fèves de marais venues au plutôt, des
pommes pour de la ferraille, des falourdes &
de la paille, des truffes & topinambours, à
fendre du bois dans les fauxbourgs.

16

Mes petits pâtés tout chauds, échaudés,
gâteaux & des tartelettes, brioches & bifcuits
pour les populos; une autre voix crie d'une voix
alègre : moutarde, verjus, vinaigre, & moi
je vends des chanfons, c'eft pour réjouir les
bons garçons.

FIN.

Marchande de Papier, rue des Carmes, n°. 19 E.

VOICY LES VERITA

La chiquette   A leau   eau   La marmotte   Lalanterne   A l'anguille qui fretille   O chaud

Sablon d'etampes   noisette au litron   du Coco   poires   quites au four   Les petis pains dese

REPRESNTE CIDESUS TELS CON LES VO

decrotez   La mapratique   a la petites loterie   a la paille davoine   leramoneur   motes a br

merlans a Frire   Bon   vinaigre   La laitierre   Le Falot   Et desrave chapeaux a

3

LES CRIS DE PARIS

ui veus boire   Liste des Gangnans Cruche Avandre   Gangne petit   ongans pour Les Coprs

tous chaud Saumon nouveau chanson nouvelles   Cureur de puis   Falourde d'orlean

ANS LA VILLE ET FAUBOURS DE PARIS ~

Groseilles a Confire _   œuf frais   Mr Sacavin   Carpe lettée

4 AUMANS CHEZ LELOUP RUE St VIC   TOR

es parades   Blanchiseuse   Alumettes   Des Rubans   Des champignon

Vous voyes dans celte Image Maint different personage Pour debiter leurs denrées Vous faisant mille narres Jusqu'à la marmote en vie Et le marchand d'eau de vie Qui appelle les passans Disant venés mes Chale

Savon, Savon, Savon à la livre.

Chansons nouvelles sur les servantes de la ville qui serrent la mie en allant à la boucherie et au marché.

Argent de mes belles Images à bon marché.

Vinaigre vinaigre voila le marchand de v

Mon bon pain d'epice baltams et du croquet.

Argent de mes Corbeilles &c et donné moi.

Ales petits paté tout chauds tout bouillants.

Du tin du laurier Sauce au Jaint.

128

128. und 128 bis. Grafik von Jean-Baptist Sevestre-Le Blond (um 1775), Bilderfabrikant aus Orléans. Wegen ihres Formats stellt diese Grafik, die zumeist als eines der Meisterstücke der populären Bilderbögen angesehen wird, den überaus geschätzten Typ der Dekoration dar, die in den Landhäusern über den Kaminen angebracht wurden oder Bettvorhänge schmückten.

Saint-Marceau[33], wo sich die Pariser Gerbereien niedergelassen hatten, heizte im Winter fast ausschließlich mit Lohe. Die Kohle wurde zumeist ins Haus geliefert, und zwar von Verkäufern, die aus der Auvergne stammten. Der Kohlenhändler wurde dementsprechend auch *charbougnat* genannt, Name der die Betonung wiedergibt, die in Mittelfrankreich für *charbonnier* üblich war. Die abgekürzte Form *bougnat* bezeichnete zunächst nur das Gewerbe, später aber auch den Laden, der mit naiver Malerei geschmückt war und häufig einen Schnaps- oder Weinausschank hatte. Außerdem gab es die Händler von *charbon de rabais en*

Grève[34], das heißt von Kohleabfall, und die Sandverkäufer[35]. Der am häufigsten erwähnte und beste Sand kam aus Etampes. Zum Heizen nahm man zu allen Zeiten auch Reisigbündel, *cotrets*[36], die aus kleinen, mitteldicken Holzstücken bestanden. Ein solcher Reisigverkäufer ist in der bereits erwähnten Folge aus dem 16. Jahrhundert dargestellt. Die Zahl und die Größe der Stücke, die ein Bündel haben mußte, war zu jener Zeit durch strenge Vorschriften festgelegt. Jedes Bündel bestand aus 100 Stücken, denen man kostenlos weitere vier beifügte. Den Händlern war es außerdem verboten, mehr als 1000 Bündel bei sich zu Hause zu lagern.

Peaux de lapin lapin
meille ferraille a vendre.

De la Cire a cirer
les Souliers.

Des lacets du ru-
-ban de fil achetz.

Fraise fraise franboise
et a mon reste j'ai encore tout.

Pomes de reinettes pomes pomes
francatu et du francatu, de la reine

a la douce
des gros gobets a la courte queue

Cerise a la douce
Mottes a bruler

Pleurez-pleurez petits enfans vous
aures des moulins a vent.

a racomoder les vieux
Souflets vieux parapluie.

Falourde falourde
d'Orleans falourde Achetz mes belles falourd
.achet

Folgende Seiten: 129 und 130. Grafik aus der Druckerei Blocquel aus Lille (um 1800) 129. Händler von Regenschirmen; Verkäufer von Streichhölzern; Lakritzenwasser-Händler; Kaninchenfell-Verkäufer; Schuhflicker; Wasserträger; Verkäufer von Liedern; Verkäufer von Kuchen. 130. Verkäuferin von Birnen aus England; Austernhändlerin; Wäscheaufseherin; Verkäuferin von Eiern; Verkäuferin von Gebäck aus Nanterre; Wäscherin; Verkäuferin von Putzwaren; Putzmacherin. 131. bis 133. Details einer Grafik von Jean, rue Jean de

In besonders strengen Wintern, in denen die Seine zufror, wurde das Holz teuer und selten. Unter der Regentschaft von Philipp von Orléans gehörte es zum guten Ton, mit einem Seidenband gebundene Reisigbündel zu verschenken.

Ein anderer Ausrufer aus dem 16. Jahrhundert bot *fusils*, Feuerstahl, an – Metallgeräte mit deren Hilfe man gegen einen Feuerstein schlug, um Funken zu erzeugen. Man konnte in den Straßen auch Feuerschwamm, Kerzen[37], Fußwärmer oder Öfen kaufen. Der Ruf, den der Ofenverkäufer in die Lüfte schmetterte, stand in keiner Beziehung zur Ware, die er anbot: *Ho, hop, hop! Capi!*

is l'Operateur Turpin Attrape aussi son lopin Des filoux ses affidez Et meme ses associez
racleur de violon Contre-faisant l'Appollon Fait le fauxbourg et la Ville En braillant un Vaudeville

Grais a grais M.me faut il du grais en faut il ne vous en faut il pas.

le Pais.

Regalés vous à peu de frais Voila le plaisir des Dames.
Pour vos maris j'ai des Cornets
Pour vos aments des Colifichets
Venez choisissez filles et femes
Voila le plaisir des Dames.
Voila le plaisir.

Noisettes au lib on Noisettes.

Scaramouche. l'Operateur Turpin et pierrot.

L'Operateur Turpin place vis a vis le Cheval de bronze farsant et debitant ses drogues.

on a confires, coins a confire tadame voulez vous des coins.

Achetles mon beau gras achettes achettes mon pot de basilique achettes mon bel Oeillet et mon Laurier.

Tire lui tire lui tout laisse lui pour boire chopine
Tire lui tire lui tout laisse lui pour boire un coup.

128 bis

Calala!; der Feuersteinhändler hingegen[38] gab sein Angebot deutlich bekannt: *N'oubliez pas en passant des pierres à brrrriquets qui rrrrrrrrrrendent la lumièrrrrrrrrrrrrrrrrrrrrr à volonté!*, „Vergeßt beim Vorbeigehen nicht den Feuerstein, der nach Belieben Licht gibt". Der Streichholzhändler[39], der später dem Staatsmonopol zum Opfer fiel, hatte einen der längsten Kaufrufe: *Je suis le marchand d'allumettes, messieurs, mes dames en voulez-vous, elles sont belles et bien faites, je vous les donne pour deux sous, si vous voulez avoir la preuve qu'elles sont bonnes à brûler, venez messieurs les essayer, ell's sont tout's à l'épreuve, ell's sont tout's à*

Beauvais, in Paris Ende des 18. Jahrhunderts veröffentlicht. 131. Wasserträger. 132. Essig- und Mostrichhändler. 133. Schuhputzer.

87

M.ᵈ DE PARAPLUIES.

M.ᵈ D'ALLUMETTES.

M.ᵈ DE TISANNE

M.ᵈ DE PEAUX DE LAPINS.

CARRELEUR DE SOULIERS.

VOILA LE PORTEUR D'EAU.

M.ᵈ DE CHANSONS.

M.ᵈ DE GATEAUX.

M.ᵈᵉ DE POIRES d'Angleterre.

M.ᵈᵉ D'HUITRES.

LINGÉRE.

M.ᵈᵉ D'OEUFS.

M.ᵈᵉ DE GATEAUX de Nanterre.

BLANCHISSEUSE.

M.ᵈᵉ DE CHIFFONS.

M.ᵈᵉ DE MODES.

l'épreuve!, „Ich bin der Streichholzhändler, meine Herren, meine Damen, wollen Sie welche, sie sind schön und gut gemacht, ich gebe sie ihnen für zwei Sous, wenn Sie den Beweis haben wollen, daß sie gut brennen, kommen Sie herbei, um sie zu probieren, sie alle werden die Probe gut überstehen!". Viele Streichholzverkäufer hielten sich auf dem Pont-Neuf auf[40]; hier war im 17. Jahrhundert das Zentrum des Straßengewerbes: man fand dort Blumenmädchen, Obst- und Gemüsehändler, Hausierer, Büchertrödler[41], Schornsteinfeger sowie Ausrufer von Lotterien, Geldverleiher, Verkäufer von Allheilmitteln, *orviétan*[42] oder Quacksalber, herumziehende Sänger und Musikanten, Zahnzieher, Possenspieler, Scharlatane und Komödianten[43]. Man sagt, daß das laufende Hin und Her dieser kleinen Welt das Kopfsteinpflaster des Pont-Neuf derart abnutzte, daß es nach wenigen Jahren ersetzt werden mußte. Zahlreiche Werber, *raccoleurs-recruteurs*, auch „Verkäufer von menschlichem Fleisch" genannt, waren ebenfalls auf dem Pont-Neuf zu sehen. Sie boten alle nur erdenklichen Verlockungen auf, um Männer anzuwerben, die von den Offizieren sodann an den König weiterverkauft wurden. Bald bedienten die Werber sich der Dirnen, um die jungen Männer anzuziehen, bald trugen sie vor ihnen, zumeist am Vorabend von Fastnacht, lange Stangen herum, an denen Viktualien wie Hähnchen, Gänse, Schinken usw. hingen; bald lockten sie ihre Beute in Kneipen, wo das Essen ausgezeichnet und der Wein berühmt war; bald ließen sie an den Ohren der jungen Leute Beutel voller Taler klingeln. Zum Schluß legten sie dann denen, die sie auf die eine oder andere Weise verführt hatten, die Rechnung für alle Ausgaben vor. Da die jungen Männer meist nicht in der Lage waren, diese Rechnung zu begleichen, blieb ihnen nichts anderes übrig, als Soldat zu werden.

Auf dem Pont-Neuf war auch das Hauptquartier der Spitzel: denn bewegte man sich auch noch so wenig in Paris, so war es mehr als wahrscheinlich, daß man dort vorbeikam. Hatten die Spitzel den Gesuchten innerhalb von zwei Tagen nicht gefunden, konnten sie vollkommen beruhigt der Polizei melden, daß sich die suspekte Person außerhalb der Stadtmauern aufhielt.

Der Pont-Neuf war auch Sitz der Matratzenkämmer und Aufenthaltsort der Hundescherer, die, wenn ihre Arbeit beendet war, die abgeschnittenen Ohren und Schwänze an Ort und Stelle liegen ließen. Die Chronik hat uns überliefert, auf welche lustige Weise jeder Scherer versuchte, den Passanten sein Gewerbe zu erklären: *Un tel tons lé chien coupe lé chât et sa fame aussi et va-t-en ville Lessez votre adrece*, „Der eine schert den Hund, kastriert die Katze und seine Frau auch und geht in die Stadt. Hinterlaßt Eure Adresse". Festzuhalten ist, daß die Kastrierer, die im 16. Jahrhundert in den Straßen ausriefen, ihre Dienste nicht nur für Tiere anboten. Zu jener Zeit glaubte man (vor allem in Spanien), daß die Entfernung einer Hode, manchmal sogar der beiden, die Bildung von Krampfadern verhinderte und daß die Kastrierten „frei von Gicht waren und alle anderen Menschen an Klugheit übertrafen". Ein so berühmter Chirurg wie Ambroise Paré kämpfte vergeblich

131

132

133

134. Detail einer Grafik aus dem Bilderbogen-Handel von Martin Delahaye aus Lille den *Arts et Métiers* (Handwerke) gewidmet (um 1815). 135 bis 138. *Mes gens ou les commissionnaires ultramondains au Service de qui veut les payer*, „Meine Leute oder die übermondänen Kommissionäre zu Diensten von dem, der sie bezahlen will", Grafik aus 6 Tafeln und 1 Titelblatt, gestochen von Augustin Saint-Aubin und Jean-Baptiste Tillard (1766–1770). 135. Titelblatt. 136. Leiermann. 137. Schuhputzer. 138. Kommissionär. Folgende Seiten: 139. Mostrichstampfer, anonyme Grafik von Basset veröffentlicht (um 1750–1760). 140 und 141. Putzmacherin und Austernhändlerin, Tafeln aus den *Cris de Paris*, „Pariser Kaufrufe", gezeichnet von François Watteau und von Laurant Guyot gestochen (1786). 142 bis 148. *Cris de Paris dessinés d'après nature*, „Pariser Kaufrufe nach der Natur gemalt", von Michel Poisson (1775?). Die Folge besteht aus 72 Tafeln, in 12 Hefte aufgeteilt. 142. Ah, die Laterna-magica. 143. Weint, kleine Kinder, ihr werdet Windmühlen bekommen. 144. Der Verkäufer von Bändern. 145. Papier um von Eisen und Stahl den Rost zu entfernen (eine Art Schmirgelpapier). 146. Messer, Scheren zu schleifen. 147. Der gute Essig. 148. Zum Wasser.

134

gegen diese Art von Operation an, bei der man „den Jungen die Hoden abschneidet", und verlangte, daß man „diese Teile, die für die Fortpflanzung notwendig sind und den Frieden ins Haus bringen, sorgfältig erhält". Man erzählt außerdem, daß noch im 18. Jahrhundert ein Operateur seinen Hund nur mit Hoden fütterte: „der Hund hielt sich unter dem Bett oder unter dem Tisch, neben seinem Herrchen auf, und wartete auf das köstliche Stück, mit dem ihn sein Herr erfreute, nachdem er es abgetrennt hatte."

Nachts wurde der Pont-Neuf zum Reich der Diebe; es wird unter anderem berichtet, daß Gaston d'Orléans, der Bruder Ludwigs XIII., sich einen Spaß daraus machte, dort Mäntel zu stehlen. Bei heißem Sommerwetter hielten sich besonders gewiefte Händler an einem Ende der Brücke auf und boten den Passanten, die zum anderen Seineufer gelangen wollten, Sonnenschirme an.

Von den Regenschirmhändlern[44] konnte man sagen, daß sie ein lebendiges Barometer waren: Tauchten sie in den Straßen auf, konnte man sicher sein, daß eine Wolke über den Pariser Himmel zog. Beim ersten Regentropfen zeigten sie sich alle auf einmal an den verschiedensten Ecken der Metropole. Sie gingen neben den Passanten her, redeten auf sie ein oder traten in den Torwegen an sie heran und spannten vor ihren Augen einen Regenschirm nach dem anderen auf. Die Schirme holten sie aus einer Art Köcher, den sie quer über Schulter und Brust trugen. Ihr schriller Ruf bestand aus zwei Tönen: *Pluie! Pluie!*, „Regen! Regen!" Lange Zeit, bevor die faltbaren Regenmäntel erfunden wurden, hatten die Frauen aus dem Volk bereits selbst ein bequemes und billiges Mittel gefunden, sich vor dem Regen zu schützen: sie schlugen ihren Unterrock über den Kopf.

Rossez vos femmes, battez vos tapis pour deux sous!, „Verhaut eure Frauen, klopft eure Teppiche für zwei Sous!" Dieser Händlerruf des Binsenverkäufers ist einer der ältesten in der Geschichte der Straßenhändler. Er war bis ins 19. Jahrhundert zu hören und zwar bis zu dem Tag, an dem ein alter jüdischer Händler des Maubert-Viertels von Bediensteten verprügelt wurde. Nach diesem Mißgeschick besaß der Händler die Klugheit, an die Stelle der unglücklichen Frauen unschuldige Sofas zu setzen. Es wurden die unterschiedlichsten Arten von Besen verkauft: Besen aus Binsen oder Ginster, aus Borsten, Federn oder Schilfrohrfransen. Die beliebtesten, aus Birkenreisern hergestellten Besen, hießen *escouvettes* und wurden von den Lichthändlern oder Kleinkrämern vertrieben. Die Bürstenhändler dagegen hatten das Privileg, Borstenbesen herzustellen. Daneben gab es aber auch noch andere Haushaltsartikel zu kaufen, wie zum Beispiel Binsenmatten, Schwämme, Eiseneimer, Salatkörbe, Wannen, Lampenschirme und die „großen oder kleinen, runden oder eckigen" Schachteln, die von einem Paar herumgefahren wurden, dessen Stimmen, Bariton und Sopran, eine Oktave auseinander lagen. Der Korbhändler führte seinerseits von morgens bis abends eine Zirkusnummer in den Straßen auf: Er trug auf seinen Schultern eine Pyramide von Körben aller Formen und Größen, die bis zu 20 Fuß hoch sein konnte.

Mes Gens
ou
LES COMMISSIONNAIRES
Ultramontains
au Service de qui veut
les payer

135

136

137

138

Es ist nicht schwer, sich das Tohuwabohu und Treiben vorzustellen, das in einer mittelalterlichen Stadt herrschen mußte, zumal eine Stadt damals nicht mehr als 200 Hektar umfaßte und nur schmale, gewundene, des Windes wegen winklige Gassen hatte. Das hinderte den Wind aber nicht immer daran, durch die Straßen zu fegen und kräftig an den Aushängeschildern zu rütteln, die dann nicht nur das bereits schwache Licht der Laternen dämpften, sondern auch noch knarrten, knirschten und gegeneinander schlugen. Diese Schilder wurden bis zum 18. Jahrhundert an Ständern aufgehängt und noch nicht, wie später, an den Hauswänden befestigt. Manche der Schilder, auf denen die Werkzeuge des betreffenden Handwerks und das jeweilige Zubehör dargestellt waren, hatten ungeheure Dimensionen.

Sobald es Nacht wurde, verstummten die Rufe der ambulanten Händler bis auf den des Oblatenverkäufers, und, von der Ruhe und Dunkelheit begünstigt, traten andere Geräusche hervor. Die Straße gehörte zu diesem Zeitpunkt den Betrunkenen, Beutelschneidern, Landstreichern, Lebemännern und den Nachtwächtern, deren schwerer Schritt durch die Nacht hallte. Zwei- oder dreihundert Spitzel durchstreiften die Straßen auf der Spur nach Verdächtigen, und nahmen willkürlich Entführungen vor, die allgemein als Polizeientführungen bezeichnet wurden und die zumeist nicht ohne Protest, Hilferufe und Schlägereien verliefen.

In diesen Abendstunden traten auch die Leichenbitter mit ihren Glocken auf, denen die Laternenhändler und Kerzenverkäufer folgten, die durch die Straßen gehend riefen: *Lanternes! Lanternes!* bzw. *Eclairez – vous*, „Sorgt für eure Beleuchtung". Zu ihnen gesellten sich die fackeltragenden Diener, die ihrem Herrn einige Schritte voraus gingen, sowie die Fackelträger, die mit numerierten Laternen ausgerüstet waren und eine Schürze um die Hüften trugen. *Voilà le falot*[45], „Die Stocklaternen", riefen sie den Passanten zu, denen sie ihre Beleuchtung für fünf Sous pro fünfzehn Minuten anboten. Gewöhnlich begleiteten sie diejenigen, die spät nach Hause kehrten oder die aus einer Vorstellung kamen. Sie ließen die Kutsche vorfahren und begleiteten ihren Kunden nicht nur bis zum Haus, sondern, wenn nötig, bis ins Schlafzimmer, da selbst die Treppen meist nicht ungefährlich waren. Einige verließen den Kunden erst, nachdem sie die Kerze angezündet und nachgeschaut hatten, ob sich jemand unter dem Bett versteckt hielt. Man mußte für solch vorzügliche Dienste natürlich einen stolzen Preis zahlen. Beim geringsten Tumult in den Straßen liefen die Fackelträger zur Polizei, mit der sie – wie man sich vorstellen kann – in direkter Verbindung standen und der sie jeden Morgen Bericht erstatteten von dem, was sich in der Nacht abgespielt hatte. Glaubt man jedoch Restif de la Bretonne, so waren einige von ihnen Komplizen der Diebe geworden, die sie vor der Polizei schützten, indem sie sie begleiteten, als seien sie ruhige, ehrenvolle Bürger.

Bei der Aufzählung der nächtlichen Wanderer dürfen die Freudenmädchen nicht vergessen werden. Im ausgehenden 18. Jahrhundert gab es in Paris 30 000 Prostituierte. Zu den *impures,*

140

141

Ah! la Lanterne magique la piece curieuse.

Pleurez, petits Enfans, vous aurez des moulins à vent.

143

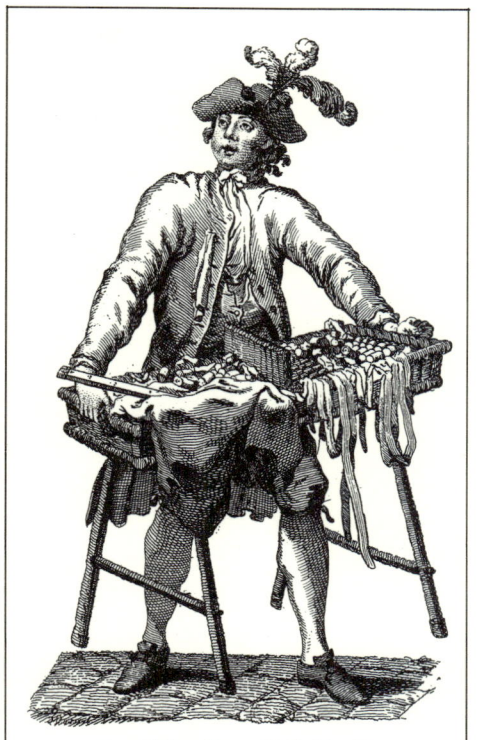

Le Marchand de Ruban.
A la flotte, à la flotte mes beaux Rubans.

144

Papier pour derouiller le fer et l'acier.

145

Couteaux, ciseaux à r'passer.

146

Bon Vinaigre.

147

A l'Eau.

148

149. Eine der Gestalten aus dem *Almanach des marchés de Paris, étrennes curieuses et comiques avec des chansons intéressantes, dédié à Marie Barbe, frutière orangère*, „Almanach der Pariser Märkte, kuriose und komische Neujahrsgeschenke mit interessanten Liedern, Marie Barbe, Obsthändlerin und Apfelsinenverkäuferin, gewidmet", von Queverdo gezeichnet und gestochen (1782). Auf dem Ausschnitt ist ein Verkäufer von fetter, gesalzener Blutwurst dargestellt. 150 bis 154. *Suite des Cris des marchands ambulants de Paris*, „Folge der Kaufrufe der Pariser ambulanten Händler", 12 Tafeln von Jean Duplessi-Bertaux (1814).

Du bon Boudin gras et falé.

149

Unreinen, die sich zumeist in der Nähe des Palais-Royal aufhielten und die man gewöhnlich mit einem lauten *St, ft, ft* herbeirief, kamen noch 10 000 von Gönnern ausgehaltene Mädchen, die ihren Liebhaber mehrmals im Jahr wechselten[46].

Die berühmte sechste Satire von Boileau, in der er das Pariser Wirrwarr behandelt (und die von der Satire Juvenals über das Durcheinander in Rom geprägt wurde), ist keineswegs ein Einzelstück. Einige Jahre zuvor waren schon Stücke erschienen, wie *La Foire de Saint-Germain* von Scarron, *La Ville de Paris en vers burlesques* von Berthod und *Paris ridicule* von Claude Le Petit, auf die die Veröffentlichungen von *Le Tracas de Paris* von François Colletet und von *Discours sceptique de la beauté de Paris et de ce qu'il a d'incommode* folgten. Zu den nächtlichen Störungen zählt Boileau Katzen und Ratten, die einen zu zahlreich auf den Dächern, die anderen in den Kellern; Glockengeläut, Diebe, Gauner, das Krähen des Hahns und das Hämmern des Schlossers.

Zu allen Zeiten tauchen bei den Autoren, die den Händlerrufen der Großstädte einige Seiten gewidmet haben, immer wieder die gleichen Bezeichnungen auf: Die meisten sprechen von „Kakophonie", „Monsterkonzert", oder einem „höllischen, unharmonischen Konzert". Einige der nachsichtigeren Autoren begnügten sich mit Wendungen wie „merkwürdiger und lauter Gesang" oder „unharmonische Symphonie". Andere wiederum meinten: ebenso wie der Müller schläft, ohne den Krach des Schleifsteins wahrzunehmen, hat sich der fortwährend vom Lärm der Händler umgebene Pariser daran gewöhnt, sie zu überhören. Einige Chronisten hoben das Befremden hervor, das Landbewohner bei ihrer Ankunft in Paris ergriff, denn sie waren die ländliche Ruhe gewohnt, die selbst in den Provinzstädten meist nur durch Glockengeläut oder durch einen über das Pflaster rollenden Wagen gestört wurde.

Die Ausländer waren ebenfalls über die Zahl und die Vielfalt der Pariser Händlerrufe erstaunt. In dieser Beziehung konnte nur eine Stadt wie London mit Paris konkurrieren. Andere Hauptstädte hatten zwar auch ihre Straßenrufe, aber sie variierten von Stadt zu Stadt, sodaß diese manchmal ebenso gut an ihrem typischen Lärm wie ihrem besonderen Geruch zu erkennen waren. Sowie es einem einigermaßen geübten Ohr möglich ist, in einem Konzert Violinen oder Oboen herauszuhören, so gelang es den Hausfrauen, in dem unvorstellbaren Stimmenwirrwarr den Händlerruf herauszuhören, der sie interessierte. Man muß sich dabei vorstellen, daß zu dem Geschrei der Straßenhändler noch der Lärm der Flöten, Trommeln, Schalmeien, Hörner, Trompeten, Pfeifen und Leierkästen hinzukam.

Man kann sich fragen, wieviele Händler wohl ihre Kaufrufe in die Luft schmetterten. Einige meinen, es seien 15 bis 20 000 gewesen. Diese Zahl mag für die Mitte des 19. Jahrhunderts, in der die kleinen Straßenhandwerker langsam verschwanden, ziemlich hoch erscheinen. Nun hatte Paris aber 1850 eine Million Einwohner, während es zu Beginn des Jahrhunderts nicht mehr als 500 000 waren[47] und im 16. Jahrhundert, noch vor der Pest und den endlosen Kriegen, wahrscheinlich nicht einmal 200 000. Die Hauptstadt hatte früher eine Oberfläche von einigen hundert Hektar, während sich das Paris von Louis-Sébastien Mercier über 3400 Hektar erstreckte. Die durch den medizinischen Fortschritt bedingte beachtliche Abnahme der Sterblichkeit war nicht die einzige Ursache, die zur Verdoppelung der Pariser Bevölkerung innerhalb eines halben Jahrhunderts führte. Die Landflucht war sicherlich ebenso für diesen plötzlichen Anstieg der Einwohnerzahl verantwortlich, der die Lösung der ökonomischen und sozialen Probleme, die die industrielle Revolution verursacht hatte, wesentlich erschwerte. Neben dem neuentstehenden Proletariat vermehrte sich die Anzahl der Landstreicher und Bettler. Die Straßenhändler standen in dieser Zeit schon am Rande der Gesellschaft und bildeten eine Art „Unterproletariat".

Souliers vieux, vieux souliers!, „Alte Schuhe, alte Kleider", singt der Baß in dem Quartett von Clément Janequin. *Chand d'habits marchand!,* „Kleiderhändler" wird drei Jahrhunderte später gerufen. Der Text hat sich geändert, aber die Melodie ist dieselbe geblieben und wird ebenso langsam, monoton und schleppend vorgetragen, wie die des Rufes *Old Clothes* des englischen Händlers.

Der Verkäufer gebrauchter Kleidungsstücke ist sicherlich der älteste Straßenhändler. Er hat solange überlebt, daß sein langsamer Gang, der schwere Schritt, der ernste Blick und sein struppiges Haar immer noch vertraut sind. Die letzten Vertreter dieses Gewerbes, denen man heute noch begegnen kann, kommen uns wie Verirrte in den Straßen der modernen Großstädte vor. Sie unterstreichen den Anachronismus ihres Berufsstandes noch dadurch, daß sie ihrer Kleidung eine besonders malerische Note verleihen. Der heutige Lumpensammler entspricht aber nicht ganz dem Kleiderhändler von früher, denn er verkauft nicht mehr an die Passanten, sondern begnügt sich damit, die Keller oder Speicher der Häuser leerzuräumen.

Der Kleiderhändler kaufte, handelte und zahlte in bar. Flekken, Risse sowie verbrannte Stellen hatten für ihn einen bestimmten Wert: sie minderten die Qualität und damit den Preis der Ware. Dieser *Chand d'habits,* wie man den Kleiderhändler nannte, war sicherlich einer der Ausrufer, der im 19. Jahrhundert am häufigsten in den Straßen zu treffen war. Seine Existenz hing eng mit der Entwicklung der Kleiderindustrie zusammen. Die Blüte, die dieser Berufszweig erlebte, ging auf die Unbeständigkeit der Mode zurück. Entgegen der allgemein verbreiteten Meinung sind die plötzlichen und häufigen Modewechsel keineswegs eine Erfindung unserer Zeit. Sie wurden abwechselnd von der Kirche und der Regierung verurteilt, sowie von den Sittenmalern, Karikaturisten und Chronisten ins Lächerliche gezogen: *Le Parisien change avec la même facilité de système, de ridicules et de modes,* „Der Pariser wechselt mit derselben Leichtigkeit das politische System, die Extravaganz sowie die Moden"; *Il ne faut que les fesses d'un singe pour faire courir tout Paris,* „Der Hintern eines Affen genügt, um ganz Paris in Bewegung zu versetzen",

156

157

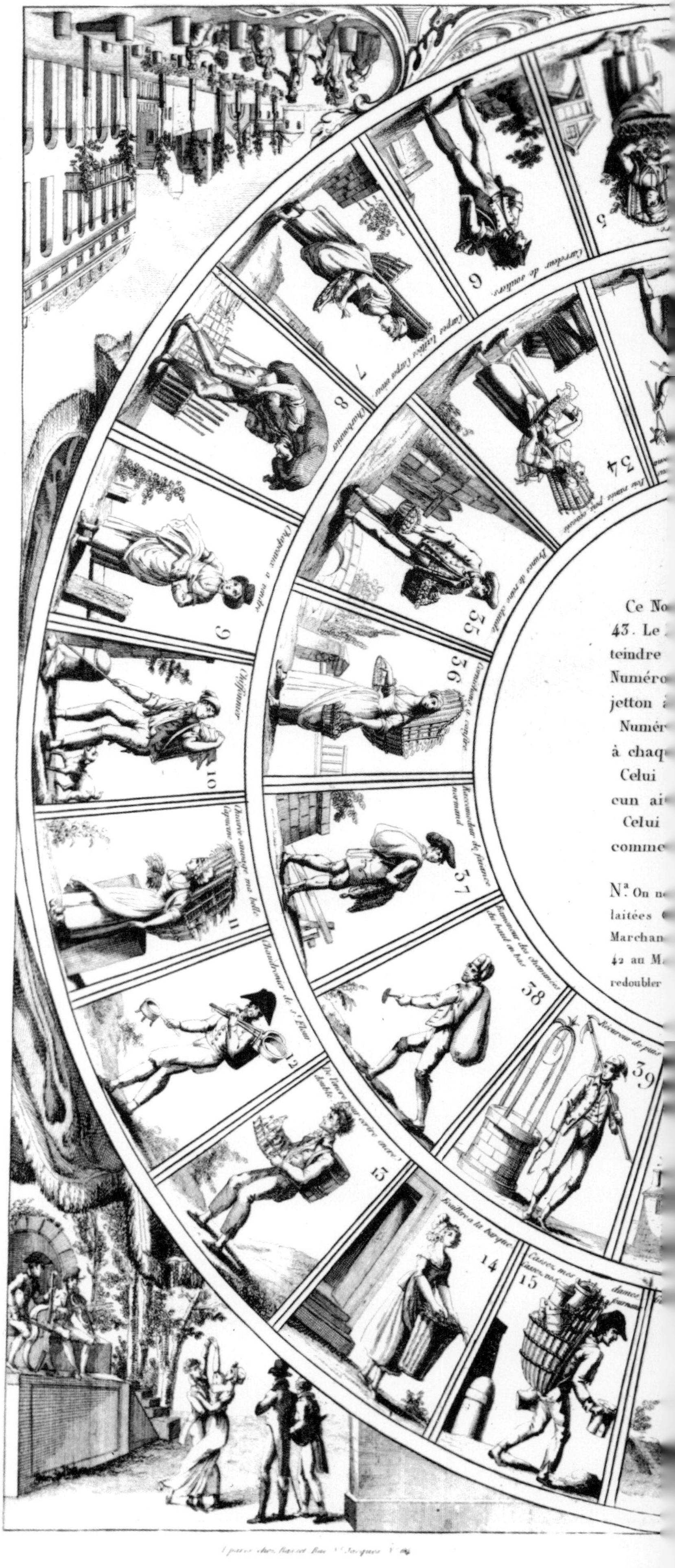

155. Grafik, veröffentlicht von Basset, rue Saint-Jacques (1808); es handelt sich hier um ein „neues, lautes Spiel", das auf den Pariser Kaufrufen beruht. 156 und 157. Detail von 155, auf dem ersten ist ein Händler von Zukkerrüben, auf dem zweiten eine Verkäuferin von frischen Zwiebeln dargestellt.

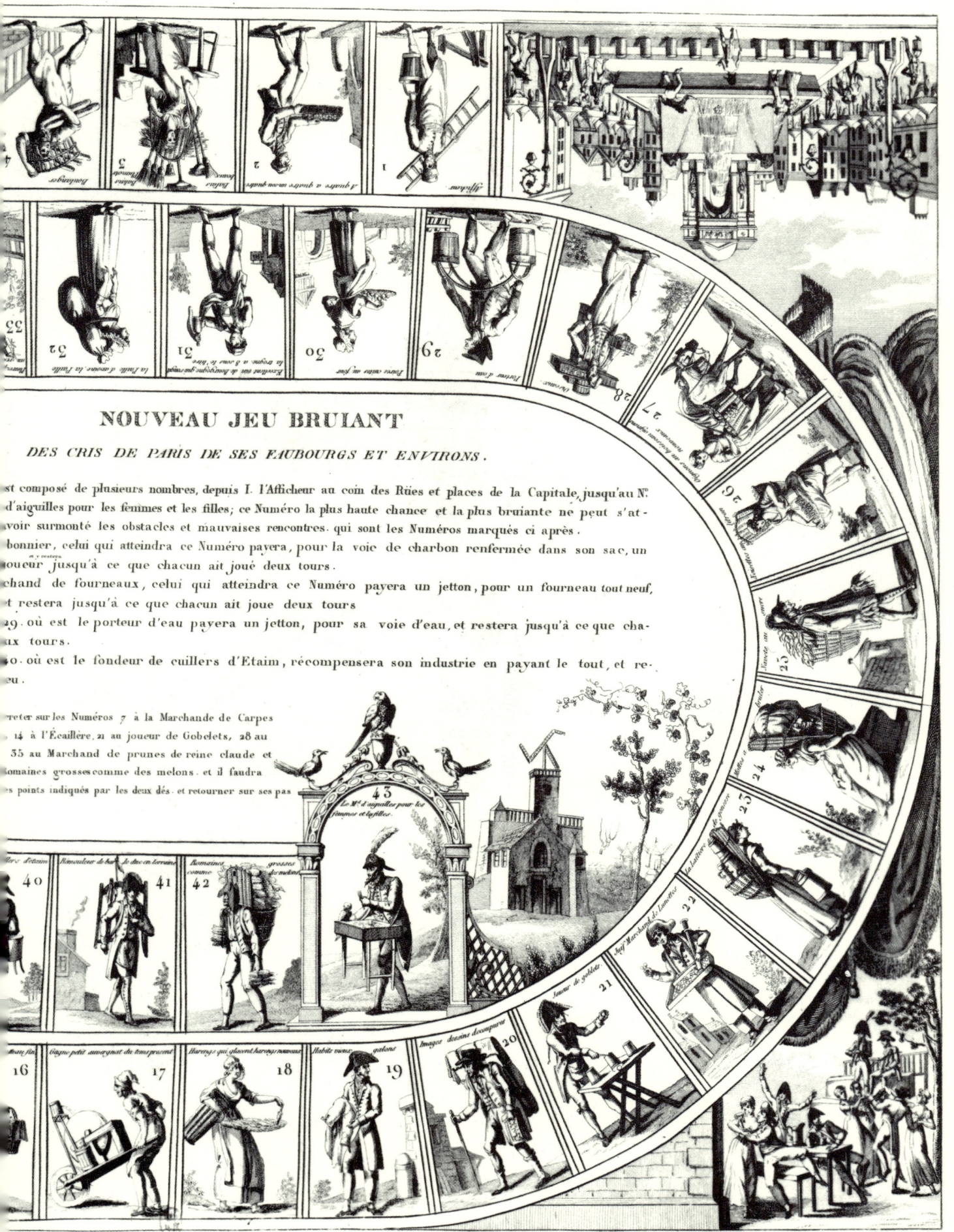

NOUVEAU JEU BRUIANT

DES CRIS DE PARIS DE SES FAUBOURGS ET ENVIRONS.

...st composé de plusieurs nombres, depuis I. l'Afficheur au coin des Rües et places de la Capitale, jusqu'au N.

...d'aiguilles pour les femmes et les filles; ce Numéro la plus haute chance et la plus bruiante ne peut s'at-

...voir surmonté les obstacles et mauvaises rencontres. qui sont les Numéros marqués ci après.

...bonnier, celui qui atteindra ce Numéro payera, pour la voie de charbon renfermée dans son sac, un

...oueur jusqu'à ce que chacun ait joué deux tours.

...chand de fourneaux, celui qui atteindra ce Numéro payera un jetton, pour un fourneau tout neuf,

...t restera jusqu'à ce que chacun ait joue deux tours

...29. où est le porteur d'eau payera un jetton, pour sa voie d'eau, et restera jusqu'à ce que cha-

...x tours.

...0. où est le fondeur de cuillers d'Etaim, récompensera son industrie en payant le tout, et re-

...eu.

...reter sur les Numéros 7 à la Marchande de Carpes

... 14 à l'Écaillère, 21 au joueur de Gobelets, 28 au

... 35 au Marchand de prunes de reine claude et

...omaines grosses comme des melons. et il faudra

...s points indiqués par les deux dés. et retourner sur ses pas

Dep.   Lambert Sculp.

(.LA MARCHANDE.)

de Limonade.

158

A Paris, chez Lambert, rue Serpente N.º 10.

sagt ein Sprichwort. Für Louis-Sébastien Mercier[48] schließlich „übertreffen die Ausgaben für die Mode jene für den Lebensunterhalt und die Kutschen"[49]. Unseren Vorfahren war das Phänomen der zyklischen Rückkehr der Mode unbekannt – ein Zeichen dafür, daß sie mehr Phantasie hatten – das wir heute in einem solchen Ausmaß beobachten können, daß das Zusammentreffen der einzelnen Tagesmoden eine *démode,* Unmode oder ein Fehlen von Mode bewirkt. Letztlich ändert sich heute die Kleidung der Männer und Frauen kaum. Dies war in den früheren Jahrhunderten nicht so. Man konnte unter der Regierung von Ludwig XIV. sagen, daß die auf Grund der beachtlichen Nachfrage unter Druck gesetzten Schneider größere Schwierigkeiten hatten, neue Modelle zu entwerfen, als zu nähen[50]. Zu jener Zeit waren die Kleidungsstücke sehr kompliziert genäht, überladen und bestanden aus sehr viel mehr Teilen als die heutige Kleidung. Man kann sich also leicht vorstellen, wie günstig es für einen Trödler[51] war, wenn ein Kleid abgelegt wurde, dessen Farbe oder Borten angeblich aus der Mode gekommen waren. Der Spott, den Alceste in Molières Misanthrope auf sich zieht, weil er aus der Mode gekommene, grüne Bänder trägt, ist ein klassisches Beispiel für den laufend wechselnden Geschmack dieser Zeit[52].

Die höfische Pracht und der im Bürgertum herrschende Überfluß haben den Reichtum des Kleiderhändlers begründet, der sich nicht damit begnügte, ein aus der Mode gekommenes Kleidungsstück billig zu verkaufen, sondern alles daransetzte, es zu verändern und so wieder in den Handel zu bringen. Was gab es für ihn einfacheres, als Gamaschen aus einer Hose zu schneidern oder den Putz eines Kleidungsstückes abzutrennen und einzuschmelzen, um so wieder Silber und Gold zu gewinnen? Nach dem Buch *Les Français peints par eux-mêmes* gingen einige Trödler sogar noch weiter: Um einem Kleidungsstück seinen Glanz wiederzugeben, zogen sie mit einer in schwarze Tinte getauchten Feder die abgenutzten Nähte nach, oder sie bürsteten den Stoff, nachdem sie ihn entfleckt hatten, mit einer Distel[53]. Die Kleiderhändler, die in den Straßen und in manchen vornehmen Vierteln in Scharen auftraten, als ob sie in einer Prozession gingen, waren im letzten Jahrhundert oft die letzte Zuflucht armer Studenten und galten zugleich als deren schwarze Schafe. Die Kleiderverkäufer treten ebenso in den Romanen von Balzac, Mürger, Sue oder Hugo auf wie in den Rührstücken, die in den Theatern am *Boulevard du Crime* aufgeführt wurden oder auch in den Zeichnungen von Monnier, Gavarni oder Daumier. Um einen Lumpensammler darzustellen, genügte, wie man sagte, ein Korb, ein Haken, eine Laterne und ein Bettler. Die Lumpensammler aus der *Cour des Miracles,* dem Pariser Viertel der Assozialen, die die Polizei *ravageur,* Verheerer, nannte, wurden im letzten Jahrhundert von den Bürgern als unheilbar kranke Personen angesehen, die zur gefährlichsten Klasse der Gesellschaft gehörten. Tatsächlich gab es zwei Kategorien von Lumpensammlern: die Auvergnaten und die Pariser. Die ersten liefen weniger zerlumpt herum als die letzteren, unter denen sich auch ehemalige Zuchthäusler aus Toulon und Rochefort befan-

158. Grafik von Lambert, Pariser Händler von rue Serpente (um 1660). Die Limonaden-Verkäuferin.

159. Ambulante Musikanten (ca. 1815). 160. Diese Grafik, gestochen von Charon, rue Saint-Jean-de Beauvais und vertrieben von Martinet, zeugt von dem Interesse, daß das Publikum den optischen Instrumenten entgegen brachte (um 1815). „Die herrlichen Wunder des Kaleidoskops, in dem die kleinsten Dinge schöne Effekte bewirken". Folgende Seiten: 161. Stich von Jean, eine Familie von berühmten Graveuren und Händlern der rue Saint-Jean-de Beauvais, deren Produktion, mit Stichen von Callot und Debucourt von bester Qualität war (um 1825). Plakatankleber; Wäscherin; Reisigbündel; Scheren-, Messerschleifer; Schuhflicker; Schuhputzer; Tintenverkäufer; Austernhändlerin; Ausrufer von Bilderbögen; Verkäufer der Abendzeitung.

den. Während die Auvergnaten ihren heimatlichen Dialekt sprachen, benutzten die Pariser das Argot, das damals die Sprache der Diebe und Mörder war.

Nachts, wenn sein ärgster Feind, der Straßenkehrer, schlief, bemächtigte sich der Lumpensammler der Stadt: Mit der Laterne in der einen Hand und einem Haken in der anderen untersuchte er die Müllhaufen, um die er sich mit den hungrigen Hunden stritt. Er hielt sich meist in der Nähe der Mode-Restaurants auf, hatte aber seine Stammkunden. Diese waren zum Beispiel kleine Handwerker, denen er einfache Dienste leistete, wie, sie jeden Morgen zur abgesprochenen Stunde zu wecken. Er wohnte mit seinen Kollegen im Stadtviertel Mouffetard in kleinen, engen Zimmern oder er schlief, ohne seine Lumpen abzulegen, auf einem Strohsack, umgeben von den verschiedensten Dingen wie Katzen- und Hundeleichen. Diese hatte er auf seinen nächtlichen Streifzügen aufgesammelt und würde sie einem Abdecker verkaufen. Für die Leiche einer Dogge bekam er 30 bis 40 Sous, für die einer Katze im Sommer vier, im Winter hingegen acht Sous. Einige Handwerker verarbeiteten das Katzenfett, andere brauchten das Öl der Hundepfoten. Aus den Fellen stellten die Kürschner „Fuchs-" oder „Zobelpelze" her. Bemerkenswert ist, daß die Vertreter dieses nächtlichen Gewerbes nichts kauften und auch nichts ausriefen; sie begnügten sich mit dem Verkauf ihrer aufgesammelten Waren. Ihre Hauptkunden waren die Papier- und Kartonhersteller; sie wurden mit gebrauchten Säcken, Baumwollzeug, Sackleinwand und schmutzigem Papier beliefert. Die Hersteller chemischer Erzeugnisse gewannen aus den wollenen und leinenen Lumpen Salmiak, während andere zerbrochenes Glas zu Scheiben und altes Eisen zu neuen Eisengegenständen verarbeiteten. Aus zerbrochenem Geschirr wurde, nachdem die Goldverzierung entfernt worden war, Puder hergestellt, der dem Papier zur Erhöhung des Gewichtes beigefügt wurde; aus Austernschalen wurde Kalk oder Dünger für die Felder, aus Knochen Dominosteine, Schachfiguren, Zahnstocher und aus verbrannten und pulverisierten Knochen Beinschwarz gemacht. Mit den Brotkrusten reicherte man die Volkssuppen an oder man verwendete sie, um Tiere zu mästen. Der Lumpensammler nahm seine Mahlzeiten meistens auf öffentlichen Märkten ein, manchmal aber auch in finsteren Kneipen, in denen die Teller in Hackklötze geschnitzt waren, an denen die eisernen Bestecke mit kleinen Ketten befestigt wurden. Hier konnte man eine Gemüsesuppe, ein Stück Brot, *montagnards* – große, rote Bohnen – und eine Tasse gezuckerten Kaffee für vier Sous haben. Die weniger Begüterten begaben sich in eine Schenke, deren Aushängeschild *A l'azart de la fourchaite*, „Zum Zufall der Gabel", ein vielversprechendes Programm ankündigte. Sobald er eingetreten war, wurde der Kunde zur Kasse gebeten; hatte er seinen Sous für das bevorstehende Mahl gezahlt, erhielt er eine Art Dreizack. Von seinem Hocker aus konnte er dann die lange, dreizackige Gabel in den vor ihm stehenden Kessel tauchen. In ihm schwammen in fettem Wasser *arlequins*, das heißt aus den benachbarten Wirtschaften stammende Fleischreste, sowie allerlei

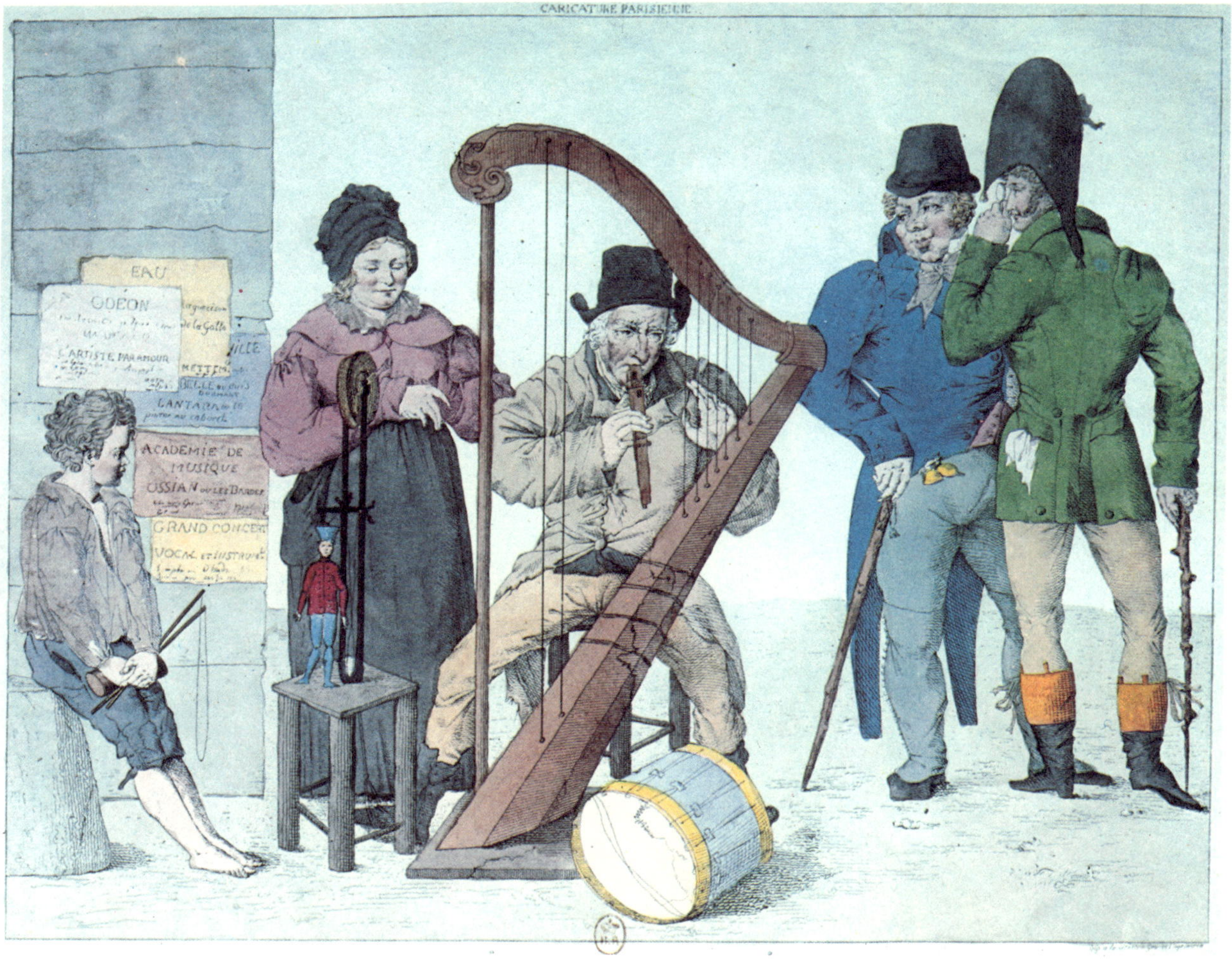

159

LES PRODIGES MERVEILLEUX DU KALEIDESCOPE,
où Les plus petites choses amènent de grands effets.

160

A. *Afficheur.*

B. *Blanchisseuse.*

F. *Fagots, fagots.* G. *Gagne-petit.*

A Paris chez Jean.

Careleur de souliers.   D. Désovleur, à la pratique.   Fénere pour ecrre encre luisan'e encre douhte

tres à l'ecaille   I. Images dessins decoupures.
ecaillère, à la barque.   J. Journal du soir vela la feuille de l'imprimerie des frères chaignau.

an de Beauvais N°10.

N.º 4.

N.º 11.

Afficheur

162

Tondeur de Chiens.

163

Marchand de Chansons

Faites-vous servir, j'ai des Recueils de 2, 4 et 6
même de 15 et de 30 pour ceux qui en désirent.

164

Cris de Paris

N.º 40.

Cris de Paris.

N.º 56.   *Arts et Métiers.*

L.M. PETIT, GRAVEUR, ÉDITEUR, ET MARC

V'la d'Zanetons d'Zanetons pour un yard

165

Des Radis rose un Sou la Botte.

166

A la fraiche, qui veut boire v'la l'coco?

167

andere Dinge, deren Identifizierung schwierig war. Jeder Gast durfte nur ein Stück aus dem Kessel fischen: so kam es vor, daß der vom Glück begünstigte Kunde einen halben Hammelkopf mitnehmen konnte, während der, dem die Gunst weniger hold war, sich mit einer Katzenpfote, einer leeren Muschelschale oder manchmal mit gar nichts begnügen mußte.

Morgens früh erschien der während des Tages tätige Lumpensammler. Er trat mit seiner ganzen Familie auf. Seine Kinder standen an den Straßenkreuzungen Wache. Nach Gewitterregen betätigte er sich als „Rinnsteinreiniger": man sah ihn im Schlamm alte Nägel, Eisenkram und manchmal sogar Gold auflesen. Die Polizei setzte jedoch diesem Geschäft ein Ende, unter dem Vorwand, daß der „Rinnsteinreiniger" die Pflastersteine bloßlegte.

Die Arbeit des Lumpensammlers wurde erschwert, als ein Polizeipräfekt vorschrieb, daß er einen Metallbehälter verwenden müsse, auf dem sein Name stand. Außerdem wurde ihm seine Ware von dem Pförtner und dem Rückgewinnungswagen streitig gemacht. Trotz alledem lebten Ende des letzten Jahrhunderts 60 000 Leute in Paris von der Lumpenverwertung. Der Trödler, der auch *pilier des Halles* genannt wurde, empfing seine angestellten Sammler in einem stinkenden Loch, in dem sich besudelte Lumpen, verfaultes Holz und Knochen anhäuften. Seine Wohnung hatte er jedoch luxuriös eingerichtet, und seine Erben wurden manchmal von den besten Partien umworben.

Unter den von Gavarni gezeichneten Lumpensammlern fand man die verschiedensten Typen, sogar einen „philosophischen" Mann, der Horaz und Vergil zitieren konnte.

Im Vergleich zu diesen von der Öffentlichkeit verachteten, armen Teufeln, betrieben die Verkäuferinnen von alten Hüten[54] ein erträgliches Gewerbe. Diese Ausruferinnen gehörten nicht zur Gilde der Hutmacher, sondern bildeten eine unabhängige Gemeinschaft, die unter dem Schutz des Polizeipräsidenten stand. Zu Beginn des 18. Jahrhunderts gab es noch 1000 dieser Händlerinnen. Sie teilten sich in vier Gruppen auf: Die Putzwarenhändlerin, die Großhandelsausruferin, die gewöhnliche Ausruferin – eine Gehilfin des Trödlers, und schließlich die *novices*, die Neulinge, die von den *meneuses*, den Führerinnen, in das Gewerbe eingearbeitet wurden. Die *meneuses* begleiteten sie durch die Straßen oder nahmen sie zu Versteigerungen mit. Die Putzwarenhändlerin gehörte letztendlich zur Gruppe der Kleiderhändler. Sie ist eine der 2472 Gestalten, die in der *Comédie humaine* von Balzac auftreten. Sie ging mit ihrem Strohkorb voller Kleider, Schals und Schmuck in jedes Haus. Sie verlieh gegen Pfand und verkaufte alles, sogar eine Nacht mit einer Tänzerin. Bei alledem war sie von einer über jegliche Versuchung erhabenen Diskretion. „Sie werden in kurzer Zeit reich", sagte Louis-Sébastien Mercier, „und sie verdanken ihren Reichtum nicht nur dem Verkauf ihrer Ware". Zu dieser Gruppe von Ausruferinnen muß auch „die Entkleiderin" von Kindern gezählt werden; sie zog die Kinder mit Süßigkeiten oder Schmeicheleien an, nahm ihnen dann im Handumdrehen ihre schönen Kleider ab und ersetzte sie durch grobe Lumpen.

162 bis 167. Tafeln aus *Petits acteurs du Grand Théâtre ou Receuil de divers Cris de Paris*, „Kleine Schauspieler des großen Theaters oder Sammlung von den Pariser Kaufrufen". 1812 von Martinet, rue du Coq veröffentlicht. Das Werk besteht aus 60 Tafeln mit der Signatur von Adrien Joly. 162. Plakatankleber; 163. Hunde-Scherer. 164. Verkäufer von Liedern – „Laßt Euch bedienen, ich habe Sammlungen mit zwei, vier und sechs, sogar mit 15 und 30 (Liedern) für die, die welche wünschen". 165. Sammler von Maikäfern. 166. „Rote Radieschen, ein Sou das Bündel". 167. „Zur Frischen, wer will trinken, hier ist das Lakritzenwasser (*coco*)". 168 bis 171. Tafeln aus *Cris de Paris dessinés d'après nature*, „Pariser Kaufrufe nach Natur gezeichnet" von Carle Vernet und veröffentlicht von F. Delpech, quai Voltaire (um 1820). Diese Folge zählt nicht weniger als 100 Lithographien. 168. Verkäuferin von grünen Nüssen. 169. Verkäufer von Eimern. 170. Verkäuferin von Erbsen. 171. Ausrufer von Schachteln. 172. Tafel aus der Sammlung *Costume of Paris, The Incidents taken from Nature, designed and drawn on stones by J(ohn) J(ames) Chalon*, in London 1820 publiziert. Die 24 Lithographien haben französische Untertitel; auf der Tafel ist eine Verkäuferin von *tisane*, Lakritzenwasser, dargestellt.

Marchande de Cerneaux

des Gros Cerneaux

168

Marchand de Seaux Ferrés.

Marchand de Seaux ferrés

169

Marchande de Pois.

pois ramés, pois ressés

170

Marchand de Cartons.

cartons à champignons, cartons tout neufs, cartons utiles et commodes !
à dix, à douze, à quinze, et à vingt cinq.

171

173

173. Der Verkäufer von Tinte. Lithographie, signiert C. de Last (vielleicht geht es hier um den Grafen von Lasteyrie, der sich seit ihrer Entstehung für die Lithographien interessierte) (um 1820 bis 1830).

Die Alteisenhändler, deren Gewerbe auf das 13. Jahrhundert zurückgeht, erhielten ihre Statuten erst vierhundert Jahre später durch offene Urkunden, die sie als „Ausrufer von altem Eisen und Lumpen" bezeichneten. Ihnen wurde darin das Privileg zugestanden, „altes Eisen und Lumpen zu kaufen, feilzubieten und im Kleinen zu verkaufen, die alten Kutschen in Stücke zu zerlegen und dann deren Überreste auszustellen".[55]

Unter den Händlern von Trödelkram fand man auch die Verkäufer von alten Schuhen, deren Geschäft unter der Regierung von Heinrich IV. sehr gut ging. Zu dieser Zeit gelangten nämlich aus der Provinz und dem Ausland Ballen nach Paris mit Schuhen und Stiefeln, die diese Händler wieder instandsetzten. In den Straßen bot man auch alte Eimer und Blasebälge[56] an sowie angeschlagene Gläser, aus dem Verkehr gezogene Geldstücke, Weinhefe und tierischen Mist. Er wurde von den Stadtbewohnern als Dünger verwendet, denn innerhalb der Stadtmauern gab es noch Gärten.

Das Gewerbe der Kaninchenfellzüchter blühte lange Zeit; die Köche schätzten vor allem das Fleisch des Kaninchens von Vincennes, das schmackhafter als das Hasenfleisch war, während die Kürschner die französischen und spanischen Kaninchen vorzogen. Der Fellhandel hatte es jedoch schwer, als die Mode den Filzhüten Hüte aus Seide vorzog.

Der Fellhändler stammte aus dem Cantal und kam im Frühjahr nach Paris. Er brauchte kein anderes Werkzeug oder Zubehör als einen großen Sack, den er auf dem Rücken trug und der meist so prall gefüllt war, daß man weder den Kopf noch die Arme des Händlers sehen konnte. Er kündigte sich mit einem lauten Ruf an, verbreitete aber einen derartigen Gestank, daß man ihn schon roch, bevor man ihn hörte. Er hatte immer ein Messer in der Tasche, um Kater zu kastrieren, die er bis auf die Dächer verfolgte. Es ging ihm der Ruf voraus, er ließe sie verschwinden, um sie an Winkelschänken der stark bevölkerten Stadtteile zu verkaufen. Er kaufte nur wenig ein, verkaufte aber an die Hutmacher große Mengen von Kaninchen-, Wiesel-, und auch Hundefellen, die als Pelze, besonders als Muffs, verarbeitet wurden. Die Handschuhhersteller machten daraus auch Futter für Masken, sowie samtige Halbmasken für Damen. Hatte der Fellhändler Glück, konnte er einen Schuppen erwerben, in dem er Eisenwaren, altes Kupfer und Lumpen ansammelte, reparierte, klebte, zusammennähte und schließlich verkaufte. Mit dem so erworbenen Reichtum konnte er ein angesehener Mann werden, seine Tochter gut verheiraten und sein Leben als Großwürdenträger der Garde national beschließen oder bisweilen sogar mit dem Band der Ehrenlegion ausgezeichnet werden.

All diese Straßengewerbe waren ein Spiegel der verschiedenen Formen des Handels in den Geschäften. Es ist also nicht verwunderlich, daß sich die Straßenhändler als Käufer und Verkäufer betätigten und Altes für Neues verkauften, während sie Neues für Altes kauften. Viele von ihnen spezialisierten sich außerdem auf Ausbesserungsarbeiten. Anfangs hatten die Faïencenausbesserer

A la Coque trois Liards.

Careleur de Souliers.

La Blanchisseuse.

M.ᵃⁿᵈ de Parapluis.

l'Afficheur

Vieux habits, Vieux Chapeaux à Vendre.

Le porteur d'Eau.

Mes gros Cerneaux.

La M.ᵈᵉ de Gateaux de Nantere.

Mottes à Bruler.

La Bouquettiere.

Le Chiffonnier.

Le Ramoneur.

Voila l'Ecaillère.

Des fraises, fraises, des fraises.

Voila le Plaisir des dames.

112

174

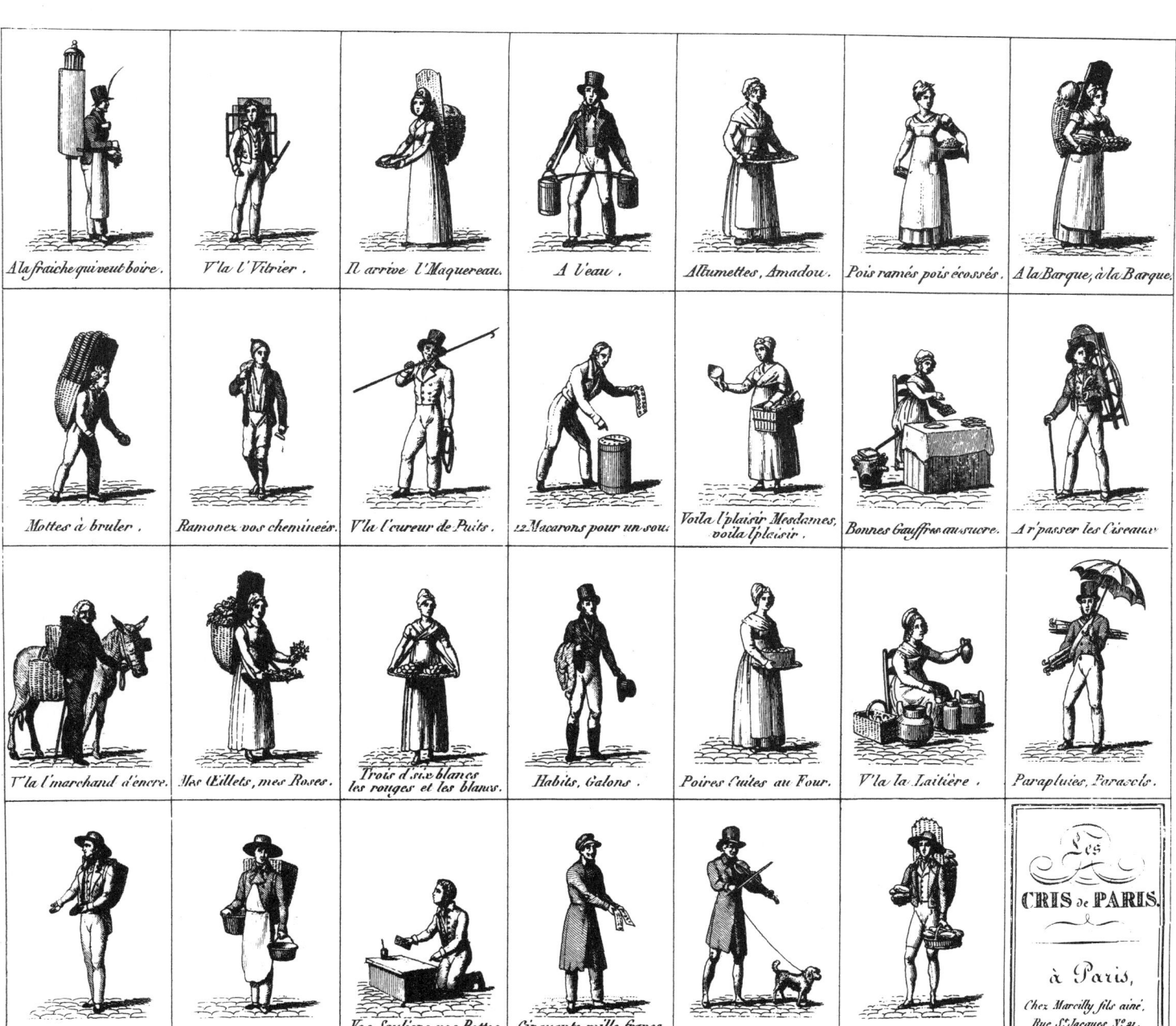

A la fraiche qui veut boire.	*V'la l'Vitrier.*	*Il arrive l'Maquereau.*	*A l'eau.*	*Allumettes, Amadou.*	*Pois ramés pois écossés.*	*A la Barque, à la Barque.*
Mottes à bruler.	*Ramonez vos cheminées.*	*V'la l'cureur de Puits.*	*12 Macarons pour un sou.*	*Voila l'plaisir Mesdames, voila l'plaisir.*	*Bonnes Gauffres au sucre.*	*A r'passer les Ciseaux.*
V'la l'marchand d'encre.	*Mes Œillets, mes Roses.*	*Trois d'six blancs les rouges et les blancs.*	*Habits, Galons.*	*Poires Cuites au Four.*	*V'la la Laitière.*	*Parapluies, Parasols.*
Carleur d'Souliers.	*Chaudronnier.*	*Vos Souliers vos Bottes pour 2 Sous.*	*Cinquante mille francs pour 20 sous.*	*Pauvre aveugle S.V.P.*	*Salade, Salade.*	Les CRIS de PARIS. à Paris, Chez Marcilly fils ainé, Rue St. Jacques. N.º 21.

175

174. Grafik von Pillot, Händler der rue Saint-Jacques (1827). Eier, für drei Liarden; Schuhflicker; Wäscherin; Verkäufer von Regenschirmen; Plakatankleber; Alte Kleider, alte Hüte zu verkaufen; Wasserträger; Große grüne Nüsse; Kuchen aus Nanterre; Lohkuchen; Blumenmädchen; Lumpensammler; Schornsteinfeger; Austernverkäuferin; Erdbeeren; Plaisir der Damen (Waffelart). 175. Grafik von Mercilly, ältester Sohn einer weiteren Familie von Bilderbogenfabrikanten aus der rue Saint-Jacques (1829). Zur Frischen, wer will trinken (Lakritzenwasser); Hier der Glaser; Die Makrele kommt schon; Zum Wasser; Streichhölzer, Zunder; Geschälte Erbsen; Austern; Lohkuchen; Schornsteinfeger; Brunnenreiniger; Makronen für einen Sou; Verkäuferin von *Plaisir* (Waffelart); schöne Waffeln mit Zucker; Scherenschleifer; Tintenverkäufer; Meine Nelken, meine Rosen; Eierverkäuferin; Kleider, Borten; Im Ofen gebackene Birnen; Milchfrau; Sonnen- und Regenschirme; Schuhflicker; Kesselflicker, Schuhputzer; Lotterieverkäufer: 5000 Franken für 20 Sous; Armer Blinder, bitte; Salat, Salat.

176 bis 179. 4 von 13 Lithographie-Tafeln, die *Les Cris de Paris avec accompagnement de musique dessinés par Vathier,* „Die Pariser Kaufrufe mit musikalischer Begleitung, gezeichnet von Vathier" und gestochen von E. Engelmann (1822). Nach unserer Kenntnis ist es das erste Mal, daß in Frankreich die Notationen den Kaufruf begleiten. 176. Zum Wasser. 177. Kauft 178. Scheren zu schleifen. 179. Schuhe zu flicken.

180. Grafik von Le Doyen, Händler der rue Saint-Jacques (um 1827). 4 Sous das Pfund Kirschen; Wollt ihr Salat? Die Milchfrau ist da!...; Es brennt, es brennt...(Pasteten); Für 2 Liarden alle Engländer, für 2 Liarden (Birnen); Ah! la! Ah! Be! Ah! (Kaninchenfelle); Drei von sechs Weißen, die Roten und die Weißen (Eierverkäufer). 181. Grafik von Pellerin, Drucker und Verleger in Epinal (um 1825). Obwohl die Pellerins in Epinal einen Konkurrenten in der Firma Pinot hatten, ist ihr Name eng mit den berühmten Bilderbögen aus Epinal verbunden, deren Handel zwischen 1790 und dem 1. Weltkrieg blühte. Drechsler; Wucherer; Winzer; Böttcher; Spezereihändler; Goldschmied; Perückenmacher; Schornsteinfeger; Tischler; Hutmacher; Scherenschleifer; Schlosser; Müller; Schneider; Uhrenmacher; Steinmetz. Folgende Seiten: 182. Grafik von Le Doyen (um 1830). Eisen- und Kurzwarenhändler; Bratenverkäufer; Steinmetz; Schneider; Wucherer; Essig- und Mostrichhändler; Xenephon (Feldherr und Schriftsteller, gestorben um 355 vor Christus); Ivan; Seeländer; Maurer; Schlosser; Architekt; Kolorist; Ofenschmied; Bildhauer; Fischerin. 183. Grafik von Lacour, Graveur und Bilderhändler aus Nancy (1831). Wasserträger, zum Wasser, zum Wasser!; Verkäuferin von Birnen aus England, für 2 Liarden alle Engländer; Kleiderhändler, alte

einige Schwierigkeiten, ihr Gewerbe durchzusetzen, denn die Manufakturen und Töpfer sahen in der Erfindung, zerbrochene Faïencen mit Eisenfäden zu flicken, eine starke Beeinträchtigung ihres Absatzes.

Es kam auch mehr als einmal vor, daß die Händler, die einen Laden hatten, sich auf einen an einer Straßenecke sitzenden Ausbesserer stürzten, um seine Faïencestücke völlig zu zerschlagen. Was das Prozellan[57] betraf, so paßten die Flicker besonders darauf auf, denn ihnen wurden häufig seltene Stücke anvertraut. Um die Vasen aus Sèvres oder Chinaporzellan zu kleben, benutzten sie einen Kitt, der aus Bleiweiß und Eiweiß bestand und sich nicht in kochendem Wasser löste. Das recht lange Lied der Flicker war eines der eindeutigsten: *„Rrrrrraccommodeur d'faïenc' et d'la proc'laine'! Avez-vous des vas's à fair' recoller, des boutons d'sucrier, des vas's, des cristaux, d'l'albâtre, du marbre? A garantie! Vos vas's pèseraient dix livr's on garantit le lever par le morceau recollé tout bouillant. Rrrrrrraccommodeur d'faïenc' et d'la porc'clain'!",* „Der Flicker von Faïencen und Porzellan! Haben sie Vasen, Zukkerdosenknöpfe, Vasen, Kristallglas, Alabaster, Marmor zu kleben? Ich garantiere für meine Arbeit! Wiegen die Vasen auch 10 Pfund, so garantiere ich dafür, daß Sie sie am angeklebten, heißen Teil hochheben können." Einige hatten sich auf das Ausbessern von Glas- und Kristallwaren spezialisiert und reparierten, wie im 13. Jahrhundert, die Vasen mit Hilfe von Gold- oder Silberfäden. In den Chroniken findet man diese Flicker unter dem Namen *gagne-pain,* Brotverdiener, *gagne-obole,* Obulusverdiener, oder auch *gagne-néant,* Nichtsverdiener, also unter Bezeichnungen, die auf ihren bescheidenen Verdienst verweisen. Ihre Geschicklichkeit bewiesen sie ebenso bei der Instandsetzung von Holzhumpen, deren Gebrauch damals gang und gäbe war, wie bei der Restaurierung von Gefäßen aus Zinn oder aus Edelstein.

Da Zinn und Kupfer im Mittelalter häufig vorkommende Metalle waren, muß dem Kupferschmied besondere Aufmerksamkeit geschenkt werden. Sein Gewerbe hielt sich über viele Jahrhunderte. Er war unter den verschiedensten Bezeichnungen bekannt, von denen einige jedoch nur Varianten des ursprünglichen Namens waren, so zum Beispiel: *caudronner, caudrier, chaudrelier* oder noch *chauderier,* sowie *dinandier,* vereinfacht *dinant.* Man nannte ihn aber auch: *batteur de cuivre* (oder *d'airain*), das heißt Kupfer-, Bronzeschläger, *potier d'airain* (oder *de cuivre*), Bronze-, Kupfergießer. Dieser bereits langen Liste kann man noch hinzufügen: *maignen* und seine Varianten: *maagnan, magnier* usw., wie *drouinier* und *drouineur*[58]. Der Begriff *magnien* bedeutet im Altfranzösischen Kochkessel; der Terminus *dinandier,* der im Zusammenhang mit dem Messingwarenhandel gebraucht wurde, kommt von der belgischen Stadt Dinant „auf Grund eines Handels, der dort mit jenen aus Kupfer hergestellten Waren, die man *dinanderie,* „Messingwaren", nennt, betrieben wurde; es geht hierbei in der Tat um Töpfe, Pfannen und ähnliche Dinge".[59]

Kupferschmiede und Verzinner von Kochtöpfen gab es zu allen Zeiten. Besonders häufig aber tauchten sie im 16. Jahrhundert

à l'eau.

Andante

ache-tez des mottes à bru-ler.

Ci-seaux à re-passer.

Carreler sou-liers.

180

Borten; Makrelenverkäuferin, Ah, wie ist die Makrele schön! Eierverkäuferin, drei von 6 Weißen, die Roten und die Weißen!; Austernverkäuferin, zum Boot, zum Boot (Austern mit Schale); Salatverkäufer, wollen Sie Salat haben?; Erbsenverkäuferin, geschälte Erbsen; Verkäuferin von grünen Nüssen, meine großen Nüsse; Verkäufer von Sonnen- und Regenschirmen; Lumpensammlerin, alte Strümpfe, alte Schuhe, alte Lumpen!; Verkäufer von Lakritzenwasser, zur Frischen, *coco*, wer will trinken?; Verkäuferin von Kirschen, die süße Kirsche, die süße!; Händler von Kaninchenfellen; Blumenmädchen, meine Dame, schöne Rosen, kauft doch Rosen; der Kommissär, der Frieden, ah der Frieden!

116

ARTS ET MÉTIERS.

Tourneur.

Usurier.

Vigneron.

Tonnelier.

Epicier.

Orfèvre.

Perruquier.

Ramoneur.

Menuisier.

Chapelier.

Emouleur.

Serrurier.

Meunier.

Tailleur.

Horloger.

Tailleur de pierres.

A ÉPINAL, CHEZ PELLERIN, IMPRIMEUR - LIBRAIRE ET FABRICANT DE CARTES A JOUER.

Quincaillier.

Rotisseur.

Scieur de Pierre.

Tailleur.

Usurier.

Vinaigrier.

Xénophon.

Yvan.

Zélandais.

Maçon.

Serrurier.

Architecte.

Coloriste.

Poëllier Fumiste.

Sculpteur.

Blanchisseuse.

à Paris chez LEDOYEN Md d'Estampes Rue St Jacques N°21

Déposée.

LES CRIS DE PARIS.

PORTEUR D'EAU. A l'eau!
à l'eau!

M^{de} DE POIRES D'ANGLETERRE.
A deux liards tous les Anglais!

M^d D'HABITS. M^d d'habits,
vieux galons!

M^{de} DE MARÉE. Ah! qu'il est beau
le Maquereau!

M^{de} D'ŒUFS. A trois de six blancs.
les rouges et les blancs!

M^{de} D'HUITRES. A la barque!
à la barque!

M^d DE SALADE. En voulez-vous
de la salade!

M^{de} DE POIS. Pois ramés,
pois écossés!

M^{de} DE CERNEAUX.
Mes gros cerneaux!

M^d DE PARAPLUIES. Parapluies!
Parasols!.

M^{de} DE CHIFFONS. Vieux bas,
vieux souliers, vieux chiffons!

M^d DE TISANNE. A la fraîche,
coco, qui veut boire!

M^d DE CERISES. A la douce cerise.
à la douce!

M^d DE PEAUX DE LAPINS.
Lapins! lapins! lapins!

M^{de} DE BOUQUETS. Mesdames de
belles roses, achetez donc des roses

LE COMMISSAIRE.
La paix! la paix!

DE LA FABRIQUE DE P. LACOUR, IMPRIMEUR-IMAGISTE, FAUBOURG SAINT-GEORGES, A NANCY.   (DÉPOSÉ).

183

184   185   186   187

Der *gagne-petit*, Kleinverdiener (Scherenschleifer), dargestellt von verschiedenen Graveuren und Bilderfabrikanten: 184. Anonyme Grafik (2. Hälfte des 18. Jahrhunderts). 185. Kupferstich von Boulard (um 1815). 186. Holzstich (Beginn des 19. Jahrhunderts). 187. Kolorierter Holzstich (um 1825). 188. Gestalt aus einem Bilderbogen von Pellerin aus Epinal (um 1835). 189. Anonymer Holzstich (um 1840). 190. Gestalt aus einem Kartenspiel über die Pariser Kaufrufe (1834). 191. Deckel eines Spieles (1834). Folgende Seiten: 192 bis 207. Lithografierte Vignetten aus *Cris de Paris et moeurs populaires dessinés par Victor Adam*, auch *Cries of Paris and plebeian customs drawn by Victor Adam* betitelt. Lithografien von Lemercier, London und Paris (1832).

auf, in dem sie den Stoff für verschiedene Farcen lieferten, wie zum Beispiel für die *Farce du chaudronnier* und die *Farce nouvelle et fort joyeuse des femmes qui vont escurer leurs chaulderons et deffendent que on ne mette la pièce auprès du trou*, „Neue und sehr lustige Farce von den Frauen, die ihre Kessel reinigen lassen und verbieten, daß man den Flicken neben dem Loch anbringt", sowie für die *Farce nouvelle des femmes qui font refondre leurs maris*, „Die neue Farce von den Frauen, die ihre Männer „umschmelzen" lassen". Der Kupferschmied hatte immer sehr viel zu tun, denn er stellte nicht nur Kessel her, sondern auch feingearbeitetes Küchengeschirr, Wärmflaschen und Fußwärmer, die abends in die Betten geschoben wurden, sowie mit Landschaften dekorierte Becken, Lüster, Badewannen, Druckplatten und Musikinstrumente wie Hörner, Trompeten, Pauken usw. Er besserte auch Blasebälge aus und tauschte sie gegen neue ein. Der Verzinner von Kochkesseln und Töpfen goß ebenfalls Blei- und Zinnlöffel. Man warf ihm zuweilen vor, das Zinn durch Blei, dem kaum Zinn beigemischt war, zu ersetzen.

Außer diesen gab es Kleiderflicker, *rafraîchisseurs* genannt, und die Ausbesserer von Spitzen, *remplisseurs de points*, Spitzenausnäher, sowie die Strümpfestopfer. Wollte man Schuhe ausbessern oder flicken lassen, so wendete man sich an den ambulanten Schuhflicker[60]; „*Si vos soulier sont déchirés, voilà l'ouvrier qui vous demande à travailler!*", „Sind eure Schuhe zerrissen, hier ist der Handwerker, der Euch um Arbeit bittet!" Den Schuster, den Rabelais, den *rataconneur de bobelins* nennt[61], hörte man von morgens bis abends klopfen und singen (*c'etait merveille de l'entendre*, „es war eine Wonne ihn zu hören", sagt La Fontaine). Er selbst bezeichnete sich auch als „Flicker von menschlichen Schuhen".

Das Gewerbe des Schuhputzers kam erst ziemlich spät auf. Er brauchte für seine Arbeit nur wenig und einfaches Werkzeug: eine Fußbank, eine harte Bürste, sowie eine weichere, um die Schuhe zu wichsen, und einen Lappen. Seines Namens wegen gebrauchten die Schuhputzer niemals das sogenannte englische Wachs; sie

188   189   190

zogen ihm den mit Öl verdünnten Kaminruß vor[62]. „Wie auch immer der Geldwert oder die Preisschwankungen bei Lebensmitteln seien", bemerkt Louis-Sébastien Mercier in seinem *Tableau de Paris*, „man zahlt immer 2 Liarden, um den Schmutz von den Schuhen und Strümpfen entfernen zu lassen".

Die Schuhputzer waren unabhängig und mußten dem König keine Abgaben leisten. Allerdings arbeiteten sie meistens in den übelriechenden, engen und winkligen Gassen, aus denen der größte Teil einer Altstadt bestand. Struktur und Sitten waren hier mittelalterlich geblieben; es waren Straßen, die Ende des 18. Jahrhunderts im Gegensatz zum Londoner Beispiel noch keine Bürgersteige hatten; Straßen, die bereits tagsüber dunkel waren und in denen man verbrauchte Luft einatmete, weil sie zu eng und die Häuser hoch waren. Straßen, die, um den Krach der vorbeirollenden Kutschen zu dämpfen, wenn ein Ehrenmann krank war, mit Stroh ausgelegt wurden, das sich im Laufe der Zeit mit dem dazukommenden häuslichen Abfall in Mist verwandelte. Straßen mit nur einem zentralen Wassergraben, über den nach starkem Regen Bretter und Behelfsbrücken gelegt wurden, deren Benutzung drei Sous kostete. Bei Gewitterregen schwammen in der Nähe der Märkte Meeresfische in diesem schmutzigen Wasser. In der Umgebung der Metzgereien verursachte der geschmolzene Talk einen Übelkeit erregenden Geruch, während das zwischen den Pflastersteinen fließende Blut Schuhe und Strümpfe rot besprizte. In dieser Zeit wurden nämlich die Rinder, deren Fleisch man zum Verkauf anbot, auf offener Straße geschlachtet und zerlegt[63]. Bevor einige Meilen vor der Stadt Veterinärgruben eingerichtet wurden, deckten die Darmsaitenmacher die Pferde in der Stadt ab. Sie trieben mit den Eingeweiden Handel, aus denen Saiten für Musikinstrumente oder Schläger hergestellt wurden. Selbst die Häuser stanken; den meisten fehlte eine Abwassergrube, und wenn sie eine hatten, wurde alles nur erdenkliche hineingeworfen, wie die von den Medizinstudenten sezierten Leichen. Die Kloakenausräumer gossen ihrerseits die Exkremente in die Kloaken und Wassergräben, von wo aus sie in die Seine gelangten, aus der immer noch

191

121

192

193

194

195

einige Wasserträger ihr feilgebotenes Wasser schöpften. Auf den Plätzen, Boulevards und Spazierwegen häuften sich die Abfälle, Häuser versperrten die Brücken und in der Vorstadt watete man durch Schlamm. Das Paris des 18. Jahrhunderts hätte zu Recht noch „Lutece“, der Ort der Sümpfe, genannt werden können.

Im Gegensatz zum Schuhputzer konnte der Kleiderreiniger auf eine lange Tradition zurückblicken. Er war der „Wäscher der Kleider“ oder der Ausrufer des *maletache*, das eine Art Reinigungspaste, wahrscheinlich aus Schiefer war. Die Flasche, die dieser Ausrufer auf den Stichen des 16. Jahrhunderts in der Hand hält, läßt aber vielleicht den Schluß zu, daß es das *maletache* auch in flüssiger Form gab.

Zur Arbeit des Kleiderreinigers gehörte natürlich auch das Kleiderfärben; einer von ihnen rühmte sich im 18. Jahrhundert, alle Stoffe „aus Seide, Wolle und Fasern“ färben und „alle verschiedenen Wein- und Urinflecken, sowie Hunde- und Katzenpisse . . .“ entfernen zu können. Bemerkenswert hierbei ist, daß das Urin selbst benutzt wurde, um Wolle und wollene Stoffe wie Laken, Satin und Serge zu entflecken. Im Laufe der Zeit setzte sich jedoch die „Seife zum Entflecken“ durch. Einige hinterlistige Verkäufer benutzten allerdings diese Seife, um heimlich Flecken auf die Gewänder des gaffenden Zuschauers zu machen, der ein Kaninchen, das auf einer Trommel schlug, oder einen Hund, der Domino spielte, anschaute; der Händler konnte dann dem zer-

196

197

198

199

200

201

202

203

streuten Betrachter einen Bimstein anbieten, der den Fleck entfernen würde.

Au vi-tri-er!, „Der Glaser!" Dieser Ruf des Glasers ließ die Fensterscheiben beben; halb gesprochen, halb gesungen verwandelte er sich zuweilen in *Au i-tri-iiii!* Josef Mainzer berichtet in *Les français peints par eux-mêmes* von einem außergewöhnlichen Glaser, „der die schönen Viertel der Chaussée d'Antin aufsucht, und der die Tonleiter jeweils in Vierteltonschritten aufwärts singt, so, wie wenn man Violinensaiten stimmt; da er so hoch kommt, verwandelt sich sein Ausruf in einen so hellen, durchdringenden Pfiff, daß er die Luft durchschneidet wie ein Diamant eine Fensterscheibe." Die Glaser waren meist zu zweit, und jeder von ihnen ging auf einer der Straßenseiten. Sie trugen eine Schirmmütze, Gamaschen, mit Eisen beschlagene Schuhe und auf dem Rücken einen mit Tragriemen versehenen Holzrahmen, auf dem die verschiedensten Sorten von Glasscheiben lagen, wie zum Beispiel die üblichen, dunkelgrün getönten Glasscheiben oder die weißen und kristallenen Glastafeln. Der Glaser brauchte für seinen Beruf keine teuren Geräte und zahlte nur eine geringe Gewerbesteuer. Er kam aus dem Piemont, dem Limousin oder aus irgendeiner anderen Stadt des Midi und wohnte außerhalb der Pariser Stadtmauern. Die Glaser lebten zumeist zu mehreren zusammen, und ihre Frauen wechselten sich beim Kochen ab. Hatte ein junger Glaser zu großes Heimweh, kehrte er in sein Dorf zurück

204

205

206

207

208

209

210

und heiratete eine Ziegenhirtin oder eine Fabrikarbeiterin. Dann reiste er wieder in die Stadt, wo er von neuem seine Arbeit aufnahm. Der Glaser hatte vier Feinde, nämlich: Wind, Hagel, Aufruhr[64] und Ungeschicklichkeit – die Pariser Atmosphäre war also für seine Tätigkeit denkbar geeignet.

Savary des Brûlons definiert in seinem *Dictionnaire universel du Commerce* den Scherenschleifer folgendermaßen: „Armer Messerschmiedsgenosse, der vor sich her eine kleine Werkstatt schiebt oder sie auf dem Rücken trägt, in der er einen Schleifstein,

214

215

216

217

218

219

220

221

C. *Cresson de fontaine, la Santé du corps.*

E. *Eau de Cologne, Vulnéraire suisse.*

F. *Fromage de Marole; du bon Marole.*

211

212

213

einen Hammer oder einen Wetzstahl hat, um kleine Messer und Scheren zu wetzen oder instandzusetzen. Man nennt ihn *gagne-petit* (Kleinverdiener) wegen des bescheidenen Verdienstes, mit dem er sich begnügt". Schleifer gab es bereits in der Antike, sie waren in die Geschichte der Pharaonen verwickelt und werden in Merowingischen Erzählungen erwähnt. Später werden sie in Verbindung mit allegorischen oder mythologischen Gestalten gebracht (zum Beispiel der Nacht, der Stunden, der Parzen usw.) sowie auch mit Soldaten und Räubern im *Ballet Royal de la Nuit*[65], das am 23. Dezember 1653 vor Ludwig XIV. aufgeführt wurde. Der pfeifende und in die Länge gezogene Ruf des Schleifers schien das Seufzen der Klänge auf dem Schleifstein wiederzugeben. Die Schleifer wetzten ebenso die Scheren der Schneiderin wie die Messer der Hausfrau, das Rasiermesser des Bürgers oder das Taschenmesser der Kinder – und zum Erstaunen der jungen Zuschauer sprühte von dem Schleifstein ein Regen von Funken in die Luft.

Die Figur des Scherenschleifers wurde in den meisten Dörfern als Motiv für die Aushängeschilder der Krämerläden und der Spezereigeschäfte genommen, was sicherlich damit zusammenhing, daß er sich mit wenig begnügte. So erschien der *gagne-petit* als Symbol für handwerkliche Ehrlichkeit in fast allen populären Bilderbögen, die im letzten Jahrhundert über das Thema *Crédit est mort, les mauvais payeurs l'ont tué*, „Der Kredit ist tot, die schlechten Zahler haben ihn getötet", herausgegeben wurden und die man in Schenken, Wirtshäusern und anderen Ausschankorten sichtbar aufhängte. Der Messerschleifer ist auf diesen Stichen meist im Hintergrund abgebildet, mal rechts, mal links oder mit anderen Nebenfiguren zusammen. Seine Silhouette ist jedoch immer erkennbar, denn er wird niemals anders dargestellt, als über seinen Schleifstein gebeugt. Er kann den Blicken des Betrachters nicht entgehen: er verkörpert die Moral der Fabel. Seine Leiden-

208 bis 213. *Achetez l'alphabet des cris de Paris*, „Kauft das Alphabeth der Pariser Kaufrufe", Lithografie Malo, rue du Marais. 208. Titel; 209. Verkäuferin von Kartenspielen; 210. Händler von Kleiderausklopfern; 211. Brunnenkresse, die Gesundheit des Körpers. 212. Kölnisch Wasser, Schweizer Wundsalbe; 213. Käse aus Marole, der gute Marole. 214 bis 221. *Alphabet des Cris de Paris*, „Pariser Kaufrufe als Alphabet", Lithografien von Fourquenin, rue du Four Saint-Germain, 1840. Von dieser Zeit an wurde das Thema der Kaufrufe öfters zu pädagogischen Zwecken verwendet oder zumindest als *joco seria* oder bildender Zeitvertreib. 214. Titelblatt. 215. Austernhändlerin. 216. Schöne Melonen, schöne Melonen. 217. Kupferschmied (Kesselflicker), Alteisen zu verkaufen. 218. Spielzeug und Galanteriewaren, 2 Sous das Stück nach Wahl. 219. Schwämme aus Marseille für 2 Sous. 220. Zinngießer. 221. Große grüne Nüsse. 222 bis 224. Wieder aus *Achetez l'alphabet des cris de Paris*. 222. Kuchen aus Nanterre, alle sind warm, erfreut euch daran. 223. Kleider . . ., Kleider, Kleiderhändler. 224. Abendzeitung, wer will die Zeitung.

222

223

224

schaft für das Nomadenleben und sein ausgesprochener Hang zur Unabhängigkeit waren ebenso bekannt, wie seine sprichwörtliche Aufrichtigkeit. Auf seiner Wanderung führte er meist seine Werkstatt auf dem Rücken mit sich. Trotz seines bescheidenen Einkommens konnte er es sich manchmal leisten, ein Maultier zu kaufen. Dann wurde er Meister und stellte einen Lehrling ein, der das Rad drehte und ihn im Sommer auf seinen Reisen begleitete, während er selbst auf Kundensuche ging und ausrief: *Ci-zou à r'pas-si!*, „Scheren zu schleifen!"

Im vorigen Jahrhundert hat sich ein Journalist in einer Bittschrift *Supplique au pouvoir,* der Scherenschleifer angenommen: „Regierende, schont den *gagne-petit!* Das kleine Handwerk ist die Freude des Passanten, wenn es nicht gerade seine Qual ist, die Zerstreuung des Müßiggängers, die Inspiration des Malers, das Glück des Liebhabers des Pittoresken."

Der aus der Auvergne, manchmal aber auch aus Savoyen oder dem Piemont stammende Schornsteinfeger war meist ein lustiger Kerl; er hatte Sinn für Humor und dachte sich, wie berichtet wird, häufig drollige Variationen oder sogar kompliziertere Couplets auf ein Lied aus. Ursprünglich bestand seine Arbeit darin, ein Reisigbündel von oben durch den Kamin zu schieben; das war noch zu jener Zeit, als man, wenn sich der Ruß im Kamin entzündete, riet, ihm ein schiefes Gesicht zu schneiden; das genügte, so versicherte man, um das Feuer zu löschen. Später wurden die Rauchabzüge enger und der Stoßbesen gehörte zum notwendigen Zubehör des Kaminfegers. Es kam trotz alledem vor, daß der Schornsteinfeger sich in den Rauchabzug hineinzwängte; wenn er dann wieder auf das Dach gelangte, rief er *O ta bas,* „von oben nach unten". Auf dieselbe Weise versteckten sich die Kaminfeger zuweilen in Versailles in den Schornsteinen der Kachelöfen; sobald sich der König auf dem Balkon zeigte, sprachen sie ihn von ihrem „Hochsitz" aus an.

225. Titelblatt einer Partitur. Lithografie (1840). Folgende Seiten: 226. Verkäufer von Körben, Lithografie aus der Folge *Les petits industries de Paris,* „Die kleinen Industrien von Paris" (um 1846). 227. Lithografie des Bilderbogenhandels Gangel aus Metz; dieser entwickelte sich unter dem 2. französischen Kaiserreich in so beachtlicher Weise, daß er den Pellerins aus Epinal Konkurrenz machen konnte (um 1839–1840). 228 bis 231. Lithografien von Auguste Bry, rue du Bac (1843). 228. Schornsteinfeger. 229. Blumenmädchen. 230. Kuchenverkäuferin. 231. Die junge Wäscherin.

LES CRIS DE PARIS,

GRANDE VALSE IMITATIVE,

Pour le Piano, avec chant ad libit:

Composée par

VICTOR PARIZOT

Exécutée au Th. du Palais-Royal par M.M. LEVASSOR, SAINVILLE, GRASSOT, HYACINTHE, etc.

OP: 19.   —··—   Pr: 6f.

Paris AU MÉNESTREL, 2 bis, r. Vivienne, Anc. maison A. MEISSONNIER, HEUGEL et Cie

Der *gadouard*, Abtrittfeger oder Kloakenräumer[66] hatte eine ähnliche Aufgabe wie der Schornsteinfeger, nur mit dem Unterschied, daß er in ganz entgegengesetzter Richtung arbeitete.

Es gab ein anderes Merkmal, das nicht weniger bezeichnend für die einzelnen Typen der herumziehenden Händler war als der Ruf, und – ebenso wie dieser – erlaubte, die verschiedenen Wandergewerbe zu definieren: es war die Tracht. Es ist erstaunlich, daß im Gegensatz zu vielen italienischen, englischen oder aus anderen Ländern stammenden Bildern, auf denen die Straßenhändler bei der Arbeit gezeigt werden, es fast keine Folgen von „Cris de Paris" gibt, die in ihren Titeln auf die Tracht verweisen.

Wenn sich nun die Zeichner immer wieder von den kleinen Handwerkern der Straße inspirieren ließen, so ist dies zum größten Teil auf die Verschiedenartigkeit der Trachten zurückzuführen (der rote Weiberrock der Milchfrau, die rote Mütze des Essig- und Mostrichhändlers, der mit einem Federbusch geschmückte Helm des Lakritzenwasserverkäufers usw.), die von diesen Schauspielern einer Freilichtbühne getragen wurden, ebenso wie auch die von ihnen verwendeten Werkzeuge (Körbe, Kiepen, Behälter verschiedener Art, Bürsten usw.) oder das Zubehör, das ebenfalls ein Erkennungszeichen sein konnte. Heute hat man sich daran gewöhnt, daß die Leute alle ähnlich gekleidet sind, und man nicht mehr auf Grund der Kleidung auf den Beruf der betreffenden Person schließen kann. Im Mittelalter und in der Renaissance dagegen war die Tracht der Spiegel eines bestimmten sozialen Standes. Veränderte sich auch die Bekleidung des dritten Standes bis ins 16. Jahrhundert hinein kaum, so trugen der Adel und in seiner Folge das Bürgertum, das ihn nachzuahmen versuchte, Kleider, Röcke und Mäntel[67], deren Wert durch Pelze und Seide erhöht wurde. Die Kleidung war mit Gürtelschnallen, Ringen, Spangen, Emailleschmuck, Degengriffen usw., sowie außerdem mit dem Wappen und den heraldischen Emblemen, die auf dem Stoff dargestellt waren, geschmückt[68]. Zu manchen Zeiten waren sogar einige Farben Prinzen und Prinzessinnen von Geblüt vorbehalten, die Verwendung von Samt auf einige Kleidungsstücke beschränkt und Seide den Bauern verboten. Die Tracht beschränkte sich nicht nur auf die Kleidung, sondern wurde durch Zubehör ergänzt, wie zum Beispiel durch den Degen und selbstverständlich auch den Spazierstock, der in manchen Epochen auch von Frauen getragen wurde. Hinzu kamen noch die Perücken, deren Form und Fülle variierte[69], die Federn, die die Hüte schmückten[70], die Schminkpflästerchen, die unter Heinrich IV. bis hin zu Ludwig XV. Mode waren. Die Damen trugen sie in ihrer „boite à mouche" (einem Kästchen für Schminkpflästerchen). Anfangs sahen sie wie ein Schönheitsmal aus, im Laufe der Zeit aber wiesen sie die verschiedensten Formen auf: Sterne, Sonnen, Sicheln, Herzen und sogar Tiere. Schließlich gehörten noch die Masken, die mit schwarzem Samt oder weißem Satin gefüttert waren, dazu.[71]

Gesetze gegen die Verschwendung versuchten die Kleidung zu reglementieren oder zumindest die extravaganten, aus Italien oder dem Orient kommenden Moden zu bremsen. Wie in der Archi-

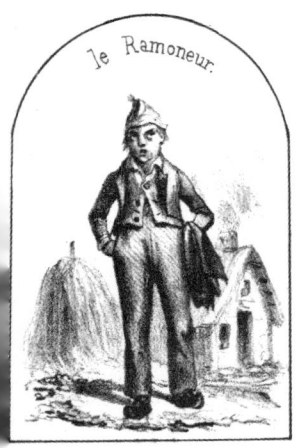

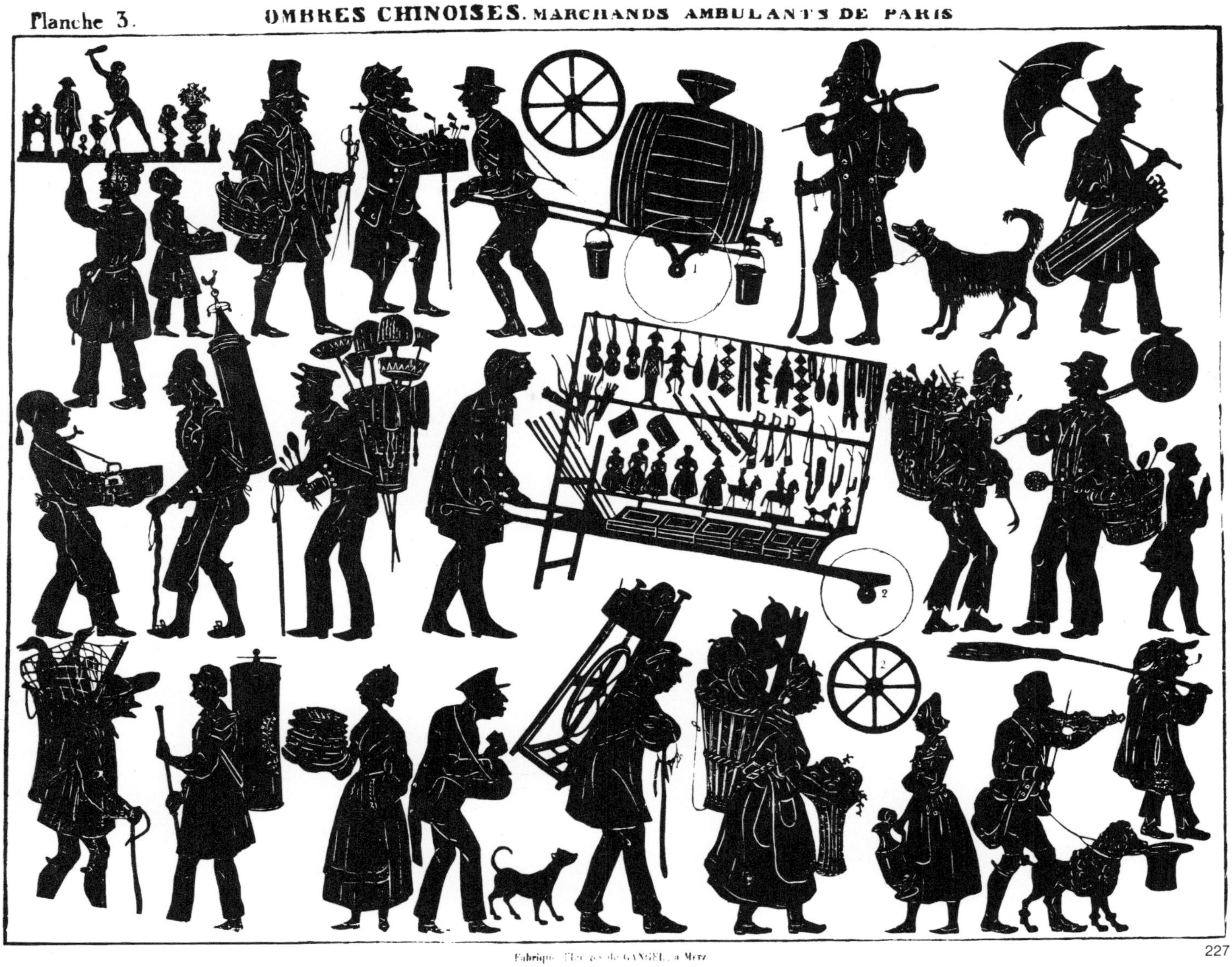
Planche 3.
OMBRES CHINOISES. MARCHANDS AMBULANTS DE PARIS

227

tektur setzte sich schließlich auch für die Kleidung der von Madame Maintenon beeinflußte, schmucklose Klassizismus gegenüber dem reichen Barock durch.

Zur Zeit der Revolution wurden die Arbeiter auf Grund eines für ihre Kleidung charakteristischen Zeichens die *sans-culotte*

le Ramoneur.

228

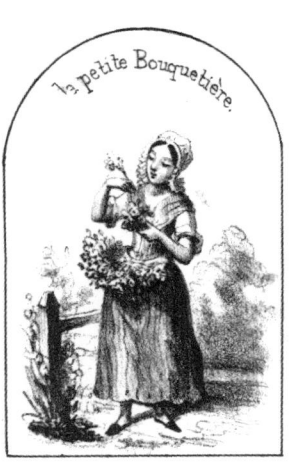

la petite Bouquetière.

229

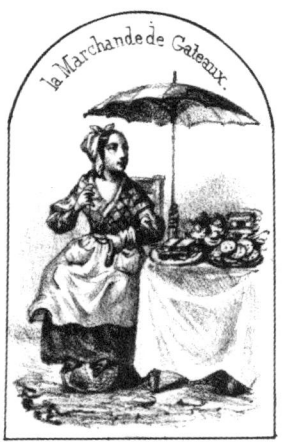

la Marchande de Gateaux.

230

la petite Blanchisseuse.

231

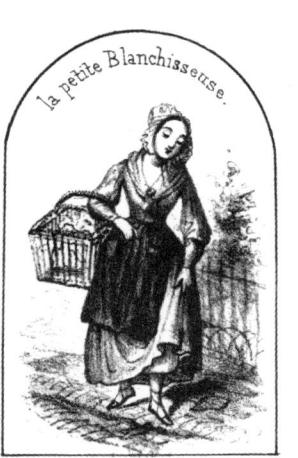

232

232. Kleiderverkäufer, Lithografie von Daumier (1842). 233. Verkäufer von Rattengift. Zeichung von Gavarni (um 1845). 234. Der Rattenfänger von früher trägt nunmehr den Titel von „chimiste" (Chemiker), wenngleich seine „Experimente" eher an ein Jahrmarktsspektakel erinnern (1862).

233

234

genannt. Die Tracht spielte also zu allen Zeiten die Rolle, die der Uniform in der Armee oder dem Livree in einigen Berufen zukommt. Die Kleidung war gelegentlich sogar ein Zeichen sozialer oder rassischer Segregation: So gab es beispielsweise Verfügungen, nach denen Juden oder Prostituierte bestimmte Farben tragen mußten.

Daß man dem Rattenfänger, wie ihn Abraham Bosse Mitte des 18. Jahrhunderts dargestellt hat, Aufmerksamkeit schenkt, liegt zum großen Teil an der Eigenwilligkeit seines Kostüms. Diese Figur eines ehemaligen, heruntergekommenen Hildalgos, der nun Rattengift ausruft, hat sich offensichtlich in der Zeit geirrt, denn sein Wams sowie seine weite Halskrause gehören einer anderen Epoche an. Er konnte, wie er sich rühmte, die Erde beben lassen, doch begnügte er sich jetzt damit, den Ratten Angst zu machen, von denen es sicherlich viele gab und die die Pest überall verbreiteten. Dieser Hildalgo hatte eine Art Zauberkasten um den Hals gehängt, der nichts anderes als arsenhaltiges Pulver enthielt. In ganz Europa sah man ihn in dieser fast kriegerischen Pracht: in Paris, London, Bologna oder auch in Hamburg. Bis auf kleine Details handelte es sich dabei um die gleiche Figur; als Symbol hatte der Rattenfänger die Ratte gewählt: die Leichen hingen an seinem Gürtel, an den zwei Enden seiner Lanze und seines Flambergs, sie waren um seine Hutschnur gewickelt und schmückten das Fähnchen. Außerdem führte er eine lebende Ratte mit sich, die an einer Pfote angekettet war und sicherlich das Opfer einer öffentlichen Beweisführung werden sollte. Er flößte der Bevölkerung der Vororte Angst ein und wurde von ihr teilweise der Zauberei verdächtigt.

Der von Bouchardon gezeichnete Rattengifthändler sieht bereits ganz anders aus: er hat nichts mehr von dieser Theatralik und kleidet sich wie jeder Mann; das Gift hat er gegen Fallen eingetauscht, von denen er auf seiner Schulter ein ganzes Arsenal trägt[72]. Dieser „den Tod bringende" Händler konnte seinen Beruf bis ins letzte Jahrhundert ausüben, in dem der Feind zwar noch nicht besiegt war, aber doch in Schach gehalten werden konnte. Die letzten Vertreter dieses Standes haben den Fortschritt der Hygiene mit Argwohn betrachtet. Einer von ihnen gab zu, daß er künftig zwei in gleicher Weise gefährliche Konkurrenten haben werde: Die Rattenvertilgungsgesellschaft mit einem Kapital von 300 000 Franken und den berühmten englischen Hund Billy, der fähig war, innerhalb von 10 Minuten und 43 Sekunden 100 Ratten zu würgen.

Wie bereits in Verbindung mit einigen Berufen bemerkt wurde, hing die Eigentümlichkeit der Tracht mitunter von den verwendeten Requisiten ab. So gab es eine Gruppe von Straßennomaden, die sich fremdländischer Sehenswürdigkeiten bedienten, um die Aufmerksamkeit der Passanten auf sich zu lenken. Zu ihnen gehörten die Vorführer von seltenen Tieren. Die Bärenführer waren bereits im Mittelalter bekannt[73]: die Tiere, denen zuvor die Augen ausgestochen wurden, waren darauf dressiert, häusliche Arbeiten auszuführen, wie zum Beispiel Räder zu drehen oder

235

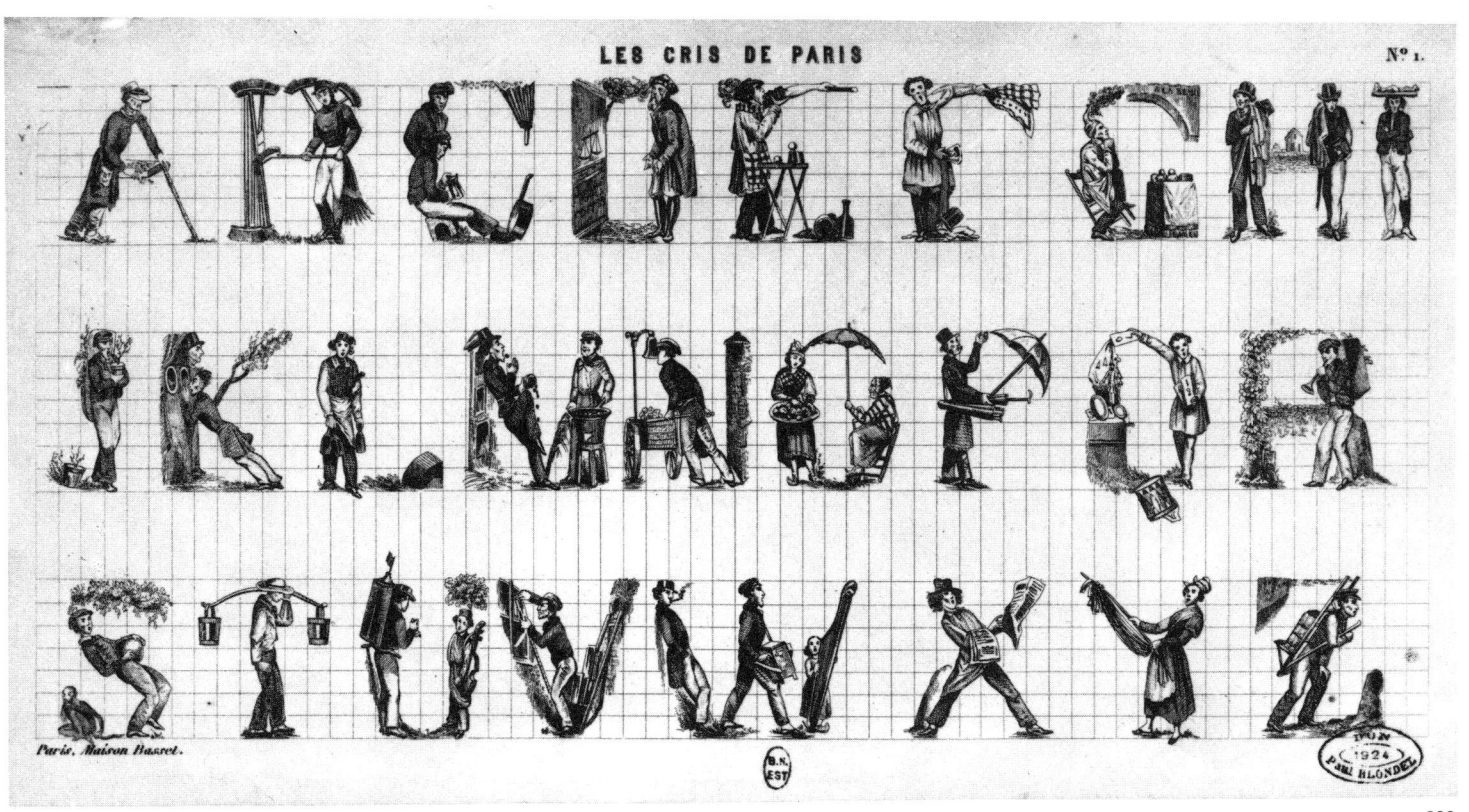

236

Wasser aus dem Brunnen zu befördern. Der Herzog von Berry hatte Lieblingsbären, die er bei jedem seiner Residenzwechsel mitnahm. Karl der Große und Heinrich IV. besaßen einen Elefanten; bei seiner Rückkehr aus dem Heiligen Land ließ Ludwig IX. einen Elefanten an Heinrich III. von England schicken. Das erste nach Frankreich gebrachte Rhinozeros wurde 1749 in Versailles gezeigt. Es erregte die Neugierde der Damen so sehr, daß bald die Mode einer Frisur „a la rhinocéros" aufkam. Das Ungetüm wurde auf dem Markt Saint-Germain vorgeführt; der König wollte es sogar erwerben, schreckte aber vor dem stolzen Preis von 100 000 Talern zurück, den sein Besitzer, ein Holländer, forderte. (Kurze Zeit darauf gingen Verkäufer, Rhinozeros und das verdiente Geld bei einem Schiffbruch zwischen Rom und Neapel unter). Im darauffolgenden Jahr zeigte man einen Pelikan, „der niemals in Frankreich zu sehen gewesen war und der sich Blut entzieht, um die Jungen zu nähren". Dann kam ein Seebär an die Reihe, und ein Jahrhundert später hielt die Giraffe, die der Pascha von Ägypten, Mehemed-Ali, König Karl X. geschickt hatte, ihren Siegeszug: Sie lieferte Stoff für Lieder, Druckgrafiken, Tellerschmuck usw. Die in der Größe bescheideneren Murmeltiere, wenn auch für die Pariser von exotischem Charakter, wurden im allgemeinen von Savoyarden vorgeführt. Zu Beginn des letzten Jahrhunderts hatte Fanchon die Leierfrau, die man auch die „Ninon des Boulevards" nannte, ein solches Tier. Diese schöne Savoyardin, gebürtig aus Paris, galt als ein Muster der Tugend, obwohl sie das eher ausschweifende Leben der Leierfrauen führte. Die Kanarienvögel

235. Der „Verkäufer von Verbrechen", Zeitungsverkäufer. Holzstich (um 1845). 236. Belebte Schriftzeichen: Buchstaben des Alphabeths, aus Figuren von ambulanten Händlern gebildet. Lithografie aus dem Hause Basset (um 1845).

LES CRIS DE PARIS.

A repasser Ciseaux,   Fraises,   Trois de six blancs,   A l'Eau,
Couteaux.   Fraises,   les rouges et   à l'Eau.
                       Mes Fraises. les blancs.

237

LES CRIS DE PARIS.

Pois verts! Pois verts!   A la fraiche, qui veut boire?

238

wurden sehr früh nach Frankreich eingeführt, voraussichtlich noch vor dem 15. Jahrhundert. Ludwig X. besaß eine ganze Sammlung davon. Unter seiner Herrschaft wurde 1482 der Markt von Saint-Germain[74] gegründet, der, wie auch der Markt Saint-Laurent, mit seinem Mikrokosmos von Händlern und Gauklern die Neugierde des Publikums weckte. Auf diesen Märkten traf man auch die Vorführer von dressierten Tieren. Es gab dort einen Hund zu sehen, der die Zeit sagen, Farben unterscheiden, Französisch sowie Englisch lesen und physikalische Experimente machen konnte, einen Widder, der zählen konnte, einen Elefanten, der eine Flasche Punsch hinunterschluckte, einen Affen, der Violine spielte, ein Pferd, das die Regeln der Mathematik kannte und mit der Pistole schießen konnte[75], und vieles mehr, wie zum Beispiel Flöhe, die Kutschen zogen und Fliegen, die sich mit Hilfe von Strohhalmen einen Fechtkampf lieferten.

Auf diesen Märkten gab es auch Vorführer von Phänomenen, wie den Mann mit zwei oder drei Köpfen, von denen sich einer mitten auf dem Bauch befand, dem vollkommen behaarten Kind, der weißen Negerin, dem Wildschweinmenschen usw. Es gab Seiltänzer[76], von deren Heldentaten bereits Christine de Pisan berichtete: der eine spannte ein Seil zwischen dem Turm von Notre-Dame und dem Palais, ein anderer ging mit gebundenen Händen über das Seil, ein dritter legte einen Blumenkranz auf das Haupt der Königin. Der Markt von Saint-Laurent war das Reich der starken Männer: 1714 hob einer von ihnen ein Pferd samt Reiter hoch, während ein anderer einen 600 Pfund schweren Amboß auf seiner Brust trug, auf dem zwei Hufschmiede eine Eisenstange zerbrachen, indem sie abwechselnd mit der Stange auf den Amboß schlugen. Derselbe Herkules bewegte sich nicht von der Stelle, obwohl er von zwei angespannten Pferden gezogen wurde.

Die Operateure[77] oder Zahnzieher, die man auch auf dem Pont-Neuf sah, waren wegen ihrer Prahlerei bekannt; die Hanswurste[78] zogen die Aufmerksamkeit des Publikums auf sich, indem sie Grimassen schnitten oder Faxen machten. Man fand auf

diesen Märkten auch Bauchredner (es wurde tatsächlich geglaubt, daß sie mit ihrem Bauch sprechen), Marionettenvorführer sowie Zauberer[79]; der berühmteste unter ihnen zeigte dem Publikum ein gebratenes, mit Butter und Petersilie garniertes Hähnchen, sprach eine magische Formel, und das Hähnchen stand auf, gackerte und ging vor den Augen des erstaunten Publikums davon. In Saint-Germain gab es einen Gaukler zu sehen, der mehrere Eimer Wasser nacheinander hinunterschluckte und sie dann als Strahl wieder von sich gab, der „in der Höhe jenem der stärksten Brunnen glich". All diese Taschenspieler und Gaukler waren die Nachfahren der Jongleure[80], der Musikanten und Spaßmacher, die sich früher in der rue Mazarine aufgehalten hatten und die Karl der Große wegen ihrer obszönen, gewagten Lieder und der Unanständigkeit ihrer Spiele verbannt hatte.

Die Broschürenverkäufer können in gewisser Weise als die Nachfolger der Jongleure und der *ménestrels,* „Spielmänner", angesehen werden. Diese verbreiteten während vieler Jahrhunderte mündlich Poesie; seit Beginn des 17. bis zum Ende des 19. Jahrhunderts verteilten sie an ein zumeist einfaches Publikum anonyme Literatur, die nicht weniger als 1200 kleinformatige und häufig schlecht paginierte Broschüren umfaßte. Der Druck war schlecht und auf leicht blau-grau gefärbtem Papier, das zum Einpacken von Zuckerhüten benutzt wurde; dennoch wird die Gesamtauflage auf mehrere Millionen Exemplare geschätzt. In den Heften, Almanachen und Hirtenkalendern, der sogenannten *Bibliothèque Bleue*[81], findet man alles Erdenkliche: medizinische Ratschläge und Kochrezepte, Prophezeiungen und Kräutersammlungen, Berichte über tatsächliche Begebenheiten sowie biblische Erzählungen, Darstellungen der verschiedenen Weihnachtsfeiern der einzelnen Handwerke, Abbildungen des Sternhimmels, aber auch lustige Ansprachen, burleske Einlagen und sogar zotige Witze, Geschichten, Legenden, historische Romane und epische Abenteuer. Anfang des 17. Jahrhunderts gab es kaum 50 Hausierer, während es zwei Jahrhunderte später tausende waren. Sie

237 bis 240. Lithographie Prodhomme (1848). 237. Messer- und Scherenschleifer; Erdbeeren; Eier; Wasser. 238. Grüne Erbsen; Zur Frischen, wer will trinken (Lakritzenwasser). 239. Kesselflicker; Schöne Trauben, Korbwaren. 240. Die süße Kirsche, die süße; Kleiderhändler; schmückt (euer Haus), ein Sou der Strauß.

241 bis 248. Lithographien von den Brüdern Becquet, veröffentlicht von den *Magasin de l'Enfance* (Kinderzeitung) 1857. 241. Melonenverkäufer, 242. Fischweib. 243. Verkäufer von *canards*, Zeitungen. 244. Schornsteinfeger. 245. Scheren- und Messerschleifer. 246. Haushaltsartikel. 247. Verkäufer von Liedern. 248. Lakritzenwasser-Verkäufer. 249 bis 251. *Études contemporaines, Types parisiens*, „Zeitgenössische Studien Pariser Typen", Lithographie Lemercier (um 1850). 249. Glaser. 250. Wasserträger. 251. Makrelenverkäufer. Folgende Seiten: 252. *Types parisiens*, no. 8. Der Verkäufer von Federbesen, Bechern, Löffeln, usw. Holzstich, gestochen nach einer Zeichnung von Charles Yriate (1862). Man kann diesen Händler mit den Kurzwarenhändlern von Bonnart aus dem 17. Jahrhundert vergleichen. 253 bis 255. Anonyme Lithografien (1852). 253. Nougat-Verkäufer. 254. Orgelspieler. 255. Lakritzenwasser-Händler.

256 bis 258. Seiten aus *Petits métiers de Paris*, „Kleine Berufe von Paris" (1863). 259 bis 278. *La Comédie de notre temps. Acteurs et actrices. Costumes et visages,* Die Komödie unserer Tage. Schauspieler und Schauspielerinnen, Trachten und Gesichter", von Bertall (Paris, Plon et Cie, 1876). 259. Käseverkäuferin. 260. Händler von Wasserhähnen. 261. Verkäuferin von Vogelfutter. 262. Glaser. 263. Lumpensammlerin. 264. Spargelverkäufer. 265. Pläsir-Verkäuferin (Waffeltütchen). 266. Streichholzhändler. 267. Kirschen-Verkäuferin. 268. Wasserträger. 269. Trauben-Verkäuferin. 270. Verkäufer von Schachteln. 271. Obst- und Gemüsehändlerin. 272. Kleiderhändler. 273. Fischweib. 274. Kleiderausklopfer. 275. Grüne Nüsse. 276. Messer- und Scherenschleifer. 277. Alteisenhändler. 278. Schornsteinfeger. 279. *Les Industriels, métiers et professions en France*, „Industrielle, Handwerker und Berufe in Frankreich", von Emile de la Bédollierre. 100 Zeichnungen von Henry Monnier (1842). 279. Lakritzenwasserverkäuferin. 280. Fischweib. 281. Händler von Kaninchenfellen. 282 und 283. Wäscherinnen. 284. Statuenverkäufer.

verteilten auf dem Land und in den Städten die Produktion von ungefähr 150 Druckereien aus 70 verschiedenen regionalen Zentren. Die Hausierer mußten ein Erkennungszeichen an der Schulter tragen und, ab 1723, lesen und schreiben können. Vertrieben sie verbotene Literatur, drohte ihnen zu manchen Zeiten die Todesstrafe. Unter dem Nationalkonvent (1792) und dem zweiten Kaiserreich wurden sie besonders streng überwacht. Als sie schließlich ihren Beruf dem Gesetz nach wieder in völliger Freiheit ausüben konnten, verschwanden sie von den Straßen. Neben dem Verkauf der Bücher der *Bibliothèque Bleue* muß auch der Verkauf der Flugblätter erwähnt werden, die während zwei Jahrhunderten von den Druckereien, die Bilderbogen druckten, hergestellt wurden. Sie waren ebenso dem Leben der Heiligen und den erbaulichen Erzählungen gewidmet sowie Szenen aus dem täglichen Leben – wie *Cris de Paris* oder burlesken Bemerkungen, zum Beispiel über das Thema der verkehrten Welt. Diese teils naiven, teils stilistisch sehr differenzierten Darstellungen wurden in den Landhäusern in den Alkoven oder über dem Kamin angebracht. Sie können als Vorläufer der heutigen Poster betrachtet werden.

Zwischen der Presse und den Bilderbögen sind die sogenannten *canards*[82] anzusiedeln. Sie stellen eine weitverbreitete Ausdrucksform dar, die durch die Quantität und ihre soziologische Funktion von Bedeutung waren: von den *occasionnels* abgeleitet, die in Frankreich Ende des 16. Jahrhunderts auftraten, waren die *canards* die Vorläufer der Tageszeitungen; diese verdrängten sie zur Zeit des ersten Weltkriegs völlig. Die *canards* waren während vier Jahrhunderten sehr beliebt; allein zwischen 1830 und 1850 gab es 600 verschiedene *canards*, deren Auflage zwischen 5000 und 20 000 Exemplaren variierte[83]. Ihre Entstehung sowie ihre Verbreitung ähnelt in starkem Maße der des Plakates[84], von dem sie oft die Stilisierung und graphischen Darstellungen entlehnten. Die *canards* waren vor dem Erscheinen der ersten Zeitungen im 18. Jahrhundert das einzige schriftliche Mittel der Information und Nachrichtenvermittlung. Die von ihnen behandelten Themen lassen sich in drei verschiedene Gruppen unterteilen: die historischen Ereignisse (Schlachten, Hochzeiten, Geburten oder Königs-

Au Vitrier

249

Porteur d'eau

250

Il arrive L'maquereau! il arrive "

251

krönungen, Volksfeste); die Naturkatastrophen (Brände, Überschwemmungen, Erdbeben, Epidemien); und schließlich die übernatürlichen Erscheinungen, Wunder oder auch die vom Volk erdachten, märchenhaften Figuren (Werwölfe, Schuppenungetüme usw.). Die Rechtsangelegenheiten stellen eine eigene Gruppe dar; diese Art der Berichterstattung beanspruchte häufig drei verschiedene Blätter: auf dem ersten wurde das Geschehen in „grauenvollen Einzelheiten" berichtet; im zweiten wurde die richterliche Entscheidung und die Verurteilung des Schuldigen bekanntgegeben, und im dritten seine Hinrichtung. Es ist bemerkenswert, daß man für die letzte Szene des öfteren Fragmente von alten Holzschnitten verwendete, die geschickt ausgeschnitten und kaum verändert wurden und in Frankreich die Guillotine und in England den Galgen wiedergaben. Aus dem 19. Jahrhundert ist uns ein berühmtes Beispiel für diese Art der Montage überliefert: nach

285. Messerschleifer. 286. Obst- und Gemüsehändlerin. 287. Straßenkehrer. 288. Gemüsegärtner. 289. Lumpensammler. 290. Glaser.

I J

246

K L

247

N

248

O P

137

einem außergewöhnlichen Mordprozeß wurden fünf der Hauptangeklagten aufs Schafott geschickt; die auf den Blättern dargestellten Gesichter hatten jedoch durchaus ehrliche Züge und es fehlte ihnen jener grausame Ausdruck, den die Volksphantasie im allgemeinen von Mördern erwartet. Bei der Prüfung der Bilder stellte man fest, daß die fünf porträtierten Schufte die Gesichter von Chateaubriand, Béranger, Lamartine, Berryer und La Fayette trugen; der *Canardier* [85] hatte das genommen, was ihm gerade in die Hände gefallen war.

Den bereits ungewöhnlichen und mysteriösen Schlagzeilen fügte der Canards-Verkäufer natürlich noch seine prahlerischen Kaufrufe hinzu, die zuweilen sogar zensiert wurden [86]. Kastner hat im letzten Jahrhundert eine dieser Anpreisungen, die die polizeiliche Zensur passiert hatte, notiert: „Potztausend, Donnerwetter! Kauft die berühmte Geschichte des bösen Reichen. Seht, wie er seine Hunde auf den armen Teufel hetzt; er läßt ihm nur die Krümel, die vom Tisch fallen. Schaut die Lumpen des Armen an und seine Wunden; und seht Euch die Unzucht und Frechheit des bösen Reichen an. Kommt, seht, kauft, das kostet nur die kleine Summe von fünf Centimes. Seht, ein Sou, dieses herrliche Blatt, einwandfrei gefärbt, für einen Sou! Potztausend, Donnerwetter!" Ein anderer herumziehender Buchhändler ging durch die Straßen und fragte: „Habt Ihr von Katzen geträumt? Habt Ihr von Hunden geträumt? Habt Ihr unruhiges Wasser gesehen? Hier ist die Erklärung aller Träume, ein broschierter Band, mit Abbildungen!" [87]

Obwohl sie genau beobachtet wurden, haben die Verkäufer von Broschüren und Flugblättern eine wichtige politische Rolle in der französischen Revolution gespielt. Die zotigen Apostrophen des *Père Duchesne* sind bis heute berühmt. „Bereits morgens", schreibt Mercier in seinen *Cris Nouveaux* [88], „hört man die Zeitungen ausrufen. Einfache Projekte werden zu Verordnungen, und ein ganzes Viertel diskutiert und erregt sich über das, was nicht stattfinden wird. Das Volk, tausendmal von diesen Ankündigungen betrogen, hört trotz alledem auf die Schreier. Abends durchstreifen sie die Straßen mit anderen Zeitungen, machen den gleichen Lärm; und es gibt Namen, wie der von Etienne Feuillant, vom Postillon de Callais, von Poultier, dem Volksvertreter, die hundertmal öfters wiederholt worden sind als die der Könige, der Kaiser und der großen Schriftsteller aller vergangenen und gegenwärtigen Jahrhunderte. Der hintere Teil der Cafés und der Kneipen gerät bei der Stimme des Hausierers in Bewegung. Der Krämer ergreift sein Blatt, das im Gehen verteilt wird, der Ausrufer nimmt das Geldstück, während er seine Schritte beschleunigt. Es geht darum, wer schneller in die entfernten Vororte kommt, wo der arme Rentner, ohne Kerze im Bett, hört, daß man sich um ihn gekümmert hat, aber nicht um ihm etwas zu geben. Die Siege und Komplotte, die Schlachten und Revolten, der Tod der Generäle, die Ankunft der Botschafter, all das ruft man bunt durcheinander aus. Der Journalist hat für zwei Sous den getötet, dem es gut geht; er würde das Ende der Regierung ankündigen, wie Lalande das

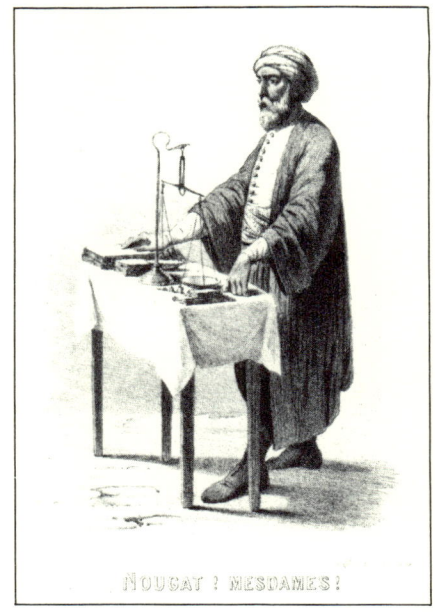

NOUGAT! MESDAMES!

253

JOUEUR D'ORGUE.

254

MARCHAND DE COCO.

255

256

257

258

Ende der Welt ankündigt, wenn man ihm gesagt hätte, den großen Verrat und die Ermordung der gesetzgebenden Institutionen auszurufen . . ."

Während der unruhigen Tage von 1848 wurden Zeitungen und politische Broschüren in großen Mengen verteilt. Es entstanden neue Rufe, die sofort als Partisanenrufe aufgegriffen wurden; einige davon sind sogar in den allgemeinen Sprachgebrauch eingegangen, wie der Ruf *Des Lampions!*, den die Menschenmenge den Bewohnern der rue Saint-Honoré zurief, um sie dazu zu bringen, ihre Fenster zu beleuchten. Als Folge davon wurde es den Verkäufern verboten, anderes als die Namen der Zeitungen auszurufen. Das hinderte die Verkäufer *à la baguette* nicht daran, nachdem sie sich versichert hatten, daß keine Polizei da war, die verbotenen Kommentare zuzufügen. Sie hielten dabei ihre Zeitungen mit Hilfe eines Stockes bis zum Wagendeck der Omnibusse hoch, daher auch die Bezeichnung „à la baguette".

Neben diesen „Verkäufern von Verbrechen und Unfällen", gab es Bildervorführer oder, wie man im 18. Jahrhundert sagte, *montreurs de la curiosité*, „Kuriositätenvorführer". Die *laterna magica* gilt als die Erfindung des Jesuitenpaters Athanase Kircher; feststeht auf jeden Fall, daß sie in der Zeit entstanden ist, in der Galilei die astronomische Brille erfand und sich das Publikum immer mehr für Wissenschaft und Physik interessierte. Alfred Fränklin allerdings setzt ihre Entstehung auf einen früheren Zeitpunkt fest. Er weist dabei auf die Aushängeschilder hin, die die *oyers*, „Bratenverkäufer", Ende des 16. Jahrhunderts mit kreisförmigen Laternen schmückten, die mit grimassenschneidenden Gestalten ausgemalt waren. Vorher verwendete man schon die gleichen phantasmagorischen Beleuchtungen auf der Bühne bei Darbietungen von Farcen, Mysterienspielen oder satirischen Narrenspielen. Die Bratenverkäufer hielten die Tradition dieser *lanternes vives*, deren bewegliche und schöne Schatten nachts ihre Läden erkenntlich machten, lange aufrecht. Louis-Sébastien Mercier bezeichnet seinerseits die *laterna magica* als „eine Oper auf Rädern und die man mit Tragriemen trägt". Mit Hilfe von Vergrößerungsgläsern konnte jeder den gerade ausbrechenden Vesuv, Konstantinopel, Peking, eine Seeschlacht mit dem Rauch der Kanonen und Ludwig XV. bei der Schlacht von Fontenoy sehen.

Diese in einem Kasten aufgehobenen Vorführungen wurden im 18. Jahrhundert von der Bourgeoise sehr geschätzt; die Vorführer von Kuriositäten „kündigen sich am Abend mit Hilfe von Drehorgeln an, deren Töne in der Stille und Finsternis der Nacht schöner und ergreifender werden".[89] Wie bei diesen Zauberlaternen ist man sich auch über die Entstehung der Drehorgeln nicht einig. Der Erfinder könnte ein sieur Barberi sein, der im 18. Jahrhundert in Modena lebte. Wie dem auch sei, das Instrument wurde von Anfang an mit Begeisterung aufgenommen, und der Orgelspieler (meist ein auvergnatischer, emporgekommener Wasserträger) verbreitete die in Mode gekommenen Opern von Rossini, Bellini und Meyerbeer bis in die Vororte[90]. Einige Arien, wie *Robin des Bois*, wurden sogar zu Schlagermelodien, und die

LA MARCHANDE DE FROMAGES.

Cavatine pour prima donna soprano.

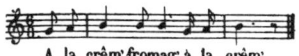

A la crèm' fromag' à la crèm'

LE MARCHAND DE ROBINETS.

Pour ténor de force.

V'la l'marchand d'fontain' v'la l'marchand d'fontain ah! l'fontai_nier
**
31

LA MARCHANDE DE MOURON.

Ballade pour prima donna.

Du mouron pour les p'tits oi_seaux   Du mouron pour les p'tits oiseaux

LE VITRIER.

Pour grand ténor.

Oy! vitri_er

MARCHANDE DE CHIFFONS

CAVATINE.

Pour soprano.

Chif - fons à vend' voi - là la mar - chand' de chif - fons!

263

LE MARCHAND D'ASPERGES.

Ma bott' d'as - perg!

264

LA MARCHANDE DE PLAISIRS.

Duo.

Voi - la l'plaisir mes dam's voila l'plaisir N'en mangez pas mes dam's ça fait mourir

265

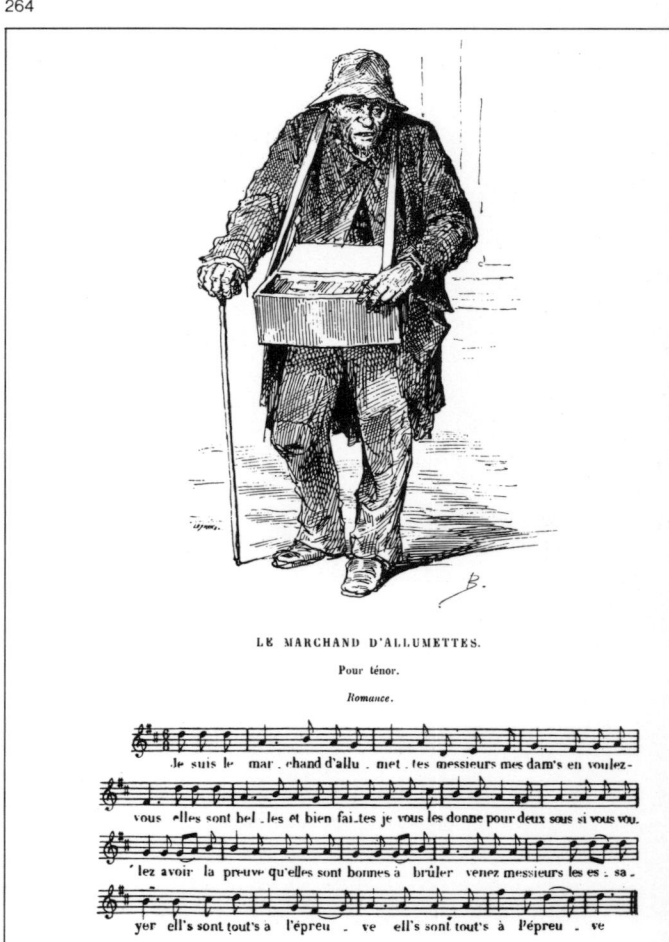

LE MARCHAND D'ALLUMETTES.

Pour ténor.

Romance.

Je suis le mar - chand d'allu - met - tes messieurs mes dam's en voulez-

vous elles sont bel - les et bien fai - tes je vous les donne pour deux sous si vous vou -

lez avoir la preuve qu'elles sont bonnes à brûler venez messieurs les es - sa -

yer ell's sont tout's à l'épreu - ve ell's sont tout's à l'épreu - ve

266

LA MARCHANDE DE CERISES.

Soprano.

A la douc'ceris' à la douc'   A la douc' ce_ris' à la douc'

LE PORTEUR D'EAU.

Récitatif pour ténor.

A l'eau-eau

MARCHANDE DE RAISINS.

Contralto.

Chasse . las d'Fontain' bleau

LE MARCHAND DE CARTONS.

DUO.

Baryton et soprano aigu.

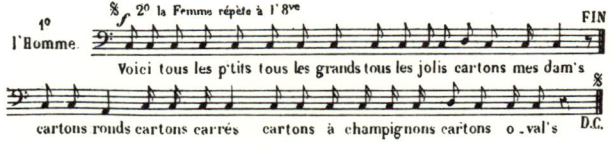

1° 2° la Femme répète à l'8ve   FIN
l'Homme.

Voici tous les p'tits tous les grands tous les jolis cartons mes dam's

cartons ronds cartons carrés   cartons à champignons cartons o _val's   D.C.

LA MARCHANDE DES QUATRE SAISONS.

Grand air pour soprano aigu.

Oh des choux des poi_raux des ca_rott's na_vets! na_vets!
pomm's de terr'au boisseau d'la vit'lott' du bel o_gnon du bel o_gnont

LE MARCHAND D'HABITS.

Pour basse-taille.

chand d'ha_bits marchand ha_bits ha_bits mar_
_chand a_vez-vous de vieux ha_bits à vendr'

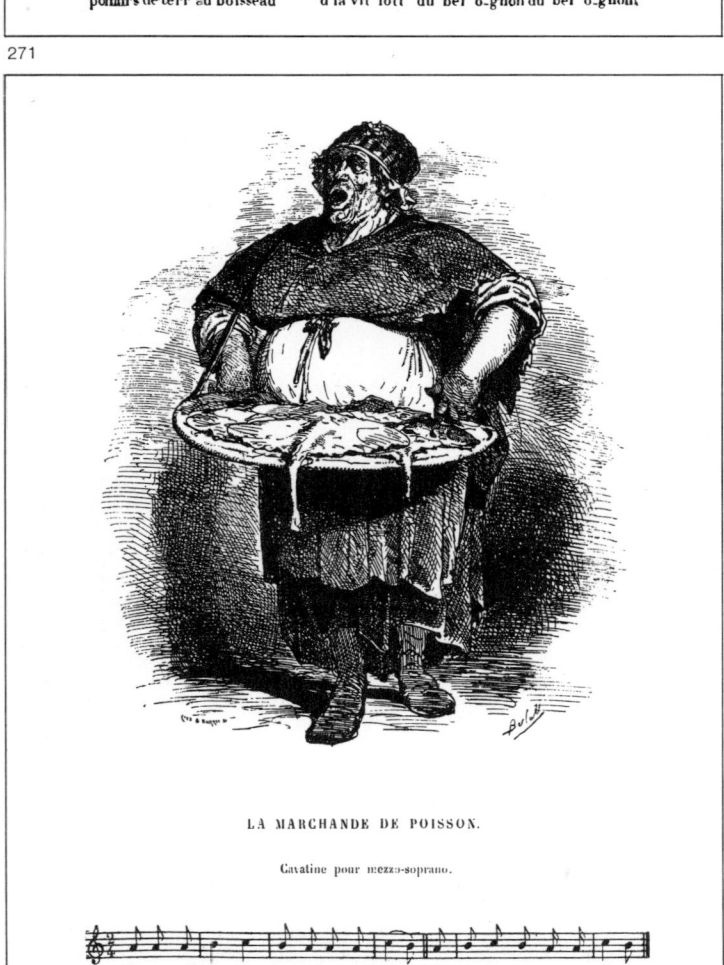

LA MARCHANDE DE POISSON.

Cavatine pour mezzo-soprano.

Hareng qui glac' qui glac' hareng nouveau D'la raie d'la raie tout en_vi_e

LE MARCHAND DE BAGUETTES.

Baryton grave.

Bat_tez bat_tez bat_tez vos habits vos ca_napes vos femm's pour deux sous

LA MARCHANDE DE CERNEAUX.

Pour soprano aigu.

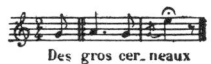

Des gros cer_neaux

LE REPASSEUR.

Cou_teaux ciseaux à r'passer:

LE MARCHAND DE FERRAILLES.

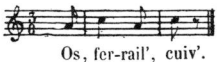

Os, fer-rail', cuiv'.

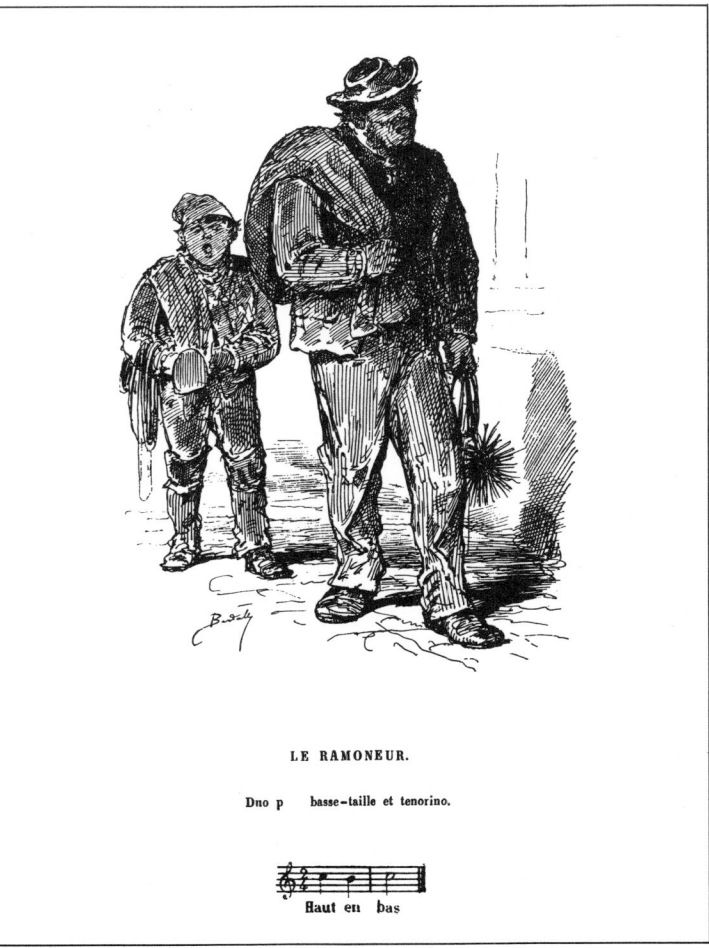

LE RAMONEUR.

Duo p basse-taille et tenorino.

Haut en bas

279

280

281

282

283

284

285

286

287

288

289

290

146

Jongleure alternierten sie mit Lobgesängen und ausgelassenen Liedern. Man warf ihnen zuweilen vor, das literarische Eigentum zu verletzen und zerrte sie deshalb sogar vor Gericht.

Die Vorführungen des *théâtre des ombres chinoises et des jeux arabesques* wurden ebenfalls von Drehorgelmusik begleitet. Zur selben Zeit schnitt ein Finanzoberaufseher zum Zeitvertreib Profile von Personen in schwarzes Papier; kurz darauf machte jedermann solche Silhouetten-Scherenschnitte, und man konnte am Palais-Royal und auf den Boulevards wirklichkeitsnahe Porträts in zwei Minuten entstehen sehen.

Auch physikalische Experimente hatten in dieser Zeit großen Erfolg, so die Camera Obscura mit ihren Überraschungseffekten, die elektrisierenden Maschinen, Stethoskope, das Mikroskop, das „einen Floh so groß machte wie eine Faust".

Jede Generation hatte ihr eigenes „Einmannorchester", einen Musiker, der gleichzeitig Schalmei und Violine spielte, die mit seinen Knien festgehaltenen Zimbeln erklingen ließ, während er mit dem Fuß den Takt schlug und einen merkwürdigen, spitzen Hut mit Schellen schwang. Man begegnete diesen außergewöhnlichen Gestalten, den malerischen „Berühmtheiten der Straße" in den verschiedensten Epochen. Sie waren meist seltsam bekleidet. Sie begleiteten sich manchmal auf Musikinstrumenten und ihre Anpreisungen wirkten zuweilen wie Theaterkunst. Der *Grand Suisse*, „große Schweizer" beispielsweise durchfuhr Paris in einer Kutsche, der ein Wagen mit prächtigen gekleideten Musikern folgte. Auf ein Zeichen hin, hielt dieser Zug an, die Musiker stiegen aus und spielten Militärmusik: die Menge eilte herbei, umgab den *Grand Suisse*, der, nachdem er die Musik zum Schweigen gebracht hatte, eine lange Anpreisung vorbrachte und eine kleine Dose mit schweizerischem Wundbalsam anbot; dann grüßte er mit abgenommenem Hut und ließ die Musiker eine Fanfare spielen, während das erstaunte Publikum kaufte. Duverny, ein Komponist, sang und verkaufte seine Lieder und führte, obwohl er blind war, Kartenkunststücke vor. Der *grimacier*, Fratzenmacher, mit seiner gepuderten Perücke und einem Kostüm im Stile Ludwigs XV. hatte ein Repertoire von 20 furchterregenden Grimassen, zu denen er sich auf einer Violine begleitete, die aus einem Brett, einer einfachen Schnur und einer Schafsblase als Steg gemacht war. Der *disloqué*, der Verrenkte, krümmte Beine und Arme und begann wie eine Kugel zu rollen. Der Unempfindliche Mann schwang über seinem Kopf eine erhitzte Eisenstange; der Steinefresser konnte, nachdem er nach einem Schiffbruch auf einer einsamen Insel überlebt hatte, indem er sich von Steinen ernährte, nicht mehr ohne diese Nahrung leben, usw.

Andere wurden mit bescheideneren Mitteln und ohne zu Hilfenahme von Zubehör berühmt, wie Davignon, „der berühmteste Pariser Buchstabenmaler und der standfesteste Trinker von 86 Departements", der 20 bis 30 Franken pro Tag verdiente, sie aber sofort beim Weinhändler wieder ausgab, „um seine Taschen nicht zu beschmutzen"; der Vater Tripolis, „Sohn des Ruhmes und Kupferpolierer", der mit Bonaparte in Ägypten und mit Napo-

291

292

291 bis 294. *Les petits métiers sous le Second Empire*, „Die kleinen Berufe unter dem 2. Kaiserreich". 291. Der „Plakat-Mann". 292. Ausrufer von Liedern. 293. Lakritzenwasser-Verkäufer. 294. Lumpensammler.

293

294

leon in Austerlitz und Waterloo war, und der sich die Feldzüge von denen erzählen ließ, die von Sebastopol oder Solferino zurückkehrten. Commerson, ein Literaturprofessor und Journalist, wurde Schuhputzer auf dem Pont Saint-Michel, um „die Regierung zu demütigen". Er bot an, „Jedermans Schuhe, außer die des Großmeisters zu putzen" und wurde ins Gefängnis geworfen. Mercier, ein alter Haudegen, der ein Bein in Rußland verloren hatte, mußte sich ständig mit der Polizei auseinandersetzen, nur weil er sich weigerte, die Ausruferlaubnis einzuholen. Ein Brötchenverkäufer wurde dadurch bekannt, daß er seinen Kunden anzügliche Lieder sang: *Accourez, jeunes fillettes, j'ai de quoi vous contenter. Si vous ne voulez pas descendre faites-moi signe de monter!*, „Eilt herbei, junge Mädchen, ich habe etwas, um Euch zufriedenzustellen. Wenn Ihr keine Lust habt herunterzukommen, gebt mir ein Zeichen, um hochzukommen!" Die schöne Madeleine, die man die „Jungfrau von Nanterre" nannte, hatte einen sonnenverbrannten Teint, hervorstechende Augen und einen etwas verstörten Blick; sie verkaufte Kuchen an den Theaterausgängen, kündigte aber an, daß sie auf den Champs-Elysées eine Anstalt „von öffentlicher Nützlichkeit" eröffnen lassen würde, „wo die jungen Damen immer eine ausgewählte und brillante Gesellschaft finden können, immer frischen Kuchen, immer alten Wein und außerdem individuelle Zimmer für die Freunde des Anstands". Schließlich muß noch der *engaveur*, der Nudler erwähnt werden, der auf dem Quai de la Vallée die Tauben fütterte, indem er ihnen Futterwicke in den Kropf blies; einige Jahre später fand ihn Louis-Sébastien Mercier, der ihn bei dieser Tätigkeit gesehen hatte, völlig entstellt wieder: seine Lippen, von den Taubenschnäbeln angebissen, waren von Krebs befallen und mußten ihm abgeschnitten werden.

Der *gagne-petit* wurde bereits erwähnt; hier sei nun der *gagne-dernier*, der Tagelöhner genannt, dessen tägliche Arbeit darin bestand, „auf seinen Schultern Lasten zu tragen unter Zuhilfenahme einer Maschine, die man *crochets*, Tragreff nannte"; daher bekam er auch den Namen *crocheteur*, Lastenträger; er wurde aber auch *breteleur* genannt (wegen der Riemen, die die Kiepe hielten), *portesac*, Beutelträger, *portefaix*, Bündelträger, *fort*, Starker, *homme de peine*, Lastenmann, *garçon de la pelle*, Schaufelgeselle usw. Früher bedienten sich die Händler der Tagelöhner ausschließlich, um Waren verpacken zu lassen. Mit Aufkommen der Packunternehmen unter der Regierung Ludwig des XIV. wurden sie jedoch nur noch zum Tragen von Lasten eingesetzt.

Den niedrigsten Rang in der Reihe all dieser Figuren nahmen die Bettler ein. In ihren Lumpen spielten sie zumeist Drehorgel und übten, wie die Dirnen, den ältesten Beruf der Welt aus. Sie waren sehr zahlreich und machten angeblich soviel Lärm wie alle anderen Händler zusammen. Sie jammerten mit monotoner, klagender Stimme, die einem frommen Klagelied ähnelte und stellten ihre wahren oder vorgetäuschten Gebrechen zur Schau. Es gab falsche Hinkende, falsche Einarmige oder Einhändige, falsche Blinde oder falsche Gelähmte, die sich beim Herannahen der

ALPHABET DES CRIS DE PARIS.

A	B	C	D	E	F
Allumettes chimiques ! achetez moi un paquet d'allumettes !	Brosses ! Brosses !! achetez des beaux balais .	Chiffons, ferraille à vendre .... peaux de lapins .	Des bels ognons ... des bels ognons !	à l'Eau .....au !!	Fleurissez vous Mesdames !! des roses, des œillets, des violettes

G	H	I	J	K	L
Gros gateaux de Nanterre tous chauds, tous bons .	Habits , habits !!! .. Mᵈ d'habits , galons .	Images !! voyez les belles images d'Epinal .	Journal du soir, la Patrie, le Siècle , le Temps .	Kaleïdoscopes , lunettes, voyez Mᵗˢ c'est très joli .	Limande à frire, frire ! à la barque ! à la barque .

M	N	O	P	Q	R
Marrons , marrons de Lyon .	Cassez les vertes !! cassez les noix vertes !	mᵈᵉ d'OUBLIES . Voila le plaisir Mesdames , voila le plaisir !!	Parapluies , parasols , cannes beaux tapis , Mesdames !!	Qui veut boire , à la fraiche !	Repasser les rasoirs , les ciseaux .

S	T	U	V	X Y	Z
Salade , salsifis , mes beaux salsifis	La tendresse, la verduresse, artichauts , artichauts !	Ustensiles de ménage !! voyez la boutique a 13	Vitrier , v'la le vitrier!	Y glace le hareng !!! Maquereau salé .	d'Zannetons ! voyez 2 pour un sou !!

295

LES CRIS DE PARIS. (Marchands ambulants.)

Marchande de noix vertes.
Cassez les vertes ! cassez les noix vertes !

Marchand de balais.
Balais, balais ! achetez de beaux balais !

Marchande de marée.
A la barque ! à la barque ! qu'il est beau, le maquereau !

Marchand d'habits.
Habits ! habits ! marchand d'habits !

Marchande de poires.
Cuites au four ! et des bonnes poires toutes chaudes !

Ramoneur et Md de peaux de lapins.
Haut en bas ! — Vendez-vous des peaux de lapins ?

Marchandes de Cartons.
Beaux cartons ! pour serrer vos chapeaux, mesdames.

Porteur d'eau.
A l'eau !... A l'eau !

Marchande d'œufs.
A trois de 6 blancs ! les rouges et les blancs !

Marchande de légumes.
Ma belle chicorée sauvage ! et de la salade !

Marchand de coco.
A la fraîche, qui veut boire ?

Marchand de légumes.
Et des bonnes pommes de terre, au boisseau ! au boisseau !

Marchand d'artichauts.
A la tendresse, la verduresse ! artichaut ! artichaut !

Bouquetière.
Fleurissez-vous, mesdames, de bien belles roses !

Marchand de chiffons.
Chiffons, ferraille à vendre !

Marchande de cerises.
A la douce cerise ! à la douce !

Propriété de l'éditeur. (Déposé.)

Fabrique de PELLERIN, Imprimeur-Libraire, à ÉPINAL.

LES CRIS DE PARIS. (grotesques.)

Etameur de casserolles! racommodez la fayence, porcelaine.

Voila le plaisir, mes dames, voilà le plaisir!

Savetier. Racommode les bottes, les souliers!

Fleurissez vous mes dames!

Y a t il des bouteilles cassées?...

Des mottes, et brulez donc des mottes!!!

Peaux de lapins!!

Bonnes poires toutes chaudes!! cuites au four

Haut en bas!

Habits galons. Md d'habits.

A l'eau.....

Cassez les vertes! Cassez les noix vertes.

Mort aux rats! Avez vous des rats, des souris?

Il arrive le maquereau, il arrive le maquereau sale.

Repasser les couteaux, les ciseaux!

Un sou le paquet d'allumettes.

Qui veut boire? à la fraiche. Md de Coco.

Des choux, les poireaux, Des carottes navets, navets!

Je ne le vends qu'un sou! vous verrez les détails du crime abominable.

Oranges du portugal! 2 sous 3 sous les oranges

Imprimerie Lith. de Pellerin à Epinal.

297

298

Vorausgegangene Seiten: 295. Bilderbogen von Pellerin aus Epinal (1840). Die Legende des Buchstaben I (Bilderbogen! Seht die schönen Bilder aus Epinal) zeigt, daß der Verleger für die Werbung seines eigenen Produktes sorgte und daß der Ausdruck „Images d'Epinal" (Bilderbogen aus Epinal, im übertragenen Sinn: banales Bild) zweifelsohne schon berühmt war. A. Streichhölzer. B. Besen. C. Lumpen, Alteisen, Kaninchenfell. D. Zwiebeln. E. Wasser. F. Blumen, schmückt Euch Ihr Damen, Rosen, Nelken, Veilchen. G. Kuchen aus Nanterre. H. Kleider, Borten. I. Bilderbogen. J. Abendzeitung. K. Kaleidoskop. L. Austernhändlerin. N. Marroni aus Lyon. M. Grüne Nüsse. O. *oublies, plaisirs,* Waffeln. P. Regenschirme, Sonnenschirme, Spazierstöcke. Q. Lakritzenwasser. R. Scheren-, Messerschleifer. S. Salat, Bocksbart. T. Artischocken. U. Haushaltsartikel. V. Glaser. XY. Heringe, Bücklinge. Z. Maikäfer.

LES PETITS MÉTIERS DE PARIS

Fort de la halle. — Decrotteur. — Commissionnaire. — Porteur d'eau. — Hercule. — M^d de Cigares. — Porteuse de pain. — M^d de Marrons.

Facteur. — Portier. — Joueur d'orgue. — Cheval de renfort (Omnibus). — Paveur. — Chiffonnier. — Ramoneur. — M^d de Parapluies.

Balayeur. — M^{de} de plaisirs. — Commis d'octroi. — Afficheur. — Egouttier. — Vitrier. — M^d de Coco. — M^d d'habits.

Conducteur d'Omnibus. — Badigeonneur. — Rémouleur. — Mlle de Silhouettes. — Etameur. — Escamoteur. — M^{de} de Saucisses. — Cocher de fiacre. — M^d de peaux de lapins.

Charlatan. — Promenade aux champs Elysées. — Batonniste. — M^d de journeaux.

Bouquiniste. — Matelassiere. — Frotteur. — Garde-Malade. — Aveugle. — Garçon de Café. — Bonne d'Enfants.

Imp. Lith. Pellerin et Cie à Épinal, Fournisseurs Brevetés de S. M. L'Impératrice

RAMASSEUR DE CROTTES DE CHIENS

MARCHAND DE TONNEAUX

PISTEUR

MARCHANDE DE JOURNAUX

MARCHANDE DE LÉGUMES

RAMASSEUR DE BOUTS DE CIGARES

REPASSEUR DE COUTEAUX

FORT DE LA HALLE

MARCHANDE DE POISSONS

MARCHAND DE BALLONS

AVEUGLE

CAMELOT

301

302

Vorausgegange Seiten: 296 bis 297. Zwei weitere Abbildungen von Pellerin, die letzte lithografiert (1850 und 1858). 296. Grüne Nüsse; Besen; Makrelenverkäuferin; Kleiderhändlerin; Verkäuferin von Birnen; Schornsteinfeger und Kaninchenfellverkäufer; Verkäuferin von Schachteln; Wasserträger; Eierverkäuferin; Gemüsehändlerin, Lakritzenwasser-Händler; Gemüsehändler; Artischockenverkäufer; Blumenmädchen; Lumpensammler; Kirschenverkäuferin. 297. Pariser Kaufrufe (in grotesker Form). Verzinner; Porzellanausbesserer; Plaisir-Verkäuferin (Waffeln); Schuh-

flicker; Blumenmädchen, kaputte Flaschen; Lohkuchen; Kaninchenfelle; gebratene Birnen; Schornsteinfeger; Kleiderhändler; Wasserträger; Grüne Nüsse; Rattengift; Makrelenverkäuferin; Messer- und Scherenschleifer; Streichhölzer; Lakritzenwasser; Gemüsehändler; Zeitungsverkäufer: Ich verkaufe sie für nur einen Sou. Ihr werdet die Details des furchtbaren Verbrechens lesen können."; Apfelsinen aus Portugal, 298. Lithografie von Pellerin (1861). A. Streichhölzer; B. Besen. C. Hüte. D. Datteln aus Algerien. E. Wasser. F. Blumen. G. Eis. H. Kleiderhändler. I. Bilderbögen. J.

Polizei der Armen erhoben und flohen; diese Polizei hatte nämlich die Aufgabe, sie festzunehmen und ins Krankenhaus zu bringen. Unter jeder Regierung wurden andere Maßnahmen gegen die Bettler getroffen; die erhoffte Wirkung blieb jedoch immer aus, selbst wenn man den Landstreichern und Vagabunden mit dem Schandpfahl, der Verschleppung nach Kanada oder sogar dem Galgen drohte. Vertrieb man sie von der Straße, so fanden sie in den Kirchen Unterschlupf. Dies ist auch sicherlich der Grund, weshalb die vornehmen Leute den sonntäglichen Gottesdienst als die *opéra des gueux*, die „Oper der Bettler", bezeichneten. Bemerkenswert ist, daß im Mittelalter selbst die reichen Klöster ihre Brüder jeden Tag zum Betteln nach Paris schickten. Die Mitglieder der verschiedenen Orden (Franziskaner, Augustiner, Karmeliter, Gottes-Töchter) liefen von morgens bis abends durch die Straßen und riefen: *Du pain pour la Sainte Croix*, „Brot für das Heilige Kreuz!" oder *du pain pour ceux du Champ pourri!*,[91] „Brot für die aus dem Champ Pourri!". Mit diesem letzten Ruf bettelten auch die 300 Blinden des Blinden-Hospitals Quinze-Vingts, obwohl sie durch den Heiligen Ludwig gesicherte Einkünfte hatten. Nach Aussage Rutebeufs irrten sie den ganzen Tag herum und hörten nicht auf, „aus vollem Hals zu brüllen". Die Mönche sammelten auch für die Gefangenen, die von den Wärtern meist nur mit Wasser und Brot versorgt wurden. Sie bettelten außerdem noch für das Futter der Schweine des Klosters Saint-Antoine, das als einziges noch Schweine halten durfte; denn die Schweinehaltung in der Stadt war verboten worden, als der Sohn Ludwigs VI. 1131 von einem Schwein umgestoßen worden war und den Folgen des Sturzes erlag.

Es gab natürlich auch Leute, die nicht bettelten und dennoch ein armseliges Leben führten. Zu ihnen gehörten die Händler, die weiterhin ihre Waren ausriefen, obwohl diese mit dem Aufkommen der industriellen Herstellung in den Läden billiger verkauft wurden. Die Wollkämmerinnen, die einer Zunft angehört hatten, deren Meister den Titel führte, „Wollkämmer, Woll- und Baumwollfacher, Tuchmacher, Abschneider von Borsten, Spinner von Dochten" usw. verloren durch die mechanischen Kardätschen immer mehr Kunden. Sie hielten sich in der Nähe des Pont-Neuf auf, kämmten und nähten pro Tag bis zu sechs Matratzen, hatten aber nur Speisereste und gepanschten Wein zum Essen und schliefen in einem schlechten Bett. Als man das Streichholzmonopol einführte, wurde der Zündholzverkäufer zum „Feuergeber". Er bot seine Dienste in der Menschenmenge und auf den Caféterrassen an.

Der Tintenverkäufer verlor ebenfalls seine Kundschaft. Früher war er mit zerzaustem Haar in Begleitung seiner Frau und eines mit Körben beladenen Esels durch die Straßen gezogen und hatte mit heiserer Stimme gerufen: *C'est moi! V'là qu' c'est moi, c'est lui, v'là qu' c'est moi; comme ça, madame, on n'en a jamais vu comme ça, jamais comme ça mia mia mia mia mia mia mia mia mia, jamais d'pareil à ça!*, „Ich bin's! Seht, ich bin's, er ist's, hier, ich bin's, solch einen, Madame, man hat niemals solch einen gese-

Abendzeitung. K. Kaolin. L. Schollenart. M. Marroni aus Lyon. N. Grüne Nüsse. O. Orangen. P. Kaninchenfelle. Q. Lakritzenwasser. R. Schornsteinfeger. S. Bochsbart. T. Artischocken. U. Haushaltsartikel. V. Glaser. X. Athlet. Y Z. Kaputte Flaschen. 299. Ein weiterer Bilderbogen von Pellerin mit der Angabe des Titels „Lieferant ihrer Kaiserlichen Hoheit", Privileg, das Pellerin 1816 erhalten hatte; nach dem Sturz des Kaiserreiches beeilte sich Pellerin, diesen Titel zu entfernen. Lastenträger der Hallen; Schuhputzer; Kommissionär; Wasserträger; Herkules (starker Mann); Zigarrenverkäufer; Brotlieferantin; Marroni; Briefträger; Pförtner; Orgelspieler; Omnibus-Pferd; Pflasterer; Lumpensammler; Schornsteinfeger; Sonnen-, Regenschirme; Straßenkehrer; Plaisirs-Verkäuferin (Waffeln); Beamter; Plakatankleber; Kloakenausräumer; Glaser; Lakritzenwasser; Kleiderverkäufer; Omnibus-Fahrer; Anstreicher; Messerschleifer; Statuen-Verkäuferin; Verzinner; Taschenspieler; Würstchen; Kutscher; Kaninchenfelle; Scharlatan; Promenade auf den Champs-Elysées; Stockfechter; Zeitungsverkäufer; Büchertrödler; Matratzenmacherin; Frottierer; Krankenwärterin; Blinder; Café-Gehilfe; Kindermädchen. Folgende Seiten: 300. Lithografie von Pellerin. Auflage von ca. 1890 nach einem älteren Modell. 301. Detail einer Chrom-Lithografie von L. Borgex (1900). Aufleser von Hundekot; Verkäufer von Fäßern; Gasthofkommissionär; Zeitungsverkäuferin; Gemüseverkäuferin; Aufleser von Zigarettenstummeln; Messerschleifer; Lastträger der Markthallen; Fischweib; Luftballon-Verkäufer; Blinder; Ausrufer von Statuen.

302. Lithographie aus dem *Album du Figaro illustré* (25. Dezember 1885). 303. Lumpensammler, Vignette für *Les petits métiers de Paris*, „Die kleinen Berufe von Paris" von Jérôme Doucet (Paris, Ollendorf, 1901).

303

hen, niemals solch einen, nie nie nie nie nie nie nie nie niemals, niemals einen solchen!"

Das Wasserwerk verdrängte den Wasserträger wie das Elektrizitätswerk den Anzünder der Straßenlaternen.[92] Dieser hatte keinen Sonntag; er mußte jeden Abend die Laternen innerhalb von 40 Minuten anzünden und mit dieser Arbeit spätestens 20 Minuten nach der vom Präfekten festgesetzten Zeit fertig sein. Diese Figur mit dem ölbefleckten Hemd und der eisernen Schachtel als Hut, in dem die Dochte waren, taucht in verschiedenen Romanen und Melodramen auf.

Wie hoch mag der Verdienst dieser Straßennomaden und die Rentabilität ihrer Geschäfte gewesen sein? Kann man Autoren glauben, die behaupten, daß der Verkäufer von Bändern täglich 50 Franken einnahm? Dabei rief er, um die Feilscherinen zu entmutigen: *N'en prendez pas, c'est encore trop cher, c'est trop cher, c'est trop cher!*, „Nehmt davon nicht, es ist noch zu teuer, es ist zu teuer, es ist zu teuer!",oder alle zwanzig Schritte innehaltend: *N'achetez pas de mes rubans, je ne veux pas vous en vendre!*, „Kauft meine Bänder nicht, ich will niemandem davon verkaufen". Und jenem anderen Autor, der behauptet, daß die ambulanten Händler unter dem Direktorium durch ihren Handel so reich wurden, daß sie sich schöne Paläste und Kaleschen leisten konnten; oder daß sich italienische Sänger, die sich auf der Violine begleiteten, Orgeln für 6000 Franken kauften und es ablehnten, für dasselbe Gehalt eine Professur am Konservatorium anzutreten? Im Gegensatz zu der im letzten Jahrhundert verbreiteten Meinung haben es die Wasserträger nicht nur deswegen zu Reichtum gebracht, weil sie sparsame Auvergnaten waren. Es gab nämlich auch eine Vielzahl von anderen Verkäufern, die ihre Ware zu einem lächerlich niedrigen Preis feilboten: *Glaces à un sou!*, „Eis für einen Sou", oder: *Violettes qui embaument à un sou!* „Veilchen, die für einen Sou duften!". Kastner fragt sich in einem Kommentar zu einer Schätzung, nach der es Mitte des letzten Jahrhunderts noch über 15 000 Straßenhändler gab: „Bei der Vielzahl der Handwerke, die in Paris ausgeübt werden, gibt es solche, bei denen man schlecht verstehen kann, daß sie für das Leben derer genügen, die darin ihren Unterhalt suchen. Was kann zum Beispiel jene alte Frau verdienen, die in ihrer Auslage Lorbeer- und Kirschenblätter und einige Knoblauchzehen hat? Ihr Laden ist nicht einmal zwanzig Sous wert, und ihr Vorrat kostet sie schon mehr als zehn . . . ; und jene, die in der Nähe der Brücken eine vollständige Küche und Speisekammer haben und die, je nach Jahreszeit, gegrillte Heringe, Bratkartoffeln und magere Speckscheiben verkaufen, die sehr oft nichts anderes sind, als Stücke einer gut geräucherten Katze oder eines Hundes?" Mercier hatte sich bereits im 18. Jahrhundert gefragt, wieviel wohl der Verkauf einer Stecknadel einbringen könnte, für deren Herstellung man „30 Hände und 30 Werkzeuge"[93] brauchte, und von denen man 1000 Stück für zwölf Sous kaufen konnte.

Daß die ambulanten Händler zu allen Zeiten zwei oder mehreren Geschäften gleichzeitig nachgingen, ist zweifelsohne darauf

Les petits métiers de Paris, „Die kleinen Berufe von Paris", Fotografien aus dem Buch von Jérôme Doucet. 304. Verkäufer von Salat. 305 Verkäuferin von Suppe. 306. Eisverkäuferin. 307. Verkäufer von Bürsten. 308. Der junge Italiener. Verkäufer von Gipsbüsten. 309. Zwei Theaterkarten-Wiederverkäufer. 310. Verkäufer von Zeitungen *à la baguette*, am Stock. 311. Verkäuferin von Körben. 312. Schleifer von Sägen. 313. Verkäufer von Mistelzweigen. 314. Marroniverkäufer. 315. Verkäuferin von Spielen aus Korb. 316. Ausbesserer von Faïencen. 317.Verkäufer von Schlüsselringen und Plakatträger. 318. Ausbesserer von Wasserhähnen. 319. Hundescherer.

304   305   306   307

308   309   310   311

312   313   314   315

316   317   318   319

zurückzuführen, daß sie nicht genügend Ware absetzen konnten, oder der Verdienst zu gering war. Sie wurden so zu den Frégoli der Straßen[94]. Die Vogelfutterverkäuferin vertrat eines der ältesten Gewerbe der Stadt. Sie sang ihren Ruf mit einer hellen Sopranstimme: *Du mouron pour les p'tits oiseaux!*, „Futter für die kleinen Vögel!"; er galt als „einer der zartesten und harmonischsten". Man konnte ihr schon im Mittelalter begegnen, als sie der „Schutzengel der Grisetten[95] und Pförtnerinnen" genannt wurde. In einem bestimmten Stadtviertel traf man sie im Sommer um sechs Uhr morgens und im Winter um acht; ihren Rundgang beendete sie gegen zehn Uhr. Nachmittags bot sie Kuchen oder Horoskope feil, „in einer goldgelben Nußschale eingeschlossen" und abends schließlich an den Ausgängen der Boulevard-Theater Gerstenzucker oder Obst. Der Pastetenverkäufer, der vor allem morgens in den stark bevölkerten Vierteln seine Ware an Lehrlinge oder junge Arbeiterinnen für sechs Sous verkaufte, arbeitete nachmittags als Maurer. Einen Teil des Tages trug der Dattelverkäufer eine türkische Tracht, bot aber in der restlichen Zeit, je nach Saison, Schirme oder Spazierstöcke an. Der Glasmacher war gleichzeitig Steingutfabrikant, während sich der Glaser gelegentlich als Buchstabenmacher betätigte; er war allerdings, wie man sagte, ein Farbenkleckser. Der Hundescherer des Pont-Neuf sorgte nicht nur für die Toilette der Hunde, sondern arbeitete im Winter auch als Schuhputzer oder Laufbursche. Die Schuhputzer ihrerseits arbeiteten als „Monster" an der Oper, wo sie die Schauspieler in gefährlichen Szenen, zum Beispiel an Bord von Kähnen oder auf vom Schnürboden heruntergelassenen Wolken vertraten. Man wandte sich auch an sie, um „einen Saal auszuprobieren"; so wurden alle Schuhputzer der Hauptstadt zusammengerufen, als der neue Saal der Oper auf dem Boulevard gebaut wurde. Sie füllten das ganze Theater, inclusive Orchestergraben und Szene. Die Putzwarenhändlerinnen betätigten sich auch, wie wir bereits sahen, als Kupplerinnen. Andere, wie der Laufbrusche, übten eine Unmenge von verschiedenen Tätigkeiten aus: Verkäufer von Lohkuchen, Öffner von Droschkentüren, Verkäufer von Sicherheitsketten, Güterversender, Holzsäger, Aushilfe beim Abfüllen des Weines usw. Der Lumpensammler war seit dem 17. Jahrhundert gleichzeitig Verkäufer von Hunden; es passierte manchmal, daß seine Unterkunft zu einem Schlachthaus wurde, in dem er inmitten verwesender Tierleichen lebte. Jeden Morgen, bei Tagesanbruch, brachte er seine Ernte ein und begab sich dann in den Faubourg Saint-Jacques zum Madenmarkt, auf dem die Angler einkauften. Es wurden dort Maden erster, zweiter und dritter Wahl verkauft.

Anhand eines von Kastner überlieferten Zeitungsartikels wird die Wandlung der Händlerrufe im letzten Jahrhundert deutlich: „Lassen wir die Bewunderer der vergangenen Zeit diesem fürchterlichen Lärm, den man die Pariser Rufe nennt, nachweinen. Der Kleiderhändler hält der Flut, die ihn mit sich reißen wird, noch stand; aber was ist aus den verfluchten ambulanten Schuhflickern geworden und dem Mann mit dem Tintenfaß, der wie ein sich in

Die kleinen Berufe von 1900, wie sie der ambulante Fotograf Eugène Atget gesehen hat. 320. Verkäufer von Lampenschirmen. 321. Marronihändler.

Not befindender Esel sang? ... die Pariser Händlerrufe verschwinden, und die *petits métiers,* die „kleinen Berufe" (Gelegen-
heitsberufe) bleiben: das ist ein Gewinn." Die *kleinen* Berufe:
Ende des 19. Jahrhunderts hat man dieses Epitheton in übertrie-
benem Maße gebraucht: „Kleine Zeitung", „das kleine Café",
„kleine Freundin", „der kleine, leichte Rotwein", das „kleine Er-
sparnis" usw., so als ob diese Epoche nichts Großes ins Auge

320

321

fassen konnte. „Das *kleine Handwerk* beginnt überall und hört
nirgends auf", bemerkt Texier in seinem *Tableau de Paris.* „Es ist
der, der unter Eurem Fenster ausruft; der, der neben Euch auf der
Straße läuft; das *kleine Handwerk* reicht Euch manchmal die
Hand; gelegentlich wird er zum Bettler, aber niemals zum Bohè-
mien; er ist eingeschrieben, er hat sein Kennzeichen, die Beschei-
nigung des *kleinen Handwerks.*"
  Derselbe Autor beklagt sich darüber, daß die herumziehenden
Händler nicht mehr singen: „Das Poetische verschwindet. Früher
unterschieden sich die kleinen Gewerbetreibenden durch die ver-

schiedenen Verse, mit deren Hilfe sie den Passanten ihre Ware aufdrängten." Das bedeutet, daß zu dieser Zeit die meisten Händlerrufe bereits der Vergangenheit angehörten. Die übriggebliebenen werden von vielen Beobachtern als Überbleibsel und Folklore betrachtet. Einer der berühmtesten noch übrig gebliebenen Händler war der Gemüse- und Obsthändler, der seine Erlaubnis und sein Erkennungszeichen hatte und von der Polizei geschützt

322

323

Fotografien von Eugène Atget. 322. Der Glaser. 323. Der Verkäufer von Peitschenschnüren. 324. Spieler einer Drehorgel und Sängerin.

wurde, obwohl Crainquebille mit dieser Auseinandersetzungen gehabt hatte. Folgte man den Straßenhändlern,so stieß man auf eine Vielzahl von „Irregulären", die, vor allem nachmittags, zu Sammlern von Zigarettenstummeln wurden – sie gingen dabei bis unter die Röcke der Damen, die auf den Terrassen vornehmer Cafés saßen – zu Verkäufern von Bleistiften mit einer unzerbrechlichen Spitze, zu Händlern.von kleinen, manchmal auch von gestohlenen Hunden (ein gefährliches, aber einträgliches Gewerbe). Man traf auch Handlanger, die das Gepäck in den Straßen oder bei Ankunft von Zügen am Bahnhof ausluden Es gab auch den Wiederverkäu-

324

fer von Theaterkarten oder Kontermarken, der ins Ohr flüsterte: „Es ist billiger als an der Kasse"; hatte aber das Theaterstück Erfolg, mußte natürlich der doppelte, ja sogar dreifache Preis bezahlt werden. Dieser Handel, fast ein wichtiges Gewerbe, wurde von der Polizei toleriert und natürlich von den Theaterdirektoren unterstützt. Man fand auch den Stuhlverleiher, der seine Stühle in einem Handwagen stapelte und bei jeder Gelegenheit vermietete: bei Rennen, der Parade des 14. Juli, der Ankunft eines ausländischen Herrschers, Begräbnissen und Feuerwerk. *Qui veut des places? A dix sous, à vingt sous! On paie en montant!*, „Wer will einen Platz? Zu zehn Sous, zu zwanzig Sous, man zahlt, wenn man sich setzt!". Der *aboyeur de voitures*, Ausrufer von Wagen, tat morgens in den Hallen Frondienste und badete nachmittags Pferde an den Seine-Ufern. Er bot auch gezinkte Karten an und spielte Kümmelblättchen (ein verbotenes Glücksspiel) in Zugabteilen oder auf den Hängen unterhalb von Festungen. Der „Tortoni des Bürgersteigs" verkaufte den Kindern auf der Promenade „Pomade" als Eis. Der ewige Laufbursche mit seiner baumwollenen Jacke und Schirmmütze, der entweder sehr jung oder sehr alt war, überbrachte je nach Gelegenheit eine Liebesbotschaft, einen Kündigungs-, Kredit-, oder Erpressungsbrief. Der zumeist blinde Hinterhofsänger ließ sich von seiner Tochter, die mit greller Stimme den Refrain aufnahm, begleiten. Seine Stimme drang von den engen Höfen bis in die Mansarden hinauf, von wo ihm in Papier gewickeltes Kleingeld hinuntergeworfen wurde. Der Buchmacher rief *La cote! La cote! La cote!*, „ Die Notierung, die Notierung, die Notierung!", als ob diese mit seiner Stimme in die Höhe gehen könnte. Man traf auch Verkäufer von Zollstöcken, Verteiler von Prospekten, Verkäufer von Gipsbüsten, das Blumenmädchen, dessen Alter zwischen fünfzehn und siebzig Jahren lag ... Man konnte in Paris wahrscheinlich ebensoviele kleine Gewerbe finden, wie es Tage im Jahr gibt. Es trifft auch zu, daß „Paris die Stadt der großen Existenzen und der kleinen Industrien" war. Die Pariser Straßenjungen betrieben das kleine Gewerbe am besten und waren „für jene Industrien, die keine waren", geeignet. Man konnte auf den Straßen Kinder sehen, die aus dem Verkehr gezogene Geldstücke anboten und umgekehrt den Passanten 1830 eine Fünf-Franken-Münze mit dem Bildnis des neuen Königs für fünf Franken fünfzig verkauften. Andere boten 1848 für denselben Preis die neue Münze mit dem Bildnis der Republik und 1851 jene mit dem Bild Napoleons III an. „Was die Bukaniere, Vertreter des ambulanten Schleichhandels betrifft", schreibt Texier, „so sieht man sie ab und zu nacheinander auftreten. In dieser kleinen Welt wimmelt und paddelt es, sie hat ihre Leidenschaften, ihre Interessen, ihre Unruhen; sie bringt viel Beredsamkeit auf, um die Passanten anzulocken; viel Geschicklichkeit, um sie zu prellen; es bedarf großer Vorsicht, um den tausend drohenden Gefahren zu entgehen, vieler Naivität, um reinzufallen; es geht in ihr letztlich wie in der großen Welt zu."

Händlerrufe aus London

Die Londoner Ausrufer werden zum ersten Mal in einem Gedicht von 1420 erwähnt, das lange dem Benediktiner Mönch John Lydgate zugeschrieben wurde. In diesem „London Lyckpenny" (was mit „London ohne Penny" übersetzt werden könnte) wird von den Spaziergängen eines armen, aus Kent stammenden Strafverteidigers berichtet, die ihn von Westminster bis zur Londoner Innenstadt führen. Da er nicht über die nötigen finanziellen Mittel verfügt, kann er sich die ihm fortwährend angebotenen Waren nicht leisten. An der Themse sieht er Leute sitzen, die „fettiges und zugleich feines" Rindfleisch verzehren und Bier und Wein trinken. Er geht durch das Dorf Charing und am Strand vorbei, wo Gemüse, Pfeffer, Safran, in den Hülsen gekochte Erbsen, reife Erdbeeren und am Zweig hängende Kirschen ausgerufen werden; in Cheapside wird die Qualität von Samt, Seide, Batist und Pariser Garnen gepriesen. Auf seinem Spazierweg kommt er an dem Stein von London, dem tausendjährigen Meilenstein der Römer vorbei; ein Händler bietet ihm „Gläser zum Lesen" an, ein sicherlich seltenes Angebot in jener Zeit; ein anderer ruft: „Warme Hammelkeulen!"[96] aus, und noch andere Makrelen oder grüne Binsen.[97] In Eastchip sind es wieder Rindfleisch und Zinntöpfe, und der Wanderer begegnet Sängern von Klageliedern. Schließlich wird er das Opfer eines Schankwirts in Cornhill, der ihn am Ärmel packt und zuflüstert: „Sir, wollen Sie unseren Wein kosten?". Hierauf antwortet der Unglückliche sehr weise, daß „ein Penny nicht mehr hergeben könne als er wert sei". Er gibt seinen einzigen Penny für einen Schoppen Wein aus; da er nun dem Flußschiffer die Rückfahrt nicht bezahlen kann, geht er zu Fuß heim, traurig und allein, aber Gott bittend, London zu retten und den Gerichtsbeamten ihre Aufrichtigkeit zurückzugeben.

Zwar werden in „London Lyckpenny" verschiedene Waren ausgerufen, es wird jedoch kein einziger Händler namentlich genannt. Dies mag damit zusammen hängen, daß die herumziehenden Händler in London, während mehreren Jahrhunderten, mit dem allgemeinen Begriff *costermongers* bezeichnet wurden. Dieser Begriff leitet sich von *costardmonger* ab, was „Händler von großen gerippten Äpfeln" bedeutet, eine Apfelsorte, die früher viel gegessen wurde. Shakespeare erwähnt diese Straßenhändler in einer sprichwörtlichen Antwort: „*Virtue is of so little regard in these costermonger times, that true valour is turned bear-herd*[98], „Ich weiß nicht, aber die Tugend wird in diesen Apfelkrämerzeiten so wenig geachtet, daß echte Tapferkeit zum Bärenführer geworden ist!" Nachdem er zuerst nur für den Obsthändler, dann

325

325. Der Held der Ballade *London Lyckpenny*, „London ohne Geld", nach einem Holzstich aus dem 16. Jahrhundert. Folgende Seiten 326. Die Londoner Kaufrufe aus dem 18. Jahrhundert. Im Mittelfeld ist die Gestalt eines Nachtwächters und eines Hundes. Der Titelvers lautet: Mädchen in Euren Schürzen / gebt aucht auf Euer Schloß, Licht und Feuer / und Gott schenk' Euch eine gute Nacht / eins ist die Uhr.

Buy any *shrimps*. Buy any *maydes*. Buy a *Candelsticke*. Buy a *purs*. Buy a *paire a*

Buy *some figs*. The *water bearer*. Buy any *prunes*. Buy a *dish a flowders*

Mayds in
Wel to yo
And your
Giue yo
On

Buy a *tosting Iron*. Buy a *whyt pot*. Buy a *washingbale*. Buy a *foote stoole*

Iantorne Candellyght. *Bread and meate*. *Good sasages*. Buy a *fyne bowpot*. Buy any *Gar*

166

therbeds to dryue ・Buy any whyting maps ・Buy any markingstoes ・New Hadog ・New sprots new

Buy any tape. ・The bear bayting ・Yards and ells ・New Cod new.

ocks. Loocke
Your fire
And god
night. At
lock

Worsterchyr salt ・Buy any blew starch ・Buy a fyne brush ・Buy any reasons

any bettens ・Rype damsons ・Buy any points ・Hote mutten pays ・P & glasses to mend

327

328

327. Der Rattenfänger. (Beginn des 17. Jahrhunderts). 328. Der Londoner Nachtwächter (Beginn des 17. Jahrhunderts). 329. Die Londoner Kaufrufe (gegen Mitte des 17. Jahrhunderts). „Zündet Eure Laternen und Kerzen an, hängt Eure Lichter raus"; Ich habe frischen Käse und Rahm; ich habe reife Erdbeeren, reife Erdbeeren; Habt Mitleid mit den Armen, schenkt Brot und Fleischreste für die Armen; Bratfett, ihr Mädchen; Kauft Markknochen, ihr Mädchen; Zwiebeln, riecht die St. Thomas Zwiebeln; Ich habe Schirme, wenn Ihr wünscht, um Beute von dem Feuer fern zu halten; Kauft meinen Teller (voll) von großen Stinten; Kohlen, einen Penny das Maß; Schöne Orangen, schöne Zitronen; Kauft eine Bürste; Kauft Ellen oder Metermaße; Ich habe reife Gurken, reife Gurken; Kauft ein stählernes oder hölzernes Kästchen; Frische Flundern.

für Gemüse- und Fischhändler galt[99], wurde der Begriff *costermonger* im Laufe der Zeit auf fast alle Straßenhändler übertragen. Die Kaufrufe werden in einigen Komödien von Roger Warde, die auf das Ende des 16. Jahrhunderts zurückgehen, wiedergegeben, und man findet Hinweise auf die *costermonger* in den Stücken von John Ford, Fletcher und Beaumont. Eine besondere Rolle spielen die Händlerrufe in der 1609 aufgeführten Komödie von Ben Jonson *Epicoene, or the silent woman*, „Epicoene oder die schweigsame Frau". Die Hauptfigur ist einer aus dem vierten Jahrhundert stammenden Saynete (ein einaktiges Lustspiel) des Griechen Libanus entlehnt; die Intrige wurde aus der Komödie *Casina* von Plautus übernommen; außerdem weist das Stück große Ähnlichkeit mit der *Clizia* von Machiavelli und den „Lustigen Weibern von Windsor" auf. Morose, ein hartgesottener Junggeselle, hat einen fast manischen Abscheu vor Lärm; er erträgt nicht einmal eine normale Unterhaltung. Da er sich von seinem Neffen betrogen fühlt, beschließt er, ihn zu enterben und die von seinem Barbier als schweigsam empfohlene Epicoene zu heiraten. Aber leider stellt sich gleich nach der Hochzeit heraus, daß sie eine verstockte Schwätzerin ist und zur größten Verzweiflung Moroses in ihrem Gefolge besonders laute Musiker hat. Diese ganze Intrige ist natürlich von Moroses Neffen angezettelt worden, mit dem dieser jetzt verhandeln muß. Morose muß ihm neben der künftigen Erbschaft noch eine Pension von 500 Pfund zusichern, damit er von den Plagen seiner Ehe befreit wird. Nachdem das Geschäft abgeschlossen ist, reißt sich die schweigsame Frau die Perücke vom Kopf und gibt sich als Transvesit zu erkennen. Während der ganzen Farce schützt sich Morose mit einem aus riesigen Mützen gemachten Turban die Ohren, um nicht von den andauernden Rufen der Fischhändler, Orangen-, Apfel- und Besenverkäufer gestört zu werden.

Es ist erstaunlich, daß die bereits Ende des Mittelalters zahlreich auftretenden Londoner Straßenhändler die bildenden Künstler erst sehr spät inspiriert haben. Durch die Folge Kölner Kaufrufe von Franz Hogenberg angeregt, haben sie sich erst im 17. Jahrhundert mit diesem Thema befaßt. Hogenberg wiederum hatte seine Serie in Anlehnung an die 1585 in Rom von Lorenzo Vaccari erstellte geschaffen. Wegen ihrer Seltenheit müssen aber noch zwei Holzschnitte erwähnt werden. Auf dem einen wird ein Rattenfänger dargestellt, während der andere, mit 1618 datierte Schnitt einen Glockenträger[100] zeigt. Thomas Decker nennt diesen nur von einem Hund begleiteten Träger „das Kind der Finsternis". „Es ist jemand, der verrückt ist", fügt Decker hinzu, „der es fertig bringen würde, mitten in der Nacht an die Türen der Leute zu klopfen, um ihnen zu befehlen, die Kerzen zu beobachten, auch wenn sie sich im Schlaf des Todes befänden." Zur Zeit der Königin Mary wurde der Nachtwächter mit einer Glocke ausgestattet, deren Geläut von da an seine nächtlichen Wanderungen begleitete, trotz der sehr strengen, von Elisabeth eingeführten Reglementierung der nächtlichen Geräusche. Diese schrieb unter Androhung von Gefängnisstrafe vor, daß abends nach neun Uhr

thorne and a whole Candell l_ght, hange out your lights heare Mar.

J haue fresh Cheese and Creame J haue fresh Mar.

J haue ripe straw_buryes, ripe Straubuyyes Mar.

Some broken Breade and meate for y.e poore prisnors for the Lords sake pitter the poore: Mar.

What Kichin=stuffe haue you Maides. Mar.

Maribones Maides maribones, Mar.

White Vnions whitt S.t Thomas Vnions Mar.

J haue Screenes if you Desier to keepe y.e Butey from y.e fire Mar.

Buy my dish of great Smelts. Mar.

Small Cole a penny a peake: Mar.

fine Oranges fine Lemons, Mar.

Buy a Bresh or a table Booke Mar.

Ells or yeards by yeard or Ells Mar.

J ha. ripe Couccumber, ripe Couccumber Mar.

Buy a steele or a Tinder Box Mar.

New flounders new, Mar.

329

A Tinker bearer. Mar.

Codlinges hot, hot Codlinges. Mar.

Worke for Cooper: worke for Cooper. Mar.

Mussels Lilly Mussels   white Mar.

Haue you any worke for a Tinker work for a Tinker. Mar.

Radishes or lettis tow bunches a peny Mar.

Chimney Sweepe. Mar.

Buy my Hartichokes Mistris Mar.

Old showes or Bootes, will yu buy some Broome Mar.

Macarell new: Macarrell Mar.

Mate for a Doore   Bed buy a mate Mar.

Quicke quicke   parauin kells quick Mar.

Buy a hone or a whetstone or a marking ston Mar.

Bandestringes or hankercher buttons Mar.

Haue you any Chaires to mend Mar.

Br a Cocke or a gelding Mar.

170   330

nicht mehr gepfiffen und ins Horn geblasen werden durfte; es war auch verboten, die nächtliche Ruhe durch Rufe zu stören, selbst wenn diese aus Angst ausgestoßen oder durch das Schlagen der eigenen Frau hervorgerufen würden. Die Gestalt dieses Nachtwächters ist auf einem der 36 Bilder der Folge *The Common Cryes of London* dargestellt. Auf diesen Bildern werden auch die Kaufrufe der Händler angeführt. Der *watchman* ist ein ehrwürdiger alter Mann mit einem breitkrempigen Hut und langem Bart. Er ruft in lautem Befehlston – schließlich müssen auch die Tauben und die Halbeingeschlafenen ihn hören: *Lathorne and a whole candell light, hang out your lights heare!*, „Macht Eure Laternen an und Eure Kerzen und hängt sie draußen auf!"[101] Es ist erstaunlich, daß der Wasserträger in dieser Bilderreihe nicht vorhanden ist, denn sein Ruf war selbst dann noch populär[102], als die Wasserleitungen diesem Beruf logischerweise ein Ende hätten setzen müssen[103]. Viele Bürger zogen es nämlich vor, dem Wasserträger einen Penny pro Tag zu geben, als jährlich 18 Schillinge ans Wasserwerk zu zahlen. Vor allem die Arbeiter hörten auf die Klagen des Wasserträgers: *Any fresh and fair spring water here! None of your pipe sludge!* „Frisches und fideles Frühlingswasser, nicht aus Euren Schlammröhren."

In den *Musical companions*, Schriftsammlungen wie den *miscellanies* oder auch in Zeitschriften findet man häufig Hinweise auf die Londoner Ausrufer in Form von Verseinlagen[104]. Eines dieser Stücke, *The Commun Cris of London Town* von W. Corner, hat den Untertitel: *Some go up street, some go down*, „Einige gehen die Straße hinauf, andere gehen sie hinunter". Die vollständigste und sicherlich auch die bemerkenswerteste Wiedergabe der Händlerrufe hat aber ikonografischen Charakter. Sie besteht aus 74 Ausrufen von Marcellus Laroon[105] „nach der Natur gezeichnet" und von Pearce Tempest[106] in Kupfer gestochen. Diese Bilderfolge wurde im 18. Jahrhundert immer wieder in vielen Varianten, einschließlich der von Louis-Joseph Boitard vorgeschlagenen „Verbesserungen", reproduziert und in die französische, italienische und sogar lateinische Sprache übersetzt. Während zwei Jahrhunderten wurden sie immer wieder nachgedruckt. Die ambulanten Straßenhändler sind darauf sehr pittoresk und lebendig wiedergegeben; sie sind mit ihren Waren, ihrem Zubehör, ihren Trachten sowie mit ihrem Lumpen dargestellt. Der Austernhändler schiebt einen Schubkarren vor sich her, und man kann deutlich das Messer erkennen, mit dem er die Austern öffnet; der Verkäufer von Kannen, Messern und Schreibzeug trägt seinen Auslagekorb vor der Brust, ebenso wie der Kurzwarenhändler von Bonnart in Frankreich. Der Spielzeugverkäufer setzt die Trompete[107] und der Schweinekastrierer sein Horn[108] an den Mund. Die Milchfrau ist eher allegorisch dargestellt: ihre aus Haushaltsgegenständen gemachte Kopfbedeckung erinnert an die *habit de métiers*, Berufsbekleidung, die Larmessin in Frankreich entworfen hatte. All diese Gestalten wurden von vorne, im Profil oder in dreiviertel Ansicht und manchmal sogar von hinten gezeigt, wie der Tinten- und der Besenverkäufer. Es scheint, als

330. Londoner Händlerrufe (Mitte des 17. Jahrhunderts). Wasserträger; Heiße Bratäpfel, heiße Bratäpfel; Arbeit für einen Böttcher, Arbeit für einen Böttcher; Muscheln, lilienweiße Muscheln; Haben sie Arbeit für den Kesselflicker, Arbeit für den Kesselflicker; Radieschen oder Salat, 2 Bündel für einen Penny; Schornsteinfeger; Kauft meine Artischokken, meine Damen; Alte Schuhe oder Stiefel, wollen sie Besen kaufen; Makrelen, frische Makrelen; Fußabtreter, kauft Bettmatten; Muscheln (?); Kauft eine Sense oder einen Wetzstein, oder einen Markierstein!; Bänder, Zwirn und Knöpfe; Habt ihr Stühle zu flicken?; Windmühlen oder Steckenpferdchen.

The Cryes of the City of London, drawn after the life, „Die Kaufrufe der Londoner City nach Natur gezeichnet". 74 Tafeln von Pierre Tempest, auf Kupfer gestochen von Marcellus Laroon (1711?), 331. Wer hat alte Stühle zu flicken? 332. Der Hundekastrierer. 333. Kauft Trompeten aus Glas. 334. Messer und Scheren zum schleifen. 335. Steckenpferde für Kinder. 336. John Cooper, Londoner Ausrufer, dessen Name in die Geschichte eingegangen ist. Böttcher. 337. Schornsteinfeger und sein Gehilfe. 338. Wer will Austern? 339. Messer, Schwämme, Tintenfäßchen. 340. Tausche alte Schuhe gegen Besen. 341. Kauft meine fetten Hühner. 342. Clark, der englische Meister im Gliederverrenken. 343. Die berühmte holländische Seiltänzerin. 344. Kohlenhändler. 345. Das lustige Milchmädchen, in ihrem Sonntagskleid. 346. Andrew, der Narr auf der Bühne.

gingen sie in alle Richtungen. Bei einigen Händlern ist sogar der Eigenname zugefügt, wie John Cooper, Colly Molly Puff, Madam Creswell, Merry Andrew oder der Gliederverrenker Clark. Ein Stich mit der „berühmten holländischen" Seiltänzerin hat eine originelle, sehr seltene Aufteilung.

Eine andere interessante Bildfolge, die *Itinerant Trades of London*, geht auf das ausgehende 18. Jahrhundert zurück. Sie ist nach Gemälden von Francis Wheatley von verschiedenen, meist italienischen Künstlern gestochen worden. Diese dreizehn kleinen Bilder erinnern manchmal an Greuze; sie geben die Trachten und die Haltung der Händler sehr realistisch wieder; das Bild der englischen Hauptstadt dagegen wirkt fast pastoral, und sogar das Elend scheint zu lachen, denn es trägt pachtvolle Gewänder.

Ganz anders ist das Bild von London, das Henry Mayhew ein halbes Jahrhundert später in seinem Werk *London Labour and the London Poor* zeichnet. Er hat eine genaue soziale Untersuchung durchgeführt und systematisch jedes einzelne Straßengewerbe studiert. Er übergeht dabei nichts: an Hand jedes einzelnen Händlers gibt er eine genaue Monographie des Berufes, in der er alles bis in die Einzelheiten untersucht: von den Anfängen des Berufes bis zum gegenwärtigen Stand, die Art der angebotenen Ware, der Preis, den sie gekostet hat, der Gewinn, den sie durchschnittlich einbringt, die Stelle in der Stadt, wo sie dem Konsumenten angeboten wird, die jährlich oder täglich umgesetzte Menge, die Qualität und die Mängel der Ware, der Typ der Kundschaft, die sie anspricht, usw. Henry Mayhew gibt außerdem ein genaues Porträt der Händler. Er erwähnt die Tracht, den Kaufruf, das Alter, das Geschlecht und den Berufsstand und verweist auf das Familienleben. Er zählt die Kunstgriffe und Listen auf, die der Händler verwendet, um seine Ware anzupreisen und abzusetzen. Mayhew war Journalist und hat die einzelnen Vertreter der verschiedenen Berufe aufgesucht und genau nach ihren Geheimnissen ausgefragt. Sein *London Labour and the London Poor* ähnelt, obwohl es die Form eines ausführlichen Berichtes mit Statistiken, ökonomischen und sozialen Daten hat, oft Romanen, wie *Les Misérables* von Victor Hugo, den *Mystères de Paris* von Eugène Sue oder auch manchen Romanen Balzacs. Es ist mit dem Werk Dickens eines der vollständigsten Dokumente, das wir über das Leben der kleinen Londoner Bürger der viktorianischen Zeit besitzen. Alles in diesen drei dicken Bänden, die Holzstiche ebenso, wie der auf zwei Spalten angeordnete Text, erinnern an die populären Romane oder Familienenzyklopädien, wie *Magasin pittoresque*, die zur gleichen Zeit Mode waren.

Im Untertitel seines Werks gibt Henry Mayhew deutlich zu verstehen, daß sich diese Studie mit denen befaßt, die arbeiten *wollen*, denen, die *nicht* arbeiten *können*, und schließlich mit denen, die *nicht* arbeiten *wollen*. Er begnügt sich nicht damit, einen Katalog der verschiedenen Formen des ambulanten Gewerbes aufzustellen, sondern führt den Leser in die ärmsten Vororte, die untersten Schichten der Gesellschaft der Hauptstadt, zu den Leuten, die Gustav Doré zur gleichen Zeit in unvergeßlicher Weise

Old Chaires to mend
Qui a des vieilles Chaises a racomoder

331

A Sow Gelder
Le Chatreur de Chiens
Castra Porcaelli

332

Buy my fine ringing Glasses
Achetez des Trompettes de verre

333

Knives or Cisers to Grinde
Couteaux et Ciseaux a Moudre
Questa Coltellieri

334

Troope every one one
Chevaux pour les Enfans
Ciusoli e galanterie p ragazzi

335

Any work for John Cooper
Vieux Tonneaux vieux Poincons
Conciar Mastelli

336

ChimneySweep
Ramonner la Cheminee
Spazza Camino

337

Twelve Pence a Peck Oysters
Qui veut des huitres
Dodici sensi li vieux il tragedi

174   338

Knives Combs or Inkhornes.
Couteaux Peignes Escritoires

339

Old Shooes for some Broomes
Balais

340

Buy my fat Chickens
Jeunes poulets gras

341

CLARK the English Posture Master
Le Maistre des Postures Anglois

342

175

The famous Dutch Woman
La fameuse Hollandoise
Famosa donna Filatora

343

Small Coale
Qui veut du Charbon
Chi vuole Carbonelle

344

The merry Milk Maid

345

Merry Andrew on the Stage
Le plaisant Charlatan
Il Charlatano Buffone

346

geschildert hat. Dostojewski hat uns von ihnen eine danteske Vision hinterlassen.

Es ist erstaunlich, daß im 19. Jahrhundert diese Art der Warenverteilung für London noch von großer Bedeutung ist und ein ökonomisches sowie soziales Faktum darstellt, das sich nicht leugnen läßt. In anderen Großstädten verschwindet sie dagegen bereits oder wird zumindest als archaisch angesehen. Eine Zählung aus dem Jahre 1841 führt für die englische Hauptstadt zwar nur 2000 herumziehende Händler, Hausierer und Zeitungsverkäufer auf, man kann jedoch davon ausgehen, daß noch 30 000 bis 40 000 *costermongers*[109] hinzukommen. Rechnet man noch die Straßenmusikanten, Kleiderhändler, Schornsteinfeger, Lumpensammler, Ausbesserer von Stühlen, Schuhputzer usw. dazu, so sind es ungefähr 50 000 Personen, die zur Zeit der Königin Viktoria in den Londoner Straßen verkauften, das heißt: ein Viertel der Gesamtbevölkerung. Der beachtliche Unterschied, der zwischen der letztgenannten Zahl und dem Ergebnis der Zählung besteht[110], läßt sich vielleicht dadurch erklären, daß der größte Teil der *costermongers* des Lesens und Schreibens unkundig war und nur jeder zwanzigste von ihnen den von der Zählungskommission verteilten Fragebogen ausfüllen konnte. Allein auf den wichtigen Märkten von Covent Garden und Billingsgate versammelten sich, je nach Jahres- und Tageszeit, 2500 bis 4000 Händler. Außerdem gab es noch etwa 2000 *boys*, die für den halben Preis arbeiteten[111], ohne dafür auf den Markt zu gehen. Tausend weitere Verkäufer fehlten, weil sie keine Ware anbieten konnten, da sie in der vorausgegangenen Nacht all ihre Ersparnisse ausgegeben hatten. Eine etwa ebenso große Zahl ging davon aus, daß es zwecklos sei, auf den Markt zu gehen, da sie noch Ware vorrätig hatten.

Heute, nachdem der berühmte Markt von Covent Garden verschwunden ist, kann man Mayhews lebendige und farbige Beschreibung der Londoner Märkte nur mit Wehmut lesen: „Die größte Zahl der Straßenhändler kann man an einem Samstagabend auf den Londoner Straßenmärkten sehen. Hier, ebenso wie in den nahegelegenen Läden, kauft die arbeitende Bevölkerung ihr sonntägliches Essen ein. Am Samstagabend, nach dem Erhalt des Wochenlohns oder am Sonntagmorgen zu früher Stunde ist die Menschenmasse in der New-Cut und vor allem in dem Brill so dicht, daß man kaum durchkommt. Die Szenerie in dieser Gegend hat eher den Charakter einer Messe, als den eines Marktes. Es gibt hunderte von Verkaufsständen, und jeder hat eine oder zwei Beleuchtungen; entweder wird er durch das starke, weiße Licht der neuen Straßenlaternen beleuchtet oder durch die rote, rauchige Flamme einer altmodischen Öllampe. Ein Verkäufer zeigt seinen gelben Schellfisch im Scheine einer in ein Bündel Brennholz gesteckten Kerze; sein Nachbar macht indessen einen Leuchter aus einer großen, weißen Rübe, von der der Talk an einer Seite heruntertropft, während ein Straßenjunge, der *Phänomenale Birnen, acht für einen Penny!* ruft, seine Kerze in braunes Papier gewickelt hat, das mit der Flamme abbrennt. Das Licht des Feuers, das aus den Löchern eines nachbarlichen Ofens scheint, auf dem

Let none Despise the merry merry Cries Of famous London Town.

347

347. *Let none despise the marry, marry cries of famous London town*, „Das keiner die fröhlichen Kaufrufe der berühmten Stadt von London verachtet". Grafik aus London. *Kaufrufe für die Belustigung* (der Erwachsenen und ihrer Kinder) von H. Roberts (um 1760).

348

THE ENRAGED MUSICIAN.

348. *The Enraged Musicien*, „Der wütende Musiker", von William Hogarth (1741). Ein ungewöhnliches Zusammentreffen der verschiedensten Rufe und Geräusche: Die Milchfrau, die Händler von Makrelen, der Hammer des Pflasterers, das Horn des Schweinekastrierers, die Klinge des Messerschleifers, das Bellen des Hundes, die Trommel der Kinder, die Oboe des Blinden, der Ruf des Schornsteinfegers, das Miauen der Katzen, das Läuten der Glocken, usw. 349. *Gin Lane*, „Gin-Straße", von William Hogarth (1751). Eine Straße voller „Schall und Wahn". Folgende Seiten: *The itinerant traders of London, in thirteen engravings, from the first artists, after paintings by Weatley,* „Die ambulanten Händler von London, in 13 Tafeln, gestochen von den besten Künstlern, nach Gemälden von Weatley", 1793 – 1797). 350. Frühlingssträuße für einen Penny! 351. Wollen sie Streichhölzer? 352. Frische Makrelen. 353. Schöne, rote Erdbeeren. 354. Ein ganz neues Liebeslied, nur für einen halben Penny.

GIN LANE.

S. GRIPE PAWN-BROKER

KILMAN DISTILLER

GIN ROYAL

Gin cursed Fiend, with Fury fraught,
Makes human Race a Prey.
It enters by a deadly Draught
And steals our Life away.

Virtue and Truth, driv'n to Despair,
Its Rage compells to fly,
But cherishes with hellish Care
Theft, Murder, Perjury.

Damn'd Cup! that on the Vitals preys,
That liquid Fire contains,
Which Madness to the Heart conveys,
And rolls it thro' the Veins.

350

351

352

353

354

Kastanien geröstet werden, färbt einige Verkaufsstände rötlich, andere haben schöne, achteckige Lampen, während einige eine Kerze aufstellen, die durch ein Sieb scheint: dies, mit dem Glanz der Lampenschirme aus Glas und den Glaslampen der Metzger, die im Winde wie Feuerfahnen zittern, breiten ein derartiges Licht aus, daß, von der Ferne gesehen, der Himmel einen unheilvollen Schimmer reflektiert, so als ob die Straße in Flammen sei.

Die Chausseen und Bürgersteige sind voller Käufer und Händler. Die Hausfrau, in einen dicken Schal gehüllt, mit einem Korb an ihrem Arm geht langsam voran, hält bald an einem Verkaufstand mit Hüten an, bald vor einem anderen, an dem sie um ein Bündel Gemüse feilscht. Kleine Straßenjungen, drei oder vier Zwiebeln in der Hand haltend, bahnen sich in der Masse einen Weg und suchen mit weinerlichen Tönen ihre Kundschaft, als ob sie Almosen erbäten. Der Tumult der tausend verschiedenen Rufe der eifrigen Verkäufer, die alle in demselben Augenblick so laut schreien wie sie nur können, ist verwirrend. *Zu verkaufen!*, brüllt einer. *Warme Maroni, ein Penny zwanzig Stück!*, schreit ein anderer. *Kauft, kauft, kauft, kauft, ka-u-f-t!*, ruft der Metzger. *25 Bogen Papier für zwei Pence!*, brüllt der Papierhändler. *Ein Pfund Trauben für zwei Pence!*, *Drei Bücklinge aus Yarmouth für einen Penny!*, *Wer will eine Mütze für vier Penny kaufen?*, *Holt sie hier raus! Es ist billiger!*, *Drei Paar Schnürsenkel für einen halben Penny!*, *Es ist der richtige Augenblick, herrliche Kinkhörner für einen Penny die Portion, hier für einen halben Penny!*, ruft der herumziehende Konditor. *Kommt und seht sie an!*, schreit der Händler mit einem auf eine Grill-Gabel gespießten Bückling aus Yarmouth. *Schöne Rötlinge, einen Penny das Maß!*, ruft die Apfelverkäuferin; und so geht das Babel weiter.

Ein Mann steht mit seinen rotgefärbten Teppichen, die über Brust und Rücken hängen, da wie ein Waffenrock; und das Mädchen mit ihrem Korb voller Walnüsse führt ihre Finger an den Mund, indem sie ruft: *Schöne Walnüsse! Sechzehn für einen Penny, schöne Walnüsse!* Ein Schuster hat die Vorderseite des Ladens mit einer Gaslampe beleuchtet, um die Kundschaft anzuziehen. Im Licht steht ein blinder Bettler, die Augen so weit aufgeschlagen als wolle er nur das „Weiße" zeigen, er murmelt einige Bettlerreime vor sich hin, die in den grellen Tönen des Bambus-Flötenspielers untergehen, der sich in der Nähe aufhält. Die schrillen Schreie des Kindes, die gebrochene Stimme der Frau, der laute, rauhe Schrei des Mannes mischen sich. Manchmal ist der Ire mit seinem *Feine Eßäpfel* zu hören, oder die klirrende Musik einer versteckten Drehorgel, während sich das Trio von Straßensängern zwischen den Strophen ausruht." Es gab in London nicht weniger als 400 *beer shops*, deren Hauptkunden die *costermongers* waren. Obwohl zumeist verheiratet, zogen sie ihren armseligen Behausungen die warme Atmosphäre dieser verrauchten Schenken vor, wo sie die Abende beim Kartenspiel verbrachten. Es brach dabei nur selten Streit aus; sie spielten wie die Bürger der *high society* in aller Ruhe vor sich hin. Man kann sich mit Mayhew darüber wundern, daß sich so einfache Menschen, die weder schreiben

PROCESSION OF THE COD COMPANY FROM St GILES'S TO BILLINGSGATE.

355

noch lesen konnten, noch das Einmaleins beherrschten, in der Komplexität ihrer Rechnungen zurecht fanden. Die *costermongers* kegelten auch, boxten und tanzten. Die *twopenny hops*, eine Art Volksbälle[112], hatten einen zweifelhaften Ruf, wurden aber stark besucht: man tanzte dort Reihentänze, Polka, Gigue, und auch der Walzer war nicht unbekannt.

Die Kinder spielten im Straßenhandel eine nicht zu unterschätzende Rolle. Von den Händlern wurden sie wegen ihrer Intelligenz und Geschicklichkeit geschätzt, von den Kunden wegen ihrer größeren Vertrauenswürdigkeit, die man ihnen allerdings häufig zu Unrecht zusprach.

Manchmal waren sie kaum zehn Jahre alt, schoben einen Karren und riefen, da ihre Stimme heller war, auch die Waren aus. Die Gauner- und Bettlersprache sowie die Verkaufstaktik erlernten sie schnell: ihre Lehrzeit war innerhalb von zwei Monaten beendet. Waren sie selbst nicht Kinder eines *costermongers*, so ließen sie sich auf der Straße von einem Verkäufer einstellen, indem sie neben ihm hergingen und für den folgenden Tag eine Verabre-

DOGS MEAT.

356

357

TINKER.

358

HOT-CROSS BUNNS.

359

OLD CLOTHES.

360

CHERRIES.

361

SALOOP.

dung trafen: *Will you want me tomorrow? Shall I come and give you a lift!*, „Können Sie mich morgen gebrauchen? Soll ich kommen und Ihnen behilflich sein!", fragten sie. Die Kinder wurden meist eingestellt, um Nüsse, Orangen und Zitronen zu verkaufen oder Karfreitags-Brötchen und *muffins*, eine Art Teegebäck. Der Verkauf von Mistelzweigen zu Weihnachten und Weißdorn im Mai lag fast ganz in ihren Händen. Man sah sie auch Erbsensuppe verteilen oder mit ihren Eltern oder den vorübergehenden Arbeitgebern, anderen Straßengewerben nachgehen. Sie suchten die *twopenny hops* und *beer shops* auf, deren Besitzer den damals geltenden Artikel 43 nicht zu kennen schienen, der die Abgabe alkoholischer Getränke an Kunden unter 16 Jahren verbat. Viele der *boys* wurden zu Dieben und verbrachten so einen Teil ihrer Jugend im Gefängnis; die Mädchen, besonders die kleinen Blumenverkäuferinnen, gaben sich der Prostitution hin. Sie waren meist Waisen und gehörten zu den Ärmsten der Armen. Sie gingen vor allem in die Hauptstraßen, wo man sie abends spät an den Theaterausgängen sah. Sie baten die Passanten: *Please gentelman, do buy my flowers. Poor little girl! Please kind lady, buy my violets. O, do! please! Poor little girl! Do buy my bunch, please, kind lady!*, „Bitte schön, mein Herr, kaufen Sie mir Blumen ab! Bitte schön, meine gute Dame, kaufen Sie mir einen Strauß ab, ich bin nur ein armes, kleines Mädchen!" Sonntags lief der Verkauf natürlich besser. Manchmal boten sie statt der Blumen Apfelsinen an.

Apfelsinen wurden bereits früh in den nebligen Ländern des Königreiches geschätzt, besonders in Irland. Deshalb lag der Handel mit den Apfelsinen wie der mit den Nüssen bis ins 19. Jahrhundert in der Hand der Iren und ihrer Kinder. Apfelsinen wurden daher auch oft als „die Ernte der Iren" bezeichnet. Ihr Konsum war schon zur Zeit der Königin Elisabeth[113] bedeutend, und Ben Jonson zählt in der *Schweigsamen Frau* die Apfelsinenverkäuferinnen mit den Fischweibern zu den lautesten. Sie trugen damals ihre Körbe auf dem Kopf und riefen: *China oranges, one a penny, two a penny, nice China!*, „Orangen aus China! eine für einen Penny, zwei für einen Penny, die schönen Orangen aus China!". Mit den Iren kamen die Schubkarren und die vor der Brust getragenen Obstkörbe auf. Die Apfelsinen wurden vorwiegend zu Weihnachten verkauft, aber auch im Mai, zur Zeit der Messen und Rennen. Es kam vor, daß zu Ostern, dem Zeitpunkt, wo sie am besten waren, viertausend Londoner Händler, davon dreitausend Straßenhändler, mit diesen Früchten Handel trieben. Ende des letzten Jahrhunderts wurden in England, das als der größte Handelsplatz für exotische Früchte galt, bis zu 350 Millionen Orangen im Jahr konsumiert[114]. Man kann sich leicht vorstellen, wie schön die Obst- und Gemüsemärkte waren, auf denen zur sauren Note der Zitronen und zum Glanz der Geranien an winterlichen Nachmittagen die orangefarbenen und roten Töne all dieser aufgestapelten Früchte hinzukamen. Die beschädigten Apfelsinen, *specks* genannt, ließ der Händler geschickt auf den Boden des Einkaufskorbes rollen. Die *costermongers* bedienten sich noch anderer Kunstgriffe, um beschädigte oder von den Kun-

A MILK SOP   362

Rowlandson's *Charakteristic sketches of the lower orders, intended as a compassion to the new picture of London,* Thomas Rowlandson: „Typische Entwürfe der niederen Klasse, als Ergänzung zu den neuen Bildern von London gedacht" (1820). 356. Hundefutter. 357. Kesselflicker. 358. Verkäufer von *cross buns* (kleine Brötchen mit einem Kreuz gezeichnet; sie wurden am Karfreitag verkauft). 359. Kleiderhändler. 360. Kirschen. 361. Saft aus Salepwurzeln. 362. Thomas Rowlandson: *A milk sop,* eine in Milch getunkte Brotschnitte (1811). Folgende Seiten: 363. Werk über die Londoner Kaufrufe (um 1815). 364. Seite eines Kinderbuches (um 1815). 365. Der Kleiderhändler, Abbildungen aus den *Moralischen Erzählungen in Versen* (um 1815). 366 und 367. Geschirrhändler und Verkäuferinnen von Windmühlen, Grafik aus *The Infant's Cabinet of Cries of London,* (um 1820).

363

Lambs to sell   Oranges

Knives to Grind   Green Hastings

O   P

My pretty children you know very well.
Two for a penny young lambs to sell.
Oranges fine from Saint Michaels bay.
Scissars I'll grind if a penny you'll pay.
And when summer comes you hear the sweet cry
Who'll buy my peas fine hastings who'll buy.

364

den verschmähte Ware loszuwerden. Eine der am häufigsten ange-wandten Listen bestand darin, die Orangen einige Minuten lang zu kochen, um ihnen ein schöneres Aussehen zu geben. Durch das Kochen quillt die Orange tatsächlich auf; es wird ihr aber natür-lich auch Saft entzogen[115]. Die so behandelte, unbrauchbar ge-wordene Frucht nimmt außerdem sehr schnell eine dunkelrote Farbe an.

Den *costermongers* waren aber auch andere Kunstgriffe be-kannt, vor allem, wenn es darum ging, das Gewicht oder die Quantität der Waren zu verändern. Die Händler bedienten sich bei der Angabe von Gewicht und Quantität einer ihnen eigenen Sprache; so war es für sie ein Kinderspiel, den Kunden die Waren-mengen zu geben, die dem Preis angepaßt war, den der Käufer zu zahlen bereit war.

New mackerel, nice mackerel! By my flounders, live flounders! By my eels, a groat a pound live eels! By my maids, and fresh soles! Sprats, O! Sprats, O! Fresh live sprats!, „Frische Makrelen, schöne Makrelen! Kauft meine Schollen, meine lebendigen Schollen! Vier Pence das Pfund, lebendige Aale! Kauft meine Meerengel, meine frischen Seezungen! Sprotten, oh die frischen, lebendigen Sprot-ten!". London war im letzten Jahrhundert sicherlich die Stadt, wo man am meisten Fisch verzehrte. Als Hafenstadt war es ihr mög-lich, sich laufend mit frischem Fisch aus den nahegelegenen Mee-ren zu versorgen; im 19. Jahrhundert, mit dem Aufkommen des Bahntransportes, kamen noch die wichtigen Ressourcen der Seen und Flüsse Schottlands hinzu. Durch den bequemen Bahntrans-port bedingt stieg in London die Nachfrage nach Fisch. Da sich gleichzeitig die Qualität und besonders die Frische der Ware ver-besserte, trat auf den Märkten wie Billingsgate eine starke Preis-senkung auf. „Nun, wo der Fisch zu jeder Tageszeit ankommt", vertraut ein Händler Henry Mayhew an, „verkaufe ich den Kabel-jau, für den ich früher eine Guinee verlangte, für einen Schilling." Trotzallem blieben die Armen die besten Kunden der *costermon-gers*, und zwar die, die mit ihrer ganzen Familie in einem einzigen, auf einen dunklen Hof gehenden Zimmer in Whitechapel wohn-ten; und die, welche in Kensington, nicht weit von den herrlichen Gärten der Königin entfernt, in den Boden gegrabene Spelunken behausten; diejenigen, die in Shadwell und in Poplar das bildeten, was man als das „Reich der Armut" bezeichnen konnte; die, die in Bermondsey in abbruchreifen und mit Abfall vollgestopften Häu-sern lebten; jene, die für sechs Pence die Woche in den Kästen von auseinandergenommenen Fiakern unterkamen; jene des East Ends, „die blutende Wunde von London"; oder schließlich die, die im Viertel von Saint-Gilles wohnten, „die ärmste Pfarrei von London", zwei Schritte vom Überfluß von Piccadilly entfernt. Sie alle aßen aus demselben Grund Fisch, aus dem sich die Iren von Kartoffeln ernähren. Die Fischsaison dauerte deshalb für die Ar-men das ganze Jahr an. Es roch in den Armenvierteln immer nach Fisch, und ihre Häuser scheinen für ewige Zeiten mit diesem Ge-ruch imprägniert zu sein.[116]

Der Verkauf einiger Fischsorten, wie Schollen und Sprotten,

war fast vollkommen in der Hand der *costermongers;* die Fisch-
menge, die sie allein auf dem Markt von Billingsgate verkauften,
entsprach einem Drittel der Menge, die in ganz London konsumiert wurde. Pro Jahr verkauften sie auf den Straßen 875 Millionen frische Heringe, 6,5 Millionen Seezungen und ungefähr
400 000 Aale.[117]! Diese wurden zumeist lebendig angeboten, aber
auch oft für die Herstellung von Pasteten verwendet. Es war bei
den *costermongers* üblich, den Pasteten, um sich der nicht mehr
verkaufbaren Aale zu entledigen, tote Aale beizumischen, und
zwar je einen auf vier lebendige. Es gab aber auch gegrillte Aale,
die die Kunden sogleich aßen; daher auch den Ruf: *Warm your
hands and fill your bellies for a halfpenny!,* „Wärmt Eure Hände
und füllt Eure Bäuche für einen halben Penny!" Einige Händler
verzichteten darauf, *Warm eels!,* „Warme Aale!" auszurufen,
denn sie meinten, der Geruch allein genügte, um die Kunden
aufmerksam zu machen. Hierzu ist noch zu bemerken, daß es
zwei verschiedene Kategorien von Fisch gab: der lebendige Fisch
(*wet*) und der getrocknete (*dry*)[118]. Die *costermongers* beschränkten sich allerdings nicht nur auf den Verkauf einer dieser Speziali-
täten; verkauften sie morgens den *wet*, so boten sie nachmittags
gesalzenen Kabeljau, getrocknete Makrelen, geräucherten Schellfisch oder die beliebten Bücklinge aus Yarmouth an.[119] Einige
Händler stellten zu Hause schottische *haddies* her. Dies waren
von den Kindern ausgenommene und gesäuberte Merlane, die im
häuslichen Kamin über einem Feuer von feuchtem Holz geräu-
chert wurden und anschließend eine Weile im Zimmer herum-
hingen.

365

Der Austernhandel war einer der ältesten Londons. Obwohl
ihr Konsum als Luxus galt, schätzten bereits die Römer die aus
England kommenden Austern. In Elisabethanischer Zeit konnte
man in den Straßen den Ruf hören: „*Oysters, O! Fine Wall Fleet
oysters!,* „Oh, die Austern! Oh, die schönen Austern von Wall
Fleet". Im darauffolgenden Jahrhundert gaben die *costermongers*
den Verkauf der für ihre Kunden zu teuren *Milton royale* Austern
auf und beschränkten sich auf den der *Scuttle-mouths* (Schifflu-
ken-Maul), die zwar sehr groß waren, aber eine so kleine Muschel
hatten, daß man sie in Wassereimer legte und mit Hafermehl fütterte, um sie dicker und fetter zu machen. Die Seeschnecken waren im 19. Jahrhundert äußerst beliebt. Man nahm sie sogar zum
Tee ein. In den *public houses* und den *tea gardens* wurden so viele
von ihnen verzehrt, daß einige Händler das ganze Jahr hindurch
nur diese Schnecken verkauften.

Buy a Bowl or Platter

366

*Buy a chicken, or a fine fat fowl! Rabbits, O! a fine rabbit! Buy
a wild duck!,* „Kauft mir ein Hähnchen ab, ein schönes, dickes
Huhn! Hasen, oh! Ein schönes Kaninchen! Eine Wildente!" Die
besten Kunden für Geflügel, Feder- und Haarwild, waren meist
die Bewohner der Vororte, die weit von den Märkten entfernt
wohnten. Es waren Leute mit bescheidenem Einkommen, die sich
ein Extra für ihr Abendessen leisten wollten. Jährlich wurden
sechshunderttausend Kaninchen und ebensoviele Hühner auf den

Windmills a Penny a Peice

367

369   370   371   372

Straßen verkauft; Auerhähne, Rebhühner, Fasane und Hasen wurden ebenfalls sehr geschätzt.

Früher verkauften die *costermongers* auch Butter, Käse und Eier; der aufkommende Eisenbahn- und Schifftransport bedingte später den Untergang dieses Handels, da von diesem Zeitpunkt ab große Mengen Butter aus Frankreich und Holland eingeführt wurden.

Für Henry Mayhew war der Gemüsehändler der größte Tölpel unter den *costermongers*, denn er verkaufte das, was ihn selbst einen Schilling kostete, für einen Schilling und sechs Pence. Der *general dealer*, der ebenso Fische wie Rüben oder Blumenkohl verkaufte, paßte seinen Handel jeder Jahreszeit an. So hatte er das ganze Jahr hindurch Arbeit: nach dem Verkauf von Sprotten, Makrelen, Schollen und Heringen kam der von Erdbeeren *Fine strawberries, or hautboys!*, „Schöne Erdbeeren, große Erdbeeren!" von Kirschen[120] *A halfpenny a stick, duke cherries! Round and found, no more than a halfpenny!*, „Ein halber Penny der Zweig, die schönen Kirschen! Sie sind rund und gesund!" sodann der von Stachelbeeren *Ready pick'd green gooseberries, eight pence a gallon*, „Grüne Stachelbeeren, ganz frisch gepflückt, acht Pence die Gallone", Pfirsichen und Pflaumen *Nice peaches or nectarines, rare ripe plums!*, „Die schönen Pfirsiche, die schönen Nektarinen, die schönen, reifen Pflaumen!", Äpfeln *Which you will for a penny, golden rennets!*, „Goldene Renetten! Sucht die aus, die Ihr für einen halben Penny wollt!", Birnen und schließlich der Verkauf von Gemüse *Green hastings, hastings O! Come here's your large rowley powlies, no more than six pence a pack! – Windsor beans, a groat a pack, broad Windsors! – Carrots, cabbages, fine savoys, nice curious savoys! – Nice green cucumbers, O! Two for three halfpence! – Potatoes O! Two pounds a penny, five pounds, two pence!*, „Grüne, frische Erbsen, grüne Erbsen! Ich gebe sie für nur sechs Pence den Scheffel ab! – Die Bohnen von Windsor! – Karotten, der schöne Wirsingkohl, der herrliche Wirsingkohl! – Schöne, grüne Gurken, oh! Zwei Stück für drei halbe Pence[121] – Kartoffeln, oh! Zwei Pfund für einen Penny, fünf Pfund für zwei Pence", usw.

Wie beim Fisch, so gab es auch beim Obst zwei Kategorien: das grüne (*green*) und das getrocknete Obst (*dry*); in der ersten Kategorie unterschied man weiterhin zwischen frischem (*fresh*) und empfindlichem (*tender*) Obst. Im Gegensatz zu Fisch und Gemüse, galt das Obst als Luxus; einige, wie die Schornsteinfeger, die Auskehrer, die Kloakenausräumer, die Nachtwächter und Laternenanzünder, kauften sich niemals Obst; sie zogen „etwas, was man im Rachen spürt, wie Gin für einen Penny" vor.

368

368. Verkäufer von Kaninchen. 369. Kirschen. 370. Orangen. 371. Schornsteinfeger. 372. Erdbeeren. 373. Haselnüsse, 374. Erbsen aus Hastings und Bohnen aus Windsor. 375. *cross buns* (kleine Brötchen). 376. Milchfrau. 377. Stangen, Nadeln und Duftbeutel für die Wäsche. Abbildungen aus dem Werk von Charles Hindley über die Londoner Kaufrufe. Folgende Seiten: 378. Kartoffelverkäufer. 379. Austernverkäufer. 380. Verkäufer von Rhabarber und Spezereien. 381. Der Londoner *costermonger*. Holzschnitte von Beard nach Daguerreotypen (1851).

Keiner der *costermongers* wollte sich nur auf den Verkauf von getrocknetem Obst beschränken, der als Handel der Armen galt und nur betrieben wurde, wenn es nichts anderes zu tun gab, wie zum Beispiel am Ende des Winters. Der Verkauf von Haselnüssen war dagegen äußerst beliebt, wenn er auch nur als Nebenbeschäftigung angesehen wurde.[122] Die *barcelonas*, die vor der Einfuhr am Ofen getrocknet wurden, waren die beliebtesten; dann kamen die „spanischen", die von den Juden am Duke Place in Schwefeldampf gefärbt wurden. Die Nüsse aus Bordeaux waren ebenfalls gefragt und jene aus Brasilien und natürlich die Kokosnuß, die in England gegen 1824 auftauchte (früher benutzte man sie, um die Ware auf den Zuckerschiffen zu verkeilen). Der Verkauf von Maroni[123] beschäftigte im Winter ungefähr tausend Händler beiderlei Geschlechts.

Verkäufer von Topfpflanzen (*roots*, „Wurzeln", wie sie genannt wurden) zählten zur Aristokratie der *costermongers*. Einige Geschäfte hingen allerdings von der Jahreszeit ab, wie der Verkauf von Mistelzweigen, Stechpalmen, Efeu und Lorbeer zur Weihnachtszeit[124] oder von Weißdorn und Flieder im Mai.

Das rauhe Londoner Klima erlaubte es auch dem Ärmsten nicht, wenn sie überleben wollten, sich mit wenig zu begnügen. Sie mußten logischerweise drei- oder viermal so viel essen, wie ihre Leidensgenossen aus Neapel oder Sevilla. Eine fast fatalistische Resignation trieb jedoch die meisten von ihnen mehr zum Trinken als zum Essen. Die große Zahl der Straßenverkäufer, die warmes Essen feilboten, beweist allerdings, daß auch hier die Nachfrage groß war. Der Verkauf von Hammelkeulen oder in der Hülse gekochten Erbsen zählt sicherlich zu den ältesten Straßengewerben. Noch im 19. Jahrhundert hatten die ambulanten Händler einen mit verschiedenen Stoffschichten warmgehaltenen Behälter. Sie servierten die Hülsen in einer Kelle; mit Pfeffer, Salz und Essig gingen sie sparsam um. Der vor der Viktorianischen Zeit noch unbekannte Handel mit in Asche gekochten Kartoffeln setzte sich sehr schnell durch und wurde äußerst beliebt. Dieses Geschäft lief besonders bei kaltem Wetter und abends gut. Die günstigsten Verkaufsstellen lagen an der Smithfield und der Tottenham Court Road. Die Kundschaft war gemischt: junge Leute, die die Kartoffeln kauften und an Ort und Stelle verzehrten (die Iren wollten dabei immer die größten Kartoffeln aus dem Behälter haben); Leute aus der sogenannten guten Gesellschaft, die sie in die Taschen steckten und mit nach Hause nahmen; und schließlich jene, die sie kauften, um sich die Hände daran zu wärmen.

Die leicht gewürzten, mit einem Kreuz versehenen Milchbrötchen (daher ihr Name: *cross buns*), die am Karfreitag angeboten

378

379

wurden, *muffins*, Teekuchen und *crumpets*, Krapfen, die ebenfalls zum Tee serviert wurden, fanden im 19. Jahrhundert auf den Londoner Straßen einen großen Absatz. In diesem Handel waren etwa fünfhundert Verkäufer beschäftigt. Das leichte Teegebäck drängte das in vielen Formen angebotene *gingerbread*, Pfefferkuchen, zurück; man fand Hunde und Hammel aus Pfefferkuchen, den Hahn mit goldenen Hosen, den *formidable-looking-bird* sowie König Georg auf seinem Pferd.

Es gab zu dem noch ungefähr tausend Verkäufer von Tierfutter; sie trugen gerippte Samthosen, eine Weste aus schwarzem Wollsamt, eine blaue Schürze, ein kariertes Taschentuch um den Hals, einen glänzenden Hut und hatten meist eine eindeutige Vorliebe für Alkohol. Ihr Laden bestand aus einem Schubkarren, einem Korb, Maßen und Gewichten, einem Messer und einem Schleifstein. Einer von ihnen vertraute Henry Mayhew an, daß er zu seiner Kundschaft zweihundert Katzen und zwanzig Hunde zähle. Man nimmt an, daß es zu dieser Zeit in London nicht weniger als 300 000 Katzen gab. Die Händler holten ihr Futter von den Schlachthöfen, in denen die Abdecker durchschnittlich 37 500 Pferde pro Jahr „behandelten".[125]

Zu Beginn des 19. Jahrhunderts war der Verkauf von Kaffee und Tee noch wenig verbreitet, später jedoch verdrängte er den des Salepwurzelsaftes. Das beliebteste Getränk blieb allerdings der warme Wein, den die Händler aus einem mit allegorischen Figuren geschmückten Behälter servierten, der dem Gefäß des Pariser Lakritzenwasserverkäufers ähnelte, nur mit dem Unterschied, daß der Inhalt durch Kohlenglut warmgehalten wurde. Die geschicktesten Hersteller von „altem Wein"[126] waren die Juden; man sagte, daß sie Himbeeressig zufügten, um einen ausgeprägteren Geschmack zu erreichen. Die *costermongers* verbesserten ihren Wein mit schwarzem Pfeffer und Piment und reichten dem Kunden zu jedem Glas ein Stück getostetes Brot. Ein ähnliches Gefäß, das aber eine Unterteilung hatte, benutzten die Verkäufer von *peppermint*; um den Geschmack abzurunden, fügten einige von ihnen geschmuggelten Alkohol bei.

Da es zu dieser Zeit mitten in London im Saint-James-Park auch noch Kühe gab, wurde ebenfalls Milch verkauft, und zwar an Kinder, gebrechliche Erwachsene und gelegentlich sogar an Soldaten. Das Getränk, das aus warmer Milch, Wein und Gewürzen zubereitet wurde, gab es allerdings nicht mehr.

Reisende, die im letzten Jahrhundert in diese Hauptstadt der europäischen Märkte kamen, die gleichzeitig auch „das allgemeine Lager der Welt" war, waren einerseits „von den Wundern einer übertriebenen Zivilisation verblüfft" und andererseits bekümmert über „die Misere, die nirgendwo so ergreifend und groß sein konnte, nicht einmal in den Ländern, die sich auf der untersten Stufe der sozialen Leiter befanden". Sie waren über den ewigen Lärm und die unaufhörliche Bewegung in den Straßen erstaunt, in denen die Fluche der Fuhrmänner, das Wiehern der Pferde und das Knarren der Ketten dominierten; ebenso über die Docks und

Hafendämme, die ständig mit Tonnen, Säcken, Lasten und Kästen versperrt waren[127].

Seinen Ruf als Hafenstadt verdankte London der Themse, *the silent highway* oder *Father Thames*, „Vater Themse", wie die Engländer sie nennen. Sie machte den großen Handelshafen schon früh zum Zentrum des Welthandels und der Industrien. Sie ermöglichte den Handelsaustausch zwischen Nord und Süd, dem Baltikum und Portugal sowie später Amerika. Über die Themse kam schon im Mittelalter der Geruch der Gewürze in die Straßen Londons; aber auch die Pest von 1665, die hunderttausend Opfer forderte, kam in einem kleinen Warenballen von dort. Durch die Themse war London verletzbar, denn die feindlichen Flotten konnten die Themse aufwärtssegeln; aus diesem Grund mußte London bis ins 14. Jahrhundert warten, um als Hauptstadt anerkannt zu werden, obwohl es bereits vor der normannischen Eroberung die größte Stadt und der erste Hafen des Reiches war[128]. Nach dem Ende der Herrschaft der Plantagenets schlossen sich die Handwerker in Zünften zusammen. In ihnen waren die aktivsten Elemente des Bürgertums zusammengefaßt und sie bildeten eine Macht, mit der die reichen Familien rechnen mußten. Sie begründeten schon früh den Reichtum des Königreiches. In entscheidendem Maße entwickelte sich aber die ökonomische Aktivität und Handelsmacht unter den Tudor. Der *Queen's merchant*, Thomas Gresham, gründete 1556 das *Royal-Exchange*, das zum Treffpunkt aller Londoner Händler wurde. Im Gegensatz zu Frankreich und anderen europäischen Ländern hatte England zu jener Zeit eine fast ständelose Gesellschaft, und das allgemeine Recht räumte keinem Untertan großartige Privilegien ein. Selbst die Bauern, mit ihrem *yeomen*[129] bildeten eine Art Kleinbürgertum. Die Zeit des Arbeiteraufstandes, der unter Richard dem Zweiten stattfand, war vorbei, nachdem die aufständischen Bauern von Wat Tyler, „dem König der Armen" angeführt, 1381 London geplündert und Südengland erobert hatten.

Nichts desto trotz blühten im 14. Jahrhundert die volkstümlichen Balladen, deren Held der *out-law Robin* der Wälder ist, der als Symbol der kleinen Leute wie auch als Opfer der Administration angesehen wurde. Lange bevor diese Gestalt dank *Ivanhoe* von Walter Scott von den Romantikern wieder aufgenommen wurde, vertrieben die Verkäufer von Klageliedern Flugblätter mit seinen legendären Heldentaten. Diese Händler könnten als Nachfolger der Jongleure gelten, sie boten dem Publikum jedoch auch *ballades on a subject* an, die den französischen *canards* ähnelten, und in lebendiger und anschaulicher Weise über Prinzenhochzeiten, große Katastrophen oder Verbrechen berichteten. Es war erstaunlich, wie schnell diese Kommentare in Versform gebracht, gesetzt, gedruckt und verteilt wurden und wie die Nachrichten, die in traditionell journalistischer Form äußerst banal gewesen wären, in legendäre und poetische Heldentaten umgewandelt wurden.

Das Londoner Publikum schätzte auch die *conundrums*, Rätsel, die Scharaden, die als Flugblätter oder Broschüren[130] ver-

380

381

191

kauf wurden und besonders die *Comic Exhibitions*[131], die humoristischen Hefte, kleine Zeitungen, Pamphlete und Schmähschriften, die eine „Para-Literatur" bildeten und im letzten Jahrhundert in großen Mengen von den Hausierern verkauft wurden.

In den Großstädten sah man Gestalten, die eine ihrem Gewerbe entsprechende, traditionelle, pittoreske Erscheinung hatten. So zum Beispiel der meist jüdische Kleiderhändler; er ging mit mehreren Hüten auf dem Kopf und an den Händen durch die Straßen, einen Sack auf der Schulter und ein Paket voller Degen und Spazierstöcke unter dem Arm. Er fiel mit seinen Schritten und seinem belästigendem, ständig wiederholten *Old-clo* Coleridge in höchstem Maße auf die Nerven: „Am Ende, die Geduld verloren", erzählt er[132], „frage ich ihn: „Können sie mir sagen, warum sie nicht *Old-clothes* in verständlicher Weise sagen, wie jedermann es tut und wie ich es im Augenblick tue?" Der Jude hielt inne, und mich ernst anschauend, erklärte er mir in einem vollkommen normalen Ton: „Wissen sie, mein Herr, daß ich *Old-clothes* ebensogut aussprechen kann wie sie; aber wissen sie auch, daß sie, wenn sie es zehnmal in der Minute und eine Stunde lang auszusprechen hätten, *Old-clo* sagen würden, wie ich es jetzt tue". Danach ging er weiter. Coleridge war von der Richtigkeit dieser Argumentation so beeindruckt, daß er den Händler einholte und ihm den einzigen Schilling gab, den er besaß.

Niemand wird darüber erstaunt sein, in der englischen Hauptstadt die meisten Gewerbe wiederzufinden, denen wir bereits in den Pariser Straßen begegnet sind. So war die Kleidung und der Ruf des Parisers und des Londoner Kleiderhändlers äußerst ähnlich. Der Londoner Scherenschleifer rief in ähnlicher Weise: *Knives to grind, razors or scissors to grind?*, „Messer zu schleifen, Rasierklingen oder Scheren zu schleifen?", der Schuhputzer: „Laßt Euch, meine Herren, die Schuhe wachsen, laßt Euch wachsen."; der Händler von Reinigungssand: *„Sand O! Sand O! Any Sands below, maids?"*, „Sand, oh! Sand, oh! Braucht Ihr Sand, Dienstmädchen?"; der Verkäufer von Bändern und Schnürsenkeln: *„Long and strong, long and strong! Come buy my garters and laces, long and strong!"*, „Sie sind lang und solid, lang und solide! Kommt Strumpfbänder und Schnürriemen kaufen, lange und solide!"; der Rattenfänger bot auch Mausefallen und Schlingen an; die Verkäuferin von Streichhölzern ihre *very picked pointed matches*, ihre „gut gespitzten Streichhölzer"; der ambulante Papierwarenhändler bot Notizbücher, Siegelwachs, Federn, Bleistifte und die Karten für den heiligen Valentin an; wieder andere verkauften Tabletts, Sicherheitsringe, Halsbänder für Hunde, Vogelbauer, Klemptnerwaren, Porzellan, Schleier, Leinwand, Leinen für Tücher, verarbeitete Seide, weniger wichtige Dinge wie Nadeln, Kissen, Dosen für Schnupftabak, Zähler für Kartenspiele, Muscheln, Sprengbüchsen, leuchtende Zigarren oder jene sogenannten Schmugglerwaren, unter denen die Hemdknöpfe besonders geschätzt waren. Bei dieser Aufzählung dürfen die Verkäufer „aus zweiter Hand" nicht vergessen werden. Von ihnen gab es eine ganze Legion, denn London war eine der Städte, in denen das

Tauschgeschäft blühte; dementsprechend spielten die Ausbesserer und Flicker auch eine besonders wichtige Rolle; sie nahmen sich der Messer, Gabeln, Teekessel, Blasebälge oder Schirme an.

Der Ruf des Kesselflickers war in allen Ländern legendär, jedoch besonders in England, wo ihm vorgeworfen wurde, den Flicken neben das Loch zu setzen oder, wie ein Sprichwort sagt, zwei Löcher zu machen, um eines zu schließen. Shakespeare und elisabethanische Dramaturgen haben den Kesselflicker auf die Bühne gebracht. Ein schottisches Sprichwort versichert, daß „ein Kesselflicker niemals ein Eroberer von Städten gewesen sei".

Diese Berufe wurden von den *costermongers* als fremd oder „marginal" angesehen und ebenso geächtet wie die Gelegenheitsarbeit. Sie nahm in der zweiten Hälfte des 19. Jahrhunderts in dem Maße zu, wie die Armut in den Arbeitervierteln stieg, das heißt im umgekehrten Verhältnis zu der industriellen und kommerziellen Blüte. Wenn es stimmt, daß „alle Mittel gut genug sind, um einen Brotkrumen aufzuheben", dann hatten die Aufleser, die Kloakenreiniger, die Bacharbeiter, die „Dreckgräber" (wie sie auch heute noch genannt werden) und ganz allgemein alle Sammler ihre Chance; ob sie nun Knochen aufhoben, einzelne nicht gebrauchte Gegenstände, Hundekot oder Zigarrenstummel, von denen sie das Papier entfernten und den Tabak trocknen ließen, um ihn als „Tabak der Armen" wieder zu verkaufen.

Die Straßenkomödianten, die Musikanten, die herumziehenden Sänger, die Jahrmarktsgaukler, bildeten mit ihren Gesetzen und ihren Traditionen eine eigene Welt, die zumeist aufs Mittelalter zurückging. Es gab Gleichgewichtskünstler, Akrobaten, Gliederverrenker und Seiltänzer, aber auch Boxer, Fechter, Schwertschlucker, Feuerfresser, Kettenzerreißer und Herkules; Bärenvorführer und Vorführer von gezähmten Kamelen, pfeifenden Vögeln oder gelehrten Schweinen, von Marionetten (Punch, Judy), von Zwergen und Riesen, von Albinos oder von Frauen mit einem Schweinekopf und von Kuriositäten; es gab noch die Schattenspiele, die linkshändigen Schriftsteller, die blinden Leser, die burlesken Tänzer und die Jongleure, die Taschenspieler, die Erzähler komischer Monologe oder die Anpreiser; die Sänger von Klageliedern, Psalmen oder Negerspirituals, Serenadenspieler, die deutschen oder italienischen Musikanten, Gitarren-, Drehorgel- und Glockenspieler sowie die Dudelsackpfeifer, die berühmten Clowns wie Jim Crow und Billy Barlows oder andere, weniger bekannte, wie den, den Blaise Cendrars zu Beginn des Jahrhunderts beim Lesen von Schopenhauer antraf und den die ganze Welt eines Tages unter dem Namen von Charlie, Charlot, Karlchen, Carlitos usw. beklatschen wird. Hundert Jahre bevor Henry Mayhew seine Studie über die Londoner Armut verfaßte, hatte Hogarth den Straßenszenen bereits eine Serie von Stichen gewidmet, in denen er wie in einem Roman die Fehler und Untugenden seiner Zeitgenossen mit einem fast über die Wirklichkeit hinausgehenden Realismus festhielt. Er hat diese Lebensausschnitte mit größter Genauigkeit dargestellt, und viele anekdotische Details hineingebracht, von denen manche an Sadismus gren-

382. Holzschnitt von Gustave Doré für *London* (1876). 383 und 384. Zeitungsverkäufer und Ausrufer. Bilder von William Nicholson, entnommen aus *London types* (1898).

385

386

zen; sie würden auf einen Sinn fürs Krankhafte schließen lassen, wenn nicht die moralisierende Absicht so offenkundig wäre. Auf dem Bild: „Straße des Biers" trinkt jedermann, die Fischweiber, der ambulante Büchertrödler, die Pflasterer, der Träger von Stühlen, die Dachdecker, auf einer Terrasse an Tischen sitzende, dickbäuchige Trinker; und eine anonyme Hand, die aus dem Guckloch in der Tür des Gemeindekredits kommt, ergreift ein Glas Bier, das ein Kellner ihr reicht. Auf der Grafik „Der wahnsinnige Musikant", rufen die Milchfrau und andere ambulante Händler ihre Ware aus, einige spielen Flöte oder blasen auf dem Horn, während ein Straßenjunge auf eine Trommel schlägt, ein Pflasterer auf den Boden hämmert, ein Schleifer eine Säge schleift, deren Quietschen einen Hund zum bellen bringt; eine Bettlerin, die ein schreiendes Kind auf dem Arm trägt, bittet um Almosen; ein Papagei schwätzt, zwei Katzen kämpfen miteinander auf einem Dach, und man kann sich vorstellen, daß die Glocken der nahegelegenen Kirche schlagen; schließlich ein aufgebrachter Geiger, der am Fenster eines Hauses steht, mit dem Bogen in der Hand, und sich die Ohren zuhält. Am selben Haus ist ein Plakat angeschlagen, das eine Vorstellung der *Beggars Opera*[133] ankündigt. Noch beunruhigender ist ein dritter Stich, *The Gin Lane*, „Die Gin Straße"; sie ist voller „Lärm und Wahn" und zeigt eine von Wahnsinn ergriffene Menschheit: Eine Frau mit entblößter Brust läßt das Baby, das sie im Begriff war zu stillen, ins Leere fallen; ein Mann mit gespenstischem Gesicht und geschlossenen Augen streichelt eine Flasche Gin, die neben ihm steht und verschüttet aus einem Glas den Inhalt, den ein Hund aufschlecken will; ein anderer Hund macht zwei Bettlern einen Knochen streitig; etwas weiter entfernt bricht Streit aus; man zwingt einen Mann, den man in einem Schubkarren fährt, zu trinken, während ein anderer in Hemdsärmeln an einem Balken hängt und ein dritter lachend ein Kind mit der Gabel aufspießt; Totengräber legen eine halbentblößte Frau in einen Sarg, Ziegel fallen, Häuser stürzen zusammen, usw.

Hogarths Sensibilität trägt bereits romantische Züge, während die Inspiration noch Barock bleibt. Wenn er in der Darstellung des Lebens Schwarzmalerei betrieben hat und sich als Verächter der Straßenhändler und der ambulanten Musikanten erweist, so haben uns die elisabethanischen Komponisten, ein Jahrhundert früher, harmonischere Arien überliefert; Thomas Morley hat die Rufe seiner Zeit in Musik gesetzt, vor allem die der Modehändler vom New Exchange. *The Carman's Whistle*, „der Pfiff des Fuhrmanns", hat sowohl William Byrd und Robert Johnson als auch andere anonyme Komponisten inspiriert; Thomas Weelkes, Richard Dering, Thomas Ravenscroft und Orlando Gibbons haben schließlich, jeder für sich, die *Cries of London*, „Die Londoner Händlerrufe" herausgegeben. Das geringste Verdienst dieser Musik ist sicherlich nicht nur, daß es ihr gelungen ist, den Realismus der Worte mit der vokalischen Reinheit in Übereinstimmung zu bringen, sondern daß sie es uns ermöglicht, Klänge der vergangenen Jahrhunderte zu hören.

387

London der Großeltern: 385. Schuhputzer. 386. Kleiderhändler. 387. Quartett von ambulanten Musikern. Folgende Seiten: 388. Scheren- und Messerschleifer. 389. Haben sie Mitleid mit einem armen Blinden! Diese Fotografien von 1884 bis 1885 erinnern bereits an die Welt eines Charlie Chaplin.

388

389

Händlerrufe

aus
Köln, Göttingen, Danzig, Berlin, Nürnberg, Leipzig und Hamburg

KÖLN, NÜRNBERG, GÖTTINGEN, DRESDEN, BERLIN, LEIPZIG, DAN-ZIG, HAMBURG, ZÜRICH und WIEN: es scheint schwierig, bei all diesen so unterschiedlichen Städten – unterschiedlich sowohl in der geographischen und geschichtlichen Situation, als auch in Hinblick auf die kulturelle und politische Lage – eine einheitliche Linie zu finden, wenn man einmal von der gemeinsamen Sprache absieht. Im Laufe unserer Nachforschungen hat sich jedoch gezeigt, daß man in den überlieferten Abbildungen von Straßenhändlern besonderes Gewicht auf die Darstellung der Tracht und manchmal auch auf architektonisches Dekor des Hintergrundes legte.

Es wurde bereits erwähnt, daß die erste in KÖLN publizierte graphische Darstellung der Straßenhändler stark an die römischen Stiche, die Ende des 16. Jahrhunderts veröffentlicht wurden, angelehnt war. Der einzige bemerkenswerte Unterschied liegt darin, daß Franz Hogenberg auch weibliche Gestalten in seine Galerie der Straßenhändler aufgenommen hat. Ein anderer Stich, von Johannis Buschenmecher 1613 hergestellt, ist stärker ausgearbeitet; in seiner Zeichnung ähnelt er den Grafiken der Londoner Kaufrufe, die zwar später entstanden sind, deren Stil aber ganz der Mode dieser Zeit entspricht.

Es ist erstaunlich, daß keine späteren Abbildungen aus der rheinländischen Hauptstadt erhalten sind. Soweit das unserer Untersuchung zugrunde gelegte Material vollständig ist, ist nur schwer zu verstehen, daß diese traditionsreiche Kaiserstadt, die sich als Hansestadt einen enormen Reichtum geschaffen hatte, nicht Gegenstand solcher Illustrationen des täglichen Lebens gewesen sein soll, zumal diese in den benachbarten Ländern weit verbreitet waren. Allein die Wichtigkeit der Feste, die jährlich in der viermonatigen Karnevalszeit stattfanden, sowie die zum Teil heftigen Kämpfe zwischen den wohlhabenden Kaufleuten der Oberschicht und den Zünften der Handwerker hätten genügend Anregung für die Zeichner liefern müssen.

390. Händlerrufe aus Köln, von Franz Hogenberg (1589). Folgende Seiten: 391. Händlerrufe aus Köln von Johann Buschenmecher
(1613). Händlerrufe aus Göttingen von Georg
Daniel Heumann (um 1753). 392. Verkäufer
von Gläsern. 393. Verkäufer von Strohhüten
und Körben. 394. Verkäufer von Schollen. 395.
Flicker von Strohstühlen.

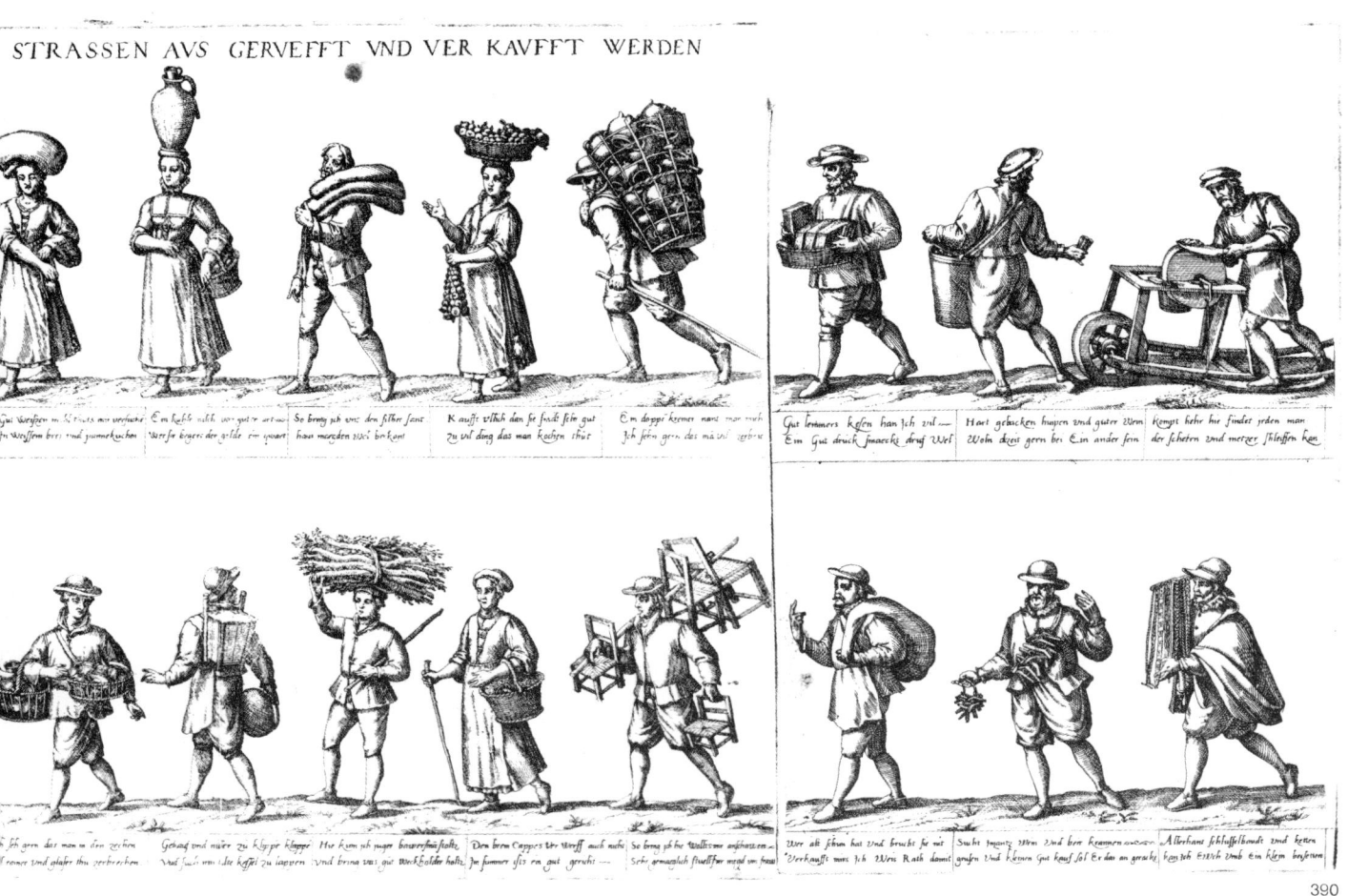

390

Die GÖTTINGER Händlerrufe, die Mitte des 18. Jahrhunderts von Georg Daniel Heumann veröffentlicht wurden, zeigen Vertreter verschiedener Lebensmittelgewerbe, Korbwarenhändler, Verkäufer von Drucken, Strohflechter usw.; im Hintergrund sind Häuser und im lokalen Dialekt abgefaßten Legenden zu sehen. In den einige Jahre später publizierten DANZIGER Händlerrufen tritt diese Tendenz noch verstärkt auf: in den meisten dieser vierzig Stiche spielt die Architektur der Umgebung, insbesondere die Hafenanlagen und die Kähne, eine bedeutende Rolle. Obwohl der Barock zu Ende geht, ist der Stil Matthäus Deischs stark von seiner letzten Ausdrucksform, dem Rokoko, beeinflußt; er offenbart denselben Sinn fürs Theatralische und dieselbe Konzeption der als Kunstwerk aufgefaßten Gesellschaft.[134] Eine bedeutende Neuerung besteht darin, daß auf den Stichen die zu den Händlerrufen gehörenden musikalischen Notationen erscheinen. Solche dokumentarischen Bestrebungen tauchen in anderen Ländern erst viel später auf.[135]

Johann Rosenberger hat in seinem *Zwölf merkwürdige Ausrufer von Berlin mit ihrem Geschrey* die Stadtkulisse, die seinen Straßenakteuren als Hintergrund diente, sehr sorgfältig und genau

Ware contrafeitung wie die Burgermeister der Reichstat colln | Auff soll weyse werde eines ehrbaren burgers dochter than | Kleidung einer gesel | Ein Burgerin | Ein Burger z cöl | Ein burgers dochter | Ein kochin wie sie zu
Mit ihren dienern nach dem Rathaus gehend | sir hochzeit hat in und aus der kirchen geleitet | lecherin zu cölln | | | die m den lade weil he | marcks gehet

Ware contrafeitung wie allerieÿ wahr in der Reichstat colln ausgeruffen vnd verkaufft Werden   Gedruckt zu colln bey Iohannis buschenmecher Anno 16 13

Kriur gelt swe | Schortzen gelde gelt | nur ir holz gelt | Alir her offte bereiden | Plon mors bauch | Schornstant oder | Gelt bessemen | Hulp heiup | Geldt seiff seiff | Vole ihr schlusel | Gelt ehrer eier | Flecken aus de
gei speen | ein hupsche sachrez | | frisch zu machen | of saluet of andre | pulver leuber | | | | ketten guden | und knipsz | kleider et dei

ich gelde ale schon | Quar: milch: | Gelt silber | Gelt ollich sot | Nic in de Camp vm | Gelt Weyse mehl | Gelt nacholder | Gelt ecke milch | Nu the ken alt ny | Gelt tryisch | Geltet gallen | Gelt Capris ofte | Limburchst kees | gelt schorkonie
| | sande | | bremer so bremer | | berende | | oft zu verkaure | | gefelerche purt | Iubieui | der so gern ees |

verhaffige neue zeidung | Doppen doppen | Gel muien of | Brillen brillen van alle | Gelt bren Capern | Heckeln scheren | Gelt schoe | Apelin van aurei | gelt buen vnd | Koew sein vor | Gelt sruell | ich schlnp schere ofte messer
vu alemachen new he | doppen | kessel vus | ley gesochen | | erato Abscharn | | nuen | eppel | ruten of muien |

391

200

Holla! Glaeß, Glaeß.

Strah heüe fiene Körbe witten Zweren strah Pricken.

Schollen schollen schollen.

Holla Strah steule Strah steule Holla.

naa gehtmern Posternack witten komst.

396

Sägelspeen. Sägelspeen.

397

Händlerrufe aus Danzig von Matthäus Deisch (um 1780). 396. Verkäuferin von Rüben und Blumenkohl. 397. Verkäuferin von Sägespänen. 398. Verkäuferin von Bratäpfeln.

Warm appel Warmappel Warm äp = =

398

Waachholter=Saafft.

399

Händlerrufe aus Berlin. 399. Verkäufer von Wacholderbeersaft. Grafik aus *Les Cris de Berlin. Zwölf merkwürdige Ausrufer von Berlin mit ihrem Geschrey.* Im Verlag Johann Morino und Companie, königlich akademischer Kunsthändler in Berlin (ca. 1800). 400 bis 403. *Berliner Kostüme.* Radierung von Wilhelm F. A. Henschel (ca. 1810). 400. Verkäufer von Kästen. 401. Blumenmädchen. 402. Verkäufer von Blasebälgen, Mausefallen, Brillen, Nähnadeln. 403. Gipsgießer.

400

401

402

403

Stiefelputzer.

*t is schenst halt achte da muß ich mein schönsten
Kalzwarten spenderen sonst sind die Herren mudsch.*

404

Fischerfrau.

*Weit sechen ue uch Madamken
Rene Kalbursche uuch !*

405

dargestellt, was sicherlich damit zusammenhängt, daß er Theater-
dekorateur war. Das Dekor hat sich jedoch verändert: fast überall
in Europa kann man eine Hinwendung zur Antike wahrnehmen,
die sich in einem geometrischen Stil in Architektur und Mobiliar
zeigt. Die Zeit, in der „liederliche Kerle die ganze Linie durch eine
Unzahl von geschwungenen und extravaganten Ornamenten ver-
derben"[136], ist vorbei. Zu Beginn des 19. Jahrhunderts ähnelt BER-
LIN schon einer modernen Großstadt, obwohl hundertfünfzig
Jahre zuvor das, was der Alexanderplatz sein wird, noch ein Vieh-
markt war. Die von den Vorromantikern gerühmte Rückkehr zur
Natur führte Wilhelm und F. A. Henschel dazu, in ihren 24 Radierungen der Berliner Kaufrufe die Straßenhändler in einem fast
ausschließlich pastoralen Dekor darzustellen; es besteht aus länd-
lichen Wagen und Wäldern.

Eine weitere Berliner Bildfolge aus den dreißiger Jahren des
19. Jahrhunderts weist einen anderen Stil und eine ganz andere
Inspiration auf; diese 30 Lithographien sind meist karrikierend
und erinnern an die Kunst Gavarnis.

Die ersten uns bekannten NÜRNBERGER Händlerrufe weisen
eine ähnliche Verwandtschaft mit den französischen Darstellungen derselben Epoche auf, vor allem mit denen des Pariser Bilderhandels der rue Saint-Jacques. Man kann sagen, daß solche Ähn-
lichkeiten nicht nur zufällig sind, da die Bilderverkäufer und
Hausierer Ende des 18. Jahrhunderts viel herumreisten und sich
später die Soldaten des Jahres II, sowie darauf die Soldaten Napoleons öfters längere Zeit östlich des Rheins aufhielten. Städte wie
Hamburg und Köln waren sogar zeitweilig Hauptstadt des Departements *Bouches-de-l'Elbe* beziehungsweise Bezirk des Departements Ruhr.

Die Stadt Dürers war im 16. Jahrhundert eines der wichtigsten
Handelszentren zwischen Ost und West, sowie zwischen Nord-
europa und dem Mittelmeer. Die Entdeckung des Kaps der guten
Hoffnung leitete aber den kommerziellen Untergang Nürnbergs
ein, der durch den Dreißigjährigen Krieg mit seinen Invasionen
und Hungersnöten noch beschleunigt wurde. Trotz dieser Schick-
salsschläge blieb die einstige Zitadelle Kaiser Rotbarts, die freie
Kaiserstadt des Rheinbundes mit ihren Märkten und Messen berühmt. Die Spielwarenindustrie stand auch weiterhin in voller
Blüte. Einige Drucke zeugen vom Ruf Nürnbergs als Handelszen-
trum, besonders jene, die den Kindelsmarkt, auf dem kuriose,
miniaturhafte Buden mit Spielwaren zu sehen sind, und den
Neuen Markt zeigen.

LEIPZIG, das auf Grund seiner günstigen geographischen Lage
zu einem der wichtigsten Handelsplätze im Herzen Europas
wurde, darf nicht in der Aufzählung der Städte fehlen, die von der
Bedeutung des Straßenhandels als ökonomisches und soziales
Phänomen zeugen. Allerdings liegt uns nur eine Folge von Druk-
ken über Händlerrufe vor, die für die dortige Produktion typisch
ist. Diese Serie besteht aus 28 Radierungen, die auf drei Bogen
aufgeteilt sind und geht auf Salomon Richter zurück. Sie ist ganz
im Stile der Zeit angefertigt. Da Leipzig traditionsgemäß als

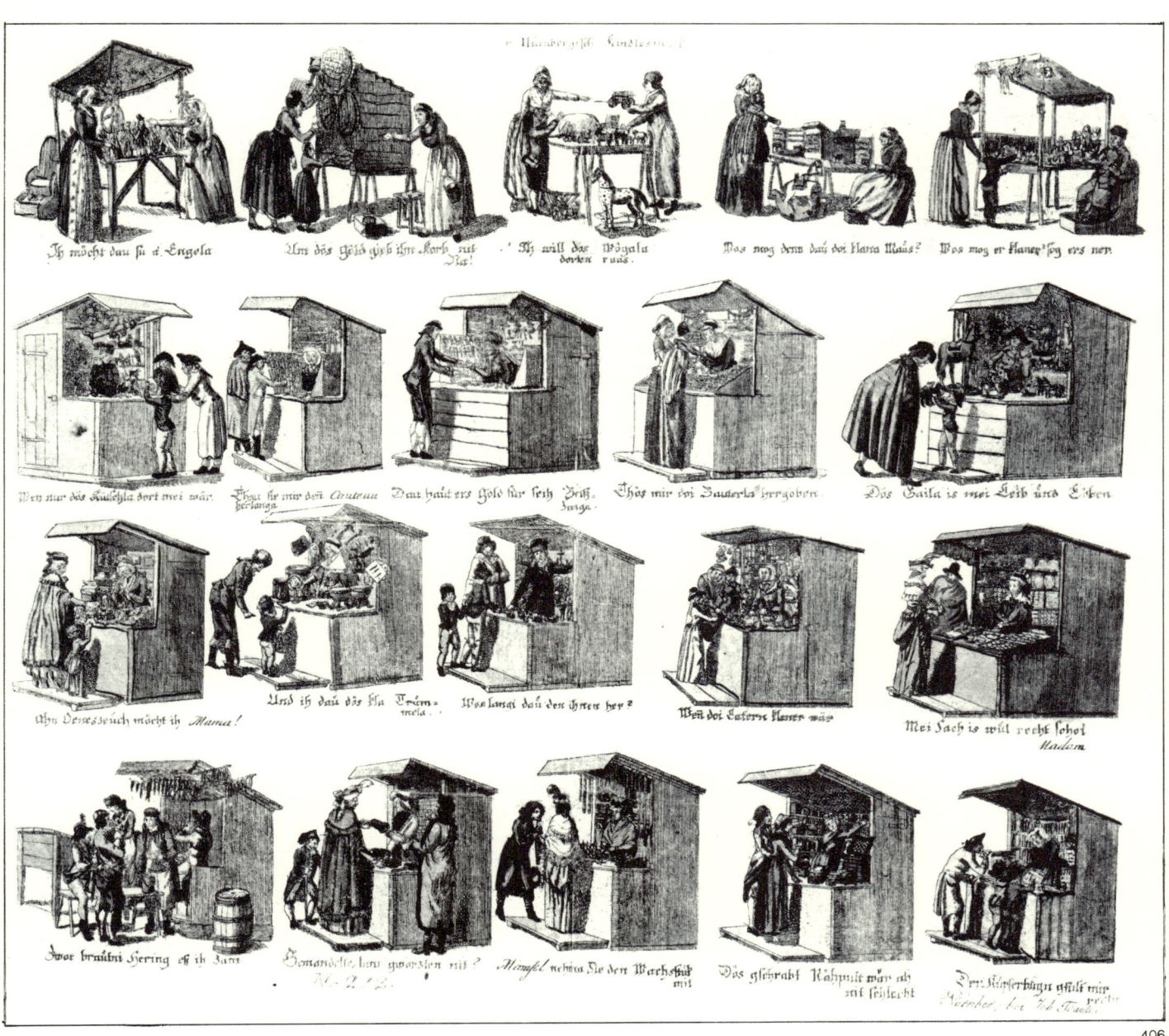

406

Berliner Ausrufer, Costume und locale Gebräuche gezeichnet von Doerbeck und anderen Zeichnern (um 1830). 404. Stiefelputzer. 405. Fischfrau. Händlerrufe aus Nürnberg; 406. *Der nürnbergische Kindelsmarkt* Johann Georg Trautner (um 1797).

Händlerrufe aus Nürnberg. 407. *Nürnbergischer Ausrufer.* Radierung von J. Georg Trautner (um 1797–1798). 408. Der neue Markt in Nürnberg, Radierung von A. G. Schneider und Wengel (1809). Straßenszene mit mehreren Ausrufergruppen. Folgende Seiten 409 bis 435. Ausrufer aus Leipzig, von Johann Salomon Richter. Leipzig (1793).

436 bis 451. Händlerrufe aus Hamburg. *Der Ausrufer in Hamburg vorgestellt in 120 kolorierten Blättern gezeichnet und geätzt von Professor Suhr.* Hamburg 1808. Gleichzeitig erschien eine identische Ausgabe mit französischem Titel: *La regratterie de Hambourg representée en 120 figures coloreés par le professeur Suhr.* Hambourg 1808.

407

Der neüe Markt in Nürnberg

408

409

410

411

412

413

414

415

416

417

418

419

420

421

422

423

424

425

426

427

428

429

430

431

432

433

434

435

Sieb-koof.

117.

436

Grashüpp - hüpp koop.

4.

437

Duben junge Duben.

77.

438

Goes wille Goes.

93.

439

213

Lifs, gerökerten Elvfaß.

28.

Borsten nödig.

75.

Hummars van de Kaar.

21.

Siden Bant un Wießkanten

51.

Küken, junge fette Küken.

49.

Junge Ferkel.

15.

Grön Aal.

60.

Riesbesen.

100.

Schöne Roosen.

5.

448

Stroh, Stroh.

99.

449

Water, frisch Water.

19.

450

Puppenspiel.

86.

451

Büchermarkt galt, wurden dort viele Folgen ausländischer Händlerrufe veröffentlicht und vertrieben.[137]

In der alten HANSESTADT HAMBURG, einem der ältesten europäischen Häfen und einer der reichsten Städte der Welt, wurden seit dem Ende des 18. Jahrhunderts Flugblätter angeboten, auf denen Gemüse- und Obsthändler dargestellt waren, sowie Nachtwächter, Feuerwehrmänner, Soldaten, Gemeindebeamte und Prediger. Die verschiedenartigste, und vielleicht sogar die vollständigste Reihe überhaupt, mit 120 Stichen[138] erschien 1808, zwei Jahre nach der Besetzung der Stadt durch das napoleonische Heer. Ihr Autor, Professor Christopher Suhr, gibt darin eine etwas stilisierte Darstellung der Straßengewerbe. Vergleicht man sie mit den um die gleiche Zeit in London, Paris oder Neapel entstandenen Darstellungen, so hat man den Eindruck, daß diese gut gekleideten Straßenhändler über ihre Verhältnisse leben oder für diese Gelegenheit ihre Sonntagskleider angezogen haben. Manchmal erinnert diese Folge an ein kleines Trachtenmuseum, mit seinen Bauern aus dem Alten Land, Sachsen, Tirol oder aus kleinen Dörfern wie Eppendorf, die alle wie Statisten einer Operette aussehen. Der kosmopolitische Charakter Hamburgs ist in dieser Bilderfolge in beispielhafter Weise dargestellt: man kann geräucherten Lachs aus der nahegelegenen Elbe, Stechpalmen und Honig aus der Lüneburger Heide kaufen und findet aber auch frische Heringe aus Bergen, Limburger Käse, Sellerie oder Krebse aus Berlin, Tiroler Pendeluhren, Dresdener Porzellan, Kieler Sprotten oder Polierwachs, Bleistifte und Nachtgeschirr aus England. Ein Händler bietet *Hummers van da kaar* an, ein anderer *Idel wit Sand, gar keen geel mank*, „Reiner, weißer Sand, nicht mit gelbem gemischt", ein dritter schöpft Wasser aus einem Faß, ein weiterer hat in schönen Miniaturhäusern Heimchen eingeschlossen, ein anderer verkauft Pfeifenreiniger; ein Bauernehepaar treibt eine Truthahnherde vor sich her; ein lebendiger Aal wird hochgehalten; man kann auch Verkäufer von Lotterielosen sehen, einen Händler, der seine Hühner auf dem Kopf trägt und einen anderen, der einen Käfig aus Papier auf dem Rücken hat; es gibt auch die kleinen Gewerbe, denen man nach Einbruch der Dunkelheit nachgeht, und den jungen Bauern, der, um nicht rufen zu müssen, einfach das Spanferkel, das er auf dem Arm trägt, am Schwanz zieht.

Die erstaunlich weite Verbreitung der Bilder von Professor Suhr in Westeuropa hängt sicherlich mit der französischen Besetzung der Stadt zusammen. Die Hamburger Händlerrufe findet man sowohl in den Bilderbogen von Epinal als auch in den holländischen Radierungen und den in Frankreich und England zu findenden Lottokartenspielen; einige Rufe wurden in Kinderbüchern aufgenommen und in jüngster Zeit in Faksimiles reproduziert.

452

Händlerrufe
aus Wien

Unter Kaiserin Maria Theresia erscheinen in WIEN die ersten den Straßenhändlern gewidmeten Stiche. Der ersten bescheidenen Serie mit nur zwölf Radierungen folgte einige Jahre später eine um 28 Bilder erweiterte Folge. Sie wurde von dem Professor für bildende Künste, Christian Brand, geschaffen. Die vollständige Ausgabe erschien 1776. Diese Folge wurde offensichtlich durch die fünfzehn Jahre zuvor in Paris erschienene Reihe von Bouchardon angeregt. Sie hat von ihr auch den in deutscher und französischer Sprache aufgeführten Titel entlehnt: *Zeichnungen nach dem gemeinen Volke besonders der Kaufrufe in Wien. Etudes prises dans le Bas Peuple et principalement les Cris de Vienne.* Nach dem Tode Brands wurden diese Stiche, deren Ausführung von großer Qualität ist, mehrmals neu verlegt. Die Abbildung des Kupferstichhändlers war in Europa weit verbreitet und wurde gelegentlich sogar von Bilderhändlern als Aushängeschild für ihre Läden benutzt. Eine andere Folge von 52 Stichen, nach Zeichnungen von Emanuel Opitz im Aquatinta Verfahren ausgeführt, entstand zwischen 1805 und 1812, zur Zeit der französischen Besetzung, als Wien zur Hauptstadt des erblichen Kaiserreichs Österreichs wurde. Joseph II. hatte die Gärten, die bis dahin dem Adel vorbehalten waren, für das Volk öffnen lassen, darunter auch den heute noch bekannten und beliebten Prater. Die Hauptstadt hatte ländlich anmutende, weite Grünflächen, die ganz dem Naturgefühl jener Epoche entsprachen. Vielleicht ist es auf die Neigung eines Teils der Wiener Bevölkerung zur Landwirtschaft zurückzuführen, daß auf einem dieser Stiche eine Ziege vor einem städtischen Gebäude zu sehen ist.

452. Wiener Ausrufer. *Zeichnungen nach dem gemeinen Volke besonders der Kaufrufe in Wien. Nach dem Leben gezeichnet von C. Brand, Professor der bildenden Künste.* (1776). Verkäufer von Blasebälgen und Rattenfallen. Folgende Seiten: Wiener Händlerrufe. *Zeichnungen nach dem gemeinen Volke besonders der Kaufrufe in Wien. Nach dem Leben gezeichnet von C. Brand* (1776). 453. Verkäufer von optischen Instrumenten. 454. Milchfrau. 455. Vogelhändler. 456. Kupferstichen.

Wiener Händlerrufe *Szenen aus dem Wiener Volksleben.* 52 Blatt colorierte Aquatinta von Ponheimer und Piringer nach E. Opitz. Wien. Josef Eder (1805 bis 1812). 457. Zettelträger und die Ziegenmilchverkäuferinnen in Wien.

453

454

455

456

2.

KROOMAD MAISA.

Was ift fo luftig als die Meiß?
Was ift geringer als der Preiß?

3.

HENTSI KAINE ALTE HUET?

Wer alte Hüt verkaufft für neu,
Verfteht fich auf der Iuden Treu.

4.

KROOMAD TULA, TULA.

Ich fag es rund und unverholen:
Wer fchnepfa hat, ißt keine Dohlē.

5.

KROOMAD PFERSI.

Der Pferfich ift mehr mild als rauch
Iß nicht zu viel fonft fchwellt der
bauch.

6.

KROOMAD TRÜBEL u: NUSSA.

Die kernen fteken in den fchalen,
Wer Traubē wil, der muß fie zahlen.

7.

KROOMAD ZUNDEL, ZUNDEL.

Aus Zundel Feur, aus Feur ein brand
Aus brand entftehet allerhand.

Händlerrufe
aus
Zürich und Basel

Der Beitrag der SCHWEIZ zu den Darstellungen von Händler-rufen ist von geringer Bedeutung, aber von guter graphischer Qualität: er ist an den Namen David Herrlibergers gebunden, der 1748 eine Folge von 52 Kupferstichen verlegte: *Züricherische Aus-rufbilder vorstellende diejenige, welche in Zürich allerhand so wol verkäuffliche, als andere Sachen, mit der gewöhnlichen Land- und Mund-Art ausrufen.* Ein Jahr später publizierte er eine weitere Folge von 52 Stichen, die den Kaufrufen aus BASEL gewidmet waren. Die Aufmachung entspricht der ersten Reihe; jedes Bild ist mit einem schweizerdeutschen Untertitel versehen.

458. Händlerrufe aus Basel von David Herr-liberger (1749). 459. Händlerrufe aus Zürich von David Herrliberger (1748).

Händlerrufe

aus
Rom, Bologna, Venedig, Mailand, Neapel

Die ersten RÖMISCHEN Kaufrufgraphiken zeigen eine kleine Armee von Gestalten, die im Gänsemarsch gehen und von denen einige einen Esel oder ein Pferd vor sich hertreiben oder einen Schubkarren schieben. Der ziemlich große Bogen, auf dem 192 Figuren dargestellt sind, ist in 200 Rechtecke aufgeteilt. Im letzten Rechteck steht der Name des Zeichners, Ambrosius Brambilla, und das Datum 1582. Der Titel der Serie: *Ritratto di quelli che vano vendendo et lavorando per Roma con la nova agionata de tutti quelli che nelle altre mancavano sin al presente*, „Porträt aller derer, die in den Straßen von Rom verkaufen und arbeiten, mit der Hinzufügung von denen, die bis jetzt fehlten", läßt die Existenz von früheren, vom selben französischen Verleger, Antoine Lafreny, veröffentlichten Blättern vermuten. Er hatte seine Tätigkeit gegen 1540 aufgenommen. Andere aus einer ähnlichen Inspiration heraus entstandene Stiche stammen aus dem Ende des 16. Jahrhunderts. Sie enthalten zum Teil bis zu 240 Händlergestalten. Andere weniger archaisch wirkende Zeichnungen, die mit in Versen gefaßten Legenden versehen sind, sind leider nur unvollstädnig und ohne Signatur erhalten im Gegensatz zu den archetypischen Stichen, haben die folgenden Stiche eine Bustrophedon-Anordnung; sie führen scheu und etwas verstohlen auch Frauengestalten auf, unter anderen eine Zwiebelverkäuferin.

In der Hauptstadt von Emilia entstand eine Folge von Händlerrufgrafiken, die *Arti di Bologna*, „Handwerker aus BOLOGNA". Auf Grund der Anzahl der Stiche, der künstlerischen Darstellung der Berufszweige und der weiten Verbreitung verschiedener Versionen kann sie als eine der bedeutendsten Folgen angesehen werden. Sie bestand ursprünglich aus 75 Zeichnungen von Annibale Carracci, dem jüngsten und vielleicht begabtesten Mitglied seiner Familie[139], der sie zeichnete, bevor er 1595 nach Rom aufbrach. Annibale hatte die Gunst des Kardinals Farnese erworben, der ihm den Auftrag erteilte, seinen Palast mit Fresken auszumalen. Carracci zeichnete dann während sieben Jahren Friese, die Stuck nachahmen sollten, und schmückte das Gewölbe der berühmten Galerie mit Bildern der Heldentaten des Ulysses' und Hercules' sowie den Liebschaften der Götter.

460

460. Ein italienischer Ausrufer (Beginn des 17. Jahrhunderts). Folgende Seiten: 461. *Che vano vendendo et lavorando per Roma con la nova agionata de tutti quelli che nelle altre mancavano sin al presente*, „Porträt aller derer, die in den Straßen von Rom verkaufen und arbeiten, mit der Hinzufügung von denen, die bis jetzt fehlten". Die Radierung von Ambrosius Brambilla, die auf das Jahr 1582 zurückgeht, besteht aus nicht weniger als 200 Rechtecken, in denen 192 Ausrufer Platz finden, alle männlichen Geschlechtes und sich nach rechts vorwärts bewegend, die meisten zu Fuß, einige zu Pferd. 462. *Ritratto di quelli che vano per Roma,* „Porträt derjenigen, die durch Rom gehen", Fragment einer Radierung von Lorenzo Vaccari, Ende des 16. Jahrhunderts in Rom veröffentlicht.

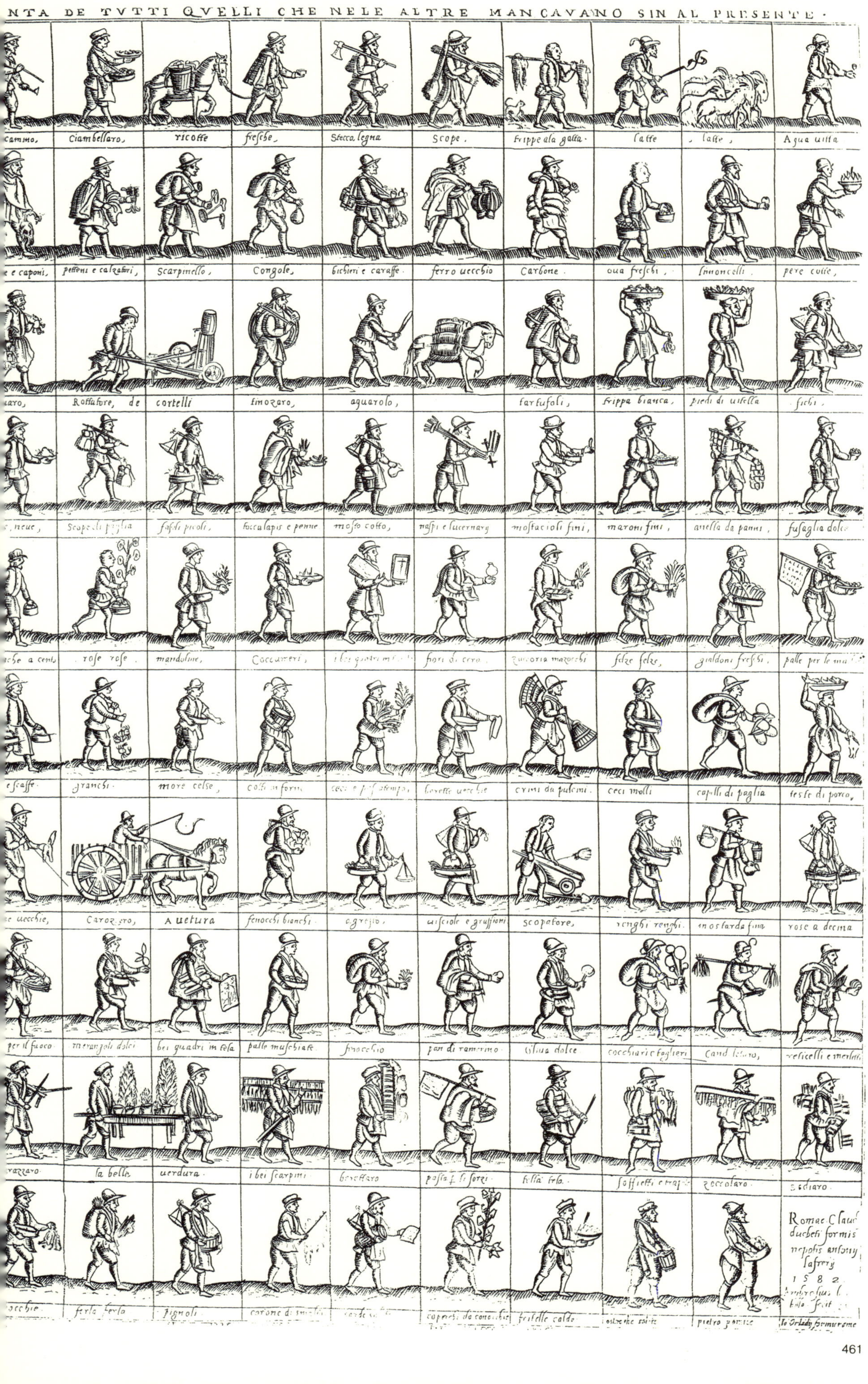
NTA DE TVTTI QVELLI CHE NELE ALTRE MANCAVANO SIN AL PRESENTE.
Ciambellaro,
ricotte
fresche
Stecca legna
Scope.
Frippe ala gatta.
latte
latte,
Aqua uitta
e caponi,
petteni e calzatori,
Scarpinello,
Congole,
bichieri e caraffe.
ferro uecchio
Carbone.
oua freschi,
finoncelli.
pere cotte,
Rottatore, de cortelli
timozaro,
aquarolo,
tartufoli,
Frippa bianca,
piedi di uitella
fichi.
neue,
Scope di paglia
fasoli picoli,
toccalapis e penne
mosto cotto,
mostaccioli fini,
maroni fini,
anella da panni,
fusaglia dolce
rose rose.
mandoline,
Coccumeri,
fiori di cero.
felze felze,
gialdoni freschi,
granchi.
more celse,
berette uecchie
crimi da pulcini.
ceci molli
capelli di paglia
teste di porco,
uecchie,
Carozzero,
A uetura
fenocchi bianchi
agresto,
uisciole e gruffioni
scopatore,
renghi renghi.
mostarda fina
rose a decina
per il fuoco
merangoli dolci
bei quadri in tela
palle moschiate
finocchio
pan di ramerino
oliua dolce
cocchiari e foglieri
Candelaro,
la bella uerdura.
i bei scarpini
berettaro
zoccolaro.
ferla ferla
pignoli
fritelle calde
pietro pomice
Romae Claudij ducheti formis nepotis antonij lafrerij 1582
Io Orlandi formis Romae

CHid rescaldato p hauer beuuto
L'acqua di Vita lo rinfrescatuto

Per far tua cucina cosa degna
Chiamata, matina abonorlo scosi

Scope fantesche che siate frustate
Che solo, a ciuettar sempre badate

Per un baiocco ne dò una sogliieta
Di latte fresco di bianca capretta

Son buoni, lieua freschi di
Tolte per bocca a digiuni la

Vcelli da Cantar qui d'ogni forte
Viporto p fuggirli, dala morte

Mastro son io e quasi architettore
E sturo a chi turato ha il cacatore

De matevazzi io fo lano u migliar
nepur inborsa mi trouo un denaro

Vo gridando sol per darui hauiso
Che vender voglio per minestra riso

Bohiua de
Chiesa sau

Guadagna piu dicuat Vfiore uti
Del calzolaro Il mastro zauatino

Tante sono le lode del Tartufole
C'herestiria marfowo a dirle

Ecco la trippa bianca bona ebella
Epeli d'castrato capreni diuttella

Piehi Carchiofsi perfiche e mellone
et altrefrutte io uendo infua stagione

Nome chitastra meglio la f
che vermicelli con casio e

Chiuol piccioni uo gridan ognora
nemai piccioni mangio m lamolor

Donte se pettinar il lin uiolite
Il pettino dami hauer potete

Le trapole di soffietti uo gridad
E sempre stento cosi trapoland

Di pettini di corna e calciatori
Scruendo uo a poueri e signor

Leske il focile la pietra ef
Vendendo uo inquesto loco in

Noy e meluer che poffi star al paro
in che sia buon mastro Chiouaro

Quado d'uinza Caldar un promul
el par un satinasso con la soma

Lacdo forte in quelo mo uasello
per far ubrindci porte, si scarpina

A guzza l'apetito le Pelline
Ma per mangiar fonmeglio legallini

Non ai mestier lopo queh
che sia d'honor piu digno

dagnarmi pani è insalata   Chi li Caldi Caldi Caldi Cotti Adesso   Ramponzoli, Cicorea e Romola   Per guadagnarmi, el uino e pagnio   Questo traffico, mantengo, Pasiquto
per Roma trippe per lagota   Chi li nol Caldi Creppi adesso   Vendo per lin salate a altri erbaui   Vendo spinazzi Cauoli e Carote   Di, urider, l'acqua p, copra ruino

mastella   Vasilico con menta e magior a na   La uagha e cara e lengna no si equa   La tela uendo come far si sole   Li zocoli io se li zocoli io uendo
mio scatello   Vendendo andiamo tutta la stimana   e per un giulio de una sedia noua   Neuo cercando chi a pochi paroli   Lancora io li zocoli ogni ano uo uedo

uechi auoi tocca a filare   Del mestier nostro non pon far sizide   Ecco signori qui specchi pomata   Di siaschi e di bicher quasi na soma   Ale fusa donne d'ogni sorte
iouane han altro dafare   le done a li faician talor credenze   e mplistei per le grinze adquauosata   E tuchor qualche orinal uendo yron   Eccetto che di quelli che son torte

ride o carco di strazzi   Cridando io uo y roina calda desso   Io uo uendendo limaroni tal hor   Desti canestri uendo hogi y roma   Le rauigiola io uendo delicati
cor zauaite o pri uidi   E le mani spasso scaldomi Con esse   Vn giulio il scor so a far na parola   diman acasa ne faro una soma   Bianchi che pareno usciti al bucate

uol d'bocca sega e piaste   Porto i Coralli al colo, e nella mano   Questo che uendo l'oglio a pone a noi   In un bel piatto di giorno edi notte   Sal bianco casio ricotta e boturro
denti e maselle d'buon mastio   E grido chi uol comprar z affatemo   Sara buon i torchiari p far ue onto   Porto pastizzi caldi hor pere cotti   Vendo, carni salata e sapon duro

26 *Magniano ó Chiauaro.*

463

21 *Padellaro.*

464

42 *Rotatore.*

465

29 *Pianellaro.*

466

41 Vende Agli è Cipolle.

467

74 Meranǵoli e Limoni. Amb. Car. i.

468

73 Vende Formaggio Parmigiano.

469

72 Ciambellaro.

470

231

7. Bicchieraro.

471

13. Vende Paste per i Jorni.

472

27 Fornaro.

473

4 Tripparolo.

474

60 Cappellaro di Cappelli di Paglia.

475

70 Aquauitaro.

476

69 Sediaro.

477

9 Vende Solfaroli.

478

233

In diesen Fresken offenbart sich wie auch in anderen Werken die bacchantische Trunkenheit und die sinnliche Naivität, die sowohl charakteristisch für den beginnenden Barock waren als auch eine Wiederspiegelung der ruhelosen, gequälten Existenz der Carracis, dieser von Stadt zu Stadt ziehenden Haudegen mit ihrer brutalen und ungestümen Natur, die ganz auf die künstlerische Schöpfung ausgerichtet war. In diesen Szenen bolognesischen Lebens zeigt sich ein Realismus, der für das Frühwerk Annibale Carraccis bezeichnend ist; seine Inspiration holte er sich wo immer er sie fand, sogar in den Straßen. Diese Bilder des täglichen Lebens, die sowohl einen Sinn für die Anatomie als auch eine heidnische Erfindungskunst offenbaren, wurden während mehrerer Generationen immer wieder nachgestochen. Sie regten auch den Graveur Giuseppe Maria Mitelli an, den Autor des *Alfabeto in Sogno*, „Geträumtes Alphabet", für das ihm die Idee in einem Traum gekommen sein soll, in dem Morpheus ihn aufforderte, die vergänglichen Traumbilder in Zeichnungen festzuhalten.

Die Händlerrufgrafik anderer italienischer Städte, wie Mailand, Venedig, Neapel oder Florenz, sind alle später, meist nicht vor dem Ende des 18. Jahrhunderts entstanden. Gaetano Zompini stellte in der 1785 erschienenen Folge venezianische Straßenhändler dar. Das Bild von VENEDIG, das sie vermitteln, ist weit entfernt von den Darstellungen, die uns andere Künstler und Schriftsteller von dieser Stadt des Vergnügens und der Feste überliefert haben. Die Bilderfolge *Raccolta di 30 costumi con altoretante vedute le più interessanti della città di Milano*, „Sammlung von 30 Trachten mit ebensovielen Veduten, der interessantesten der Stadt MAILAND", wurde zu einer Zeit herausgegeben, zu der die frühere Hauptstadt der zisalpinischen Republik zu Österreich überging. So zeigt sie auch in dem strengen künstlerischen Stil des Kaiserreiches die wichtigsten Plätze, Monumente und Theater Mailands. Um 1830 wurde von Napoleon Zucoli eine weitere Serie von Händlerrufgrafik gezeichnet und gestochen; die Bilder sind mit französisch-italienischen Berufsbezeichnungen versehen und zeigen in einem Halbkreis angeordnet zehn Vertreter des Straßenhandels, Männer und Frauen, wie in einem Operettenfinale.

Den NEAPOLITANISCHEN Händlerrufen wurden etwa 10 Bilderfolgen gewidmet. Dies ist letzlich sehr wenig, wenn man die unerschöpflichen Quellen für Inspiration bedenkt, die diese Stadt bot; hier herrschte von morgens bis abends und sogar nachts Freiheit und Phantasie, in den Straßen fand man die merkwürdigsten Handwerker und die ungewöhnlichsten Gespanne, ganz abgesehen von der Atmosphäre der Märkte und den Rufen der Marktschreier. Die wenigen Radierungen, die hier reproduziert werden können, stammen aus einer Folge von 1825. Sie weisen erstaunliche Hintergründe auf, die von der poetischen Rolle zeugen, die auch zu jener Zeit noch die in eine Stadtlandschaft gestellten Ruinen spielten, die Ende des vorausgegangenen Jahrhunderts mit den Ausgrabungen von Herkulaneum und Pompeji in Mode gekommen waren.

Vorausgehende Seiten: Händlerrufe aus Bologna: *L'Arti di Bologna* „Bolognesische Handwerker", gezeichnet von Annibale Carracci, gestochen nach Simone Giulini und Alessandro Algardi. Rom (1740). 463. Rost und Schlüssel. 464. Pfannen und Schaumlöffel. 465. Scherenschleifer. 466. Holzschuhe. 467. Knoblauch und Zwiebeln. 468. Melonen und Zitronen. 469. Parmesan-Käse. 470. Kringel. 471. Glaswaren. 472. Rattengift. 473. Bäcker. 474. Kaldaunen. 475. Strohhüte. 476. Schnaps. 477. Stühle. 478. Geschwefelte Reisigbündel.
Folgende Seiten: 479 bis 482. Händlerrufe aus Florenz (Ende des 18. Jahrhunderts oder Beginn des 19. Jahrhunderts). Händler aus Venedig: *Les Arti che vano per Via nella Città de Venezia*, „Die Handwerker, die durch die Straßen von Venedig laufen", von Gaetano Zompini (Venedig 1785). 483. Der Schornsteinfeger. 484. Scherenschleifer. 485. Verkäufer von Blasebälgen. 486. Gärtner. 487. Laternenanzünder. Händlerrufe aus Mailand. *Raccolta di 30 costumi con altretante vedute le più interessanti della Città di Milano*, „Sammlung von 30 Trachten mit ebensovielen Verduten, der interessantesten der Stadt Mailand", gezeichnet und gestochen von Biasoli, veröffentlicht von den Brüdern Bettalli, Mailand (1810–1815).
489. Stuhlflicker. 490. Scheren- und Messerschleifer. 491. Milchhändler. 492. Obsthändler. 493. Mailänder Trachten, gezeichnet und gestochen von Napoleon Zucoli. Mailand, in *Magazin de Gravures sous les Arcades Figini* (ca. 1830). Neapolitanische Händlerrufe: Radierungen von Secondo Bianchi (um 1820). 494. Kalbskopf- und Fuß. 495. Kirschen. 496. Kleider. 497. Spitzen. 498. Seebarben.

479

480

481

482

235

Spazzo i camini, e suodo a ora scura
Le fosse; e me sfadigo zorno, e notte
Per render sta' Città netta, e segura.

1

Tuto el di' ziro, e vago via menando
La Mola in sta cariola, e a forte crio
Gua cortelini, el Gua de quando in quando.

21

483

484

Ziro dove le gambe più me mena,
E gusto foli vechi, e vendo i niovi
E gho la mia bottega su la schena.

18

A ingrassar orti, e vigne schena, e brazzi
Me sporco, e stracco; e porto via scoazze:
E sta nette per mi case, e palazzi.

4

Quando scomenza el scuro ogni contrada
Gha qua, e la' i so ferali; e mi li impizzo,
E tuta la Città xe inluminada.

488

489

490

491

492

1 Portefaix   1 Facchino
2 Paysanne des environs de Monza   2 Paesana dei contorni di Monza
3 Mesureur de Vin   3 Brentadore
4 Blanchisseuse   4 Lavandaja
5 Vendeur de Lait   5 Venditore di Late

Émouteur   6   Arrotino
Vendeur de Balais   7   Venditore di Scope
Barbouilleur   8   Imbiancatore
Paysanne des Montagnes de la Brianza   9   Paesana dei Monti di Brianza
Paysanne du Lac de Come, dite la Moncecca   10   Paesana del Lago di Como, detta la Moncecca

493

494

495

496

497

Belle ciefare segnò, treglie, alice, e nzò che buo.

498

243

Anmerkungen

1. „Proclamation ou publication qui se fait par des officiers de police pour annoncer au peuple la vente de quelque marchandise . . . ouverture de foires, rétablissement ou liberté du commerce entre des nations jadis ennemies, ainsi que les défenses et interdictions, etc. Se dit aussi de tout ce qui se crie à haute voix par la ville soit pour l'achat, soit pour la vente, par les Maîtres de la Communauté de vieux fers et vieux drapeaux, ou par certaines pauvres femmes qu'on appelle crieuses de vieux chapeaux; ou enfin par toutes autres personnes qui vendent des menues denrées, légumes, fruits, etc., qu'elles portent dans des hottes, qu'elles étalent sur des éventaires qu'elles ont devant elles, ou qu'elles conduisent chargées sur des bourriques, ou de petits bidets, qu'elles chassent devant elles." Lumpen nannte man auch *vieux draps*. Für die Lappen findet man Ausdrücke wie *peilles, pattes, drilles* oder *chiffes*.

2. Ein anderes kostbares Dokument über das Leben im 13. Jahrhundert ist der *Dictionnaire* von Jean de Garlande, in dem 46 Berufe beschrieben sind.

3. Man muß zwischen der *taverne*, wo der Weinkauf *à l'assiette* getätigt wurde, das heißt, daß man sich auch Essen servieren lassen konnte, und dem *cabaret* unterscheiden, wo der Wein am *huis* verkauft wurde, das heißt von einer Öffnung aus, die sich entweder in der Tür oder in einer Wand des Gebäudes befand.

4. Daher auch die Namen *fenêtres*, Fenster oder *ouvroirs*, Öffnung, mit denen man in dieser Epoche die Läden bezeichnete. Etienne Boileau nennt sie in seinem *Livres des métiers* nie anders.

5. Der Wettbewerb und der Wunsch, sich auf Kosten anderer zu bereichern, wurde zu dieser Epoche als schändliche Handlungsweise angesehen.

6. Der Oblatenhändler hieß je nach Epoche *oblier, oubloier, oubloyer, oublier, oublieux, oublayeur, oubleer, obleer*. Da die Waffeln auch *nieules* genannt wurden, bezeichnete man die Waffenhändler zuweilen als *nielers*.

7. Im 16. Jahrhundert wurden diese kleinen Pasteten mit Marroni gefüllt. Was den Verkauf der Marroni in den Straßen angeht, scheint es, daß er nicht vor dem Ende des 18. Jahrhunderts aufgekommen ist. In dieser Zeit waren die Verkäufer als Betbrüder gekleidet.

8. Bereits Charles Perrault hatte eine Komödie *L'oublieux* betitelt.

9. Die Händlerin, die Honigkuchen, Makronen und „gute Pfefferkuchen" verkaufte, organisierte immer eine kleine Lotterie, bei der die Kinder Bilder gewinnen konnten, auf denen eine kleine schwarze Katze, ein grüner Affe oder das Porträt von M. Mayeux dargestellt waren, einem Possenreißer, nur vier Fuß und sechs „pouces" groß, Theaterliebhaber, der Glück beim Spiel hatte, der mit schönen Frauen aß, denen er ein Lied sang und der über seine Julirevolution erzählte und schließlich sternhagelbetrunken aufwachte und ausrief: „Himmel Sapperment!

(sein Lieblingsfluch) . . . ein Vater von 8 Kindern! Ich bin ein furchtbarer Schurke!"

10. Die Vorfahren der Krapfenhändler waren die Verkäufer von gebackenen Waren, die bereits im 11. Jahrhundert erwähnt wurden. Zwei Jahrhunderte später, als Ludwig XI. gefangen genommen wurde, brachten ihm die Sarazenen Krapfen aus Käse, die in der Sonne gebacken worden waren.

11. *Bran-de-vin*, ein bei den Soldaten und beim Volk üblicher Ausdruck für den Schnaps, *eau-de-vie*.

12. Der *Dictionnaire universelle du commerce* definiert *artisan*, Handwerker, folgendermaßen: „Namen, mit dem man Arbeiter bezeichnet, die jene unter den mechanischen Arbeiten ausüben, die am wenigsten Intelligenz erfordern. Man sagt von einem guten Schuster, daß er ein guter Handwerker sei und von einem geschickten Uhrmacher, daß er ein großer Künstler (artiste) sei."

13. *Clinchant*. Ein anderer Autor aus dem 18. Jahrhundert, Oudin de Préfontaine, stellt eine ähnliche Szene in einer Novelle, *Le Chevalier d'industrie*, dar. Sein Held läßt sich sogar seine Kleider von dem Schnapsverkäufer säubern.

14. Die Fischwagen durften auf der Straße nicht angehalten werden, die Pferde durften ebenfalls nicht beschlagnahmt werden. Waren diese erschöpft oder dienstunfähig, ermöglichte es ein spezieller Fundus, sie umgehend auszuwechseln.

15. Eine Novelle von Restif de la Bretonne heißt *La jolie écailleuse*, „Schöne Austernverkäuferin".

16. Die Pariser Bevölkerung scheint im 16. Jahrhundert pro Hektar ebenso dicht gewesen zu sein wie heute.

17. Ihre Korporation war die der *barbiers-baigneurs-étuvistes-perruquieres*. Diese kümmerten sich auch um die Epilation, eine Sitte, die Anfang des 16. Jahrhunderts von allen Gesellschaftsschichten angenommen wurde und die bis zum Ende des Ancien Régime vor allem von den Adeligen befolgt wurde.

18. Die Bratenverkäufer (rotisseur-oyers) kauften in der Vallée de la Misère, im Tal der Armut, ein, das vom Pont-Neuf bis zum Chatelet reichte. Die Händler von Schweinefleisch führten zu Beginn des 18. Jahrhunderts den Titel von *charcuitiers-saucissiers-boudinier-courtiervisieurs de porcs morts, lards et graisses*.

19. „Il n'y a point de ville au monde, nous dit Louis-Sébastien Mercier dans son *Tableau de Paris*, où les crieurs et les crieuses des rues aient une voix plus aiguë et plus perçante. Il faut les entendre élancer leurs voix par-dessus les toits; leur gosier surmonte le bruit et le tapage des carrefours. Il est impossible à l'étranger de pouvoirs comprendre la chose; le Parisien lui-même ne la distingue jamais que par routine. Le

porteur d'eau, la crieuse de vieux chapeaux, le marchand de ferraille, de peaux de lapin, la vendeuse de marée, c'est à qui chantera sa marchandise sur un mode haut et déchirant. Tous ces cris discordants forment un ensemble dont on n'a point d'idée lorsqu'on ne l'a point entendu. L'idiome de ces crieurs ambulants est tel, qu'il faut en faire une étude pour bien distinguer ce qu'il signifie. Les servantes ont l'oreille beaucoup plus; exercée que l'académicien, parce qu'elles savent distinguer, du quatrième étage et d'un bout de la rue à l'autre, si l'on crie des maquereaux ou des harengs frais, des laitues ou des betteraves. On entend de tous côtés des cris rauques, aigus, sourds: ,,Voilà le maquereau, qui n'est pas mort, il arrive, il arrive! Des harengs qui glacent, des harengs nouveaux! Pommes cuites au four! Il brûle, il brûle" – ce sont des gâteaux froids. ,,Voilà le plaisir des dames, voilà le plaisir!" – c'est du croquet. ,,A la barque, à la barque, à l'écailler!" – ce sont des huîtres. ,,Portugal, Portugal!" – ce sont des oranges. Joignez à ces cris les clameurs confuses des fripiers ambulants, des vendeurs de parasols. Les hommes ont des cris de femmes, et les femmes des cris d'hommes. C'est un glapissement perpétuel; et l'on ne saurait peindre le ton et l'accent de cette pityoable criaillerie, lorsque toutes ces voix réunies viennent à se croiser dans un carrefour." *Tableau de Paris.*

20. In Paris gab es 60 Stadttore, alle befanden sich am Rande der Vororte.

21. Zu bemerken ist, daß der Wein der Champagne ein Rotwein war, und daß der Weißwein in dieser Gegend erst im 18. Jahrhundert auftrat. In vier Farcen ist die Rede vom Wein: *La farce de la folle bombance, La farce du chaulderonnier et du savatier, La farce du gaudisseur* und *Sermon joyeux de bien boire.*

22. Ende des 18. Jahrhunderts gab es in Paris ungefähr 700 Cafés; sie wurden von einigen als ,,Unterkunft der Müßiggänger und Asyl der Bedürftigen" angesehen.

23. ,,Au coin des rues, à la lueur d'une pale lanterne, des femmes portant sur leur dos des fontaines de fer-blanc, en servent dans des pots de terre pour deux sols. Le sucre n'y domine pas; mais enfin l'ouvrier trouve ce café au lait excellent. S'imaginerait-on que la communauté des limonadiers, déployant des statuts, a tout fait pour interdire ce trafic légitime? Ils prétendaient vendre la meme tasse cinq sols dans leurs boutiques de glaces. Mais ces ouvriers n'ont pas besoin de se mirer en prenant leur déjeuner." Tableau de Paris.

24. Die Zunft der *limonadier – marchand d'eau-de-vie* entstand 1676.

25. Der Garten der Tuileries galt im 18. Jahrhundert noch als öffentliche Bedürfnisanstalt; selbst die Hunde gaben sich dort Rendezvous. Es ging so weit, daß man beschloß, die Hecken aus Taxusbäumen, die den Garten schmückten, zu entfernen. Bereits im vorangegangenen Jahrhundert schlug ein Fabrikant von Nachtstühlen in einer Petition an Ludwig XIV. vor, seine Sitze auf den Terrassen und in den Gärten aufzustellen.

26. Man schätzte vor allem die Pfefferkörner, denn gelegentlich mischten einige Händler dem Pfeffer, den sie gemahlen verkauften, Hundekot bei, um das Gewicht zu erhöhen.

27. Ein häufig zu hörender Ruf während der Fastenzeit. Der *verjus* (eigentlich Saft von unreifen Trauben) bestand allgemein aus Saft von verschiedenen grünen Pflanzen, darunter auch Sauerampfer. Die Ausrufer verkauften auch grüne Soße, die man zu Fisch aß.

28. Die Strohmatten wurden allerdings im allgemeinen von Mattenhändlern feilgeboten, die den Titel *empailleurs et rempailleurs de chaises* trugen. Im Sommer wurden die Matten aus grünem Gras und Blumen gemacht, im Winter hingegen aus Stoff und Leder. Die letzteren wurden oft geflochten und mit Arabesken oder mit geometrischen Motiven verziert.

29. Im 13. Jahrhundert oft zitiert, nannte man den Ohrlöffel *cure-*

oreille oder *escurète*, den Zahnstocher *cure-dent coutelet* oder *furgette*. Zu bemerken ist, daß es im 16. Jahrhundert besonders in Spanien üblich war, die Zähne mit Urin zu putzen. ,,Man muß darauf achten", sagt Erasmus, ,,saubere Zähne zu haben, denn sie mit Puder weiß zu machen, das machen nur die Mädchen, sie mit Salz oder Alaun zu reinigen, ist für das Zahnfleisch schädlich, und sich für diesen Zweck des Urins zu bedienen, das überläßt man den Spaniern". Zu dieser Zeit gab es auch Nagelreiniger und, bedeutend später, im 18. Jahrhundert, konnte man kleine Löffel kaufen, *gratte-langue* genannt, um die Zunge zu säubern.

30. Man glaubt, daß es Brillen, *bésicles* genannt, seit der Mitte des 13. Jahrhunderts gibt.

31. Marco Polo erwähnt sie Ende des 13. Jahrhunderts in seiner Beschreibung von Asien.

32. Die Lohe oder die pulverisierte Rinde der Eiche und des Kastanienbaumes wurden für das Gerben der Felle benutzt. ,,Die Lohkuchen werden mit den Füßen zerstampft und in Kupfer-Gußformen gepreßt, man trocknet sie dann an der Luft, da sie nur dann verwendbar sind und sich leicht entzünden, wenn sie vollkommen durchgetrocknet sind. Die Asche dieser Lohkuchen ist nichts anderes als ,,tote" Erde, da sie kein Salz mehr enthält." *(Dictionnaire universel du commerce).*

33. Die Bevölkerung des Faubourg Saint-Marceau galt als ,,die ärmste, die undisziplinierteste, die unruhigste". Es kam in diesem Viertel vor, daß man zur Zeit der *convulsionnaires* (von religiösem Wahn Besessene im 18. Jahrhundert) auf den Sarg des jansenistischen Diakons Pâris tanzte und daß man die Erde seines Grabes aß.

34. *La Place de Grève*, der Streikplatz, der später zur Place de l'Hotel-de-Ville, zum Rathausplatz, wurde, ging bis zur Seine (daher auch sein Name, denn ,,Grève" bedeutete auch Gestade), war, wie man weiß, der Platz auf dem Hinrichtungen und Versammlungen stattfanden.

35. Eine Art weißer, sehr feiner Sand, den man für das Reinigen der Fliesen, des Geschirrs und des Kupfers benutzte.

36. Einige Forscher sind der Ansicht, daß das Wort *cotret* (es gibt verschiedene Schreibweisen: *quotret, cotteret*, usw.) von Villers-Cotterets in der Ile-de-France kommen könnte, einer Stadt, die in der Nähe (*coste* heißt im Altfranzösischen ,,in der Nähe") des Waldes von Retz lag. Sie belieferte Paris lange Zeit mit diesen Bündeln. Aber dieser Etymologie, so verführerisch sie auch sein mag, kann man sicherlich keinen Glauben schenken.

37. Die Lichthändler gehörten zur Gruppe der Krämer.

38. Zu Beginn des 19. Jahrhunderts fand man das Schwefel-, später das Phosphorfeuerzeug.

39. Die Schwefelzündhölzer gibt es seit dem 14. Jahrhundert; sie werden unter dem heutigen Namen ebenso bei Rabelais wie in der *Chanson de tous les cris de Paris* zitiert. Was die chemischen und die Phosphorzündhölzer angeht, so wurden sie nach 1830 von Deutschland importiert.

40. Zu Beginn des letzten Jahrhunderts war die Brücke noch voller Häuser, unter denen sich 20 Läden befanden.

41. Die Büchertrödler wurden 1649 zur Zeit der Fronde vom Pont-Neuf verjagt. Sie verteilten die *mazarinades* und hatten somit den Hof, die Freunde von Mazarin und die Buchhändler gegen sich.

42. Der aus 27 Substanzen bestehende Saft *Orviétan* wurde durch einen italienischen, aus Orvieto stammenden Fabrikanten bekannt.

43. Der berühmte Possenreißer Tabarin errichtete seine Gauklerbühne ganz in der Nähe auf der Place Dauphine.

44. Der feste Sonnenschirm stammte aus der Zeit Ludwig des XV. Um ihn wasserdicht zu machen, überzog man ihn mit Wachsstoff. Der

aufklappbare Regenschirm wurde erst ziemlich spät erfunden.

45. Der Fackelträger wurde *falotier* (von *falot* = Handlaterne) oder auch *falot* genannt.

46. Louis-Sébastien Mercier schätzt, daß jährlich für die leichten Mädchen 50 Millionen ausgegeben wurden und daß etwa 800 000 (eheliche und uneheliche) Kinder im Hospital de Paris abgegeben wurden.

47. Diese Bevölkerung verteilte sich auf etwa 30 000 Häuser, einschließlich 550 Paläste; die Stadt hatte 1109 Straßen, 120 Sackgassen, 13 eingefriedete Güter, 40 Höfe, 82 Durchgänge und 75 öffentliche Plätze. (Nach L. Prudhomme, *Miroir de l'ancien et du nouveau Paris* 1807).

48. *Tableau de Paris.*

49. Man muß den Moden, deren Motivation nicht immer klar zu erkennen ist, einen besonderen Platz einräumen; so auch der Mode der langen Manschetten, die von Italien durch Kartenspielbetrüger eingeführt wurde, und der Mode der Körbe unter den Kleidern, die man brauchte (wenn man sie nicht sogar deswegen erfunden hatte), um eine illegitime Schwangerschaft zu verbergen.

50. J. P. Marane schrieb zu Beginn des 17. Jahrhunderts: „Die Schneider haben größere Mühe etwas Neues zu erfinden, als zu nähen, und wenn ein Kleidungsstück länger hält als das Leben einer Blume, so sieht es alt aus. Daher ist ein Volk von Gaunern, gemeinen Leuten aus dem alten Israel, entstanden. Sie machen ein Geschäft daraus, Lumpen und getragene Kleider zu kaufen und zu verkaufen, und sie führen ein großartiges Leben, indem sie dem einen die Kleider ausziehen und sie den anderen anziehen. Eine durchaus eigenartige Bequemlichkeit in einer stark besiedelten Stadt, wo die, die es langweilt, lange dasselbe Kleidungsstück zu tragen, einen Abnehmer finden und dabei nur einen geringen Verlust haben, und wo die anderen, die es wechseln, das Mittel haben, sich für eine kleine Ausgabe neu einzukleiden." (*Lettre d'un Sicilien*).

51. Der Handel mit alten Waren, so wie wir ihn heute kennen, hat wahrscheinlich nicht vor dem 16. Jahrhundert begonnen.

52. Man hat sagen können, daß die Mode von den Putzmacherinnen gemacht wurde. Wenn der Schneider die Kleider zuschnitt und die Schneiderin die Röcke machte, so fügte die Putzmacherin Verzierungen hinzu oder Besatz unter Zuhilfenahme von Taft, Bändern, Blumen, Spitzen, Federn. Es gab am Vorabend der Revolution 150 Arten, ein Kleid zu schmücken.

53. Zu bemerken ist, daß Disteln früher benutzt wurden, um „die Mützen aufzurauhen und sie weicher und besser für den Verkauf zu machen". (*Dictionaire universel du commerce*). Die Tuchrauher „rieben mit der Distel über die Stoffe, um die Haare an die Oberfläche zu ziehen und sie so haariger zu machen, um ihnen ihr wollenes Aussehen zu geben".

54. Die Hüte bestanden früher aus einer Mischung von Hasenhaar (das man später durch Biberhaar ersetzte, um die Importe aus Kanada zu begünstigen), Wolle oder von anderen gekämmten, unter heißer, mit Wasser angerührter Weinhefe gewalgten und gefilzten Garnen. (*Dictionnaire universel du commerce*). Man nannte die Mitglieder der Zunft der Wollkämmer, die für die Hutherstellung arbeiteten, *coupeurs de poils*, Haarabschneider.

55. Es gab auch *déchireurs de bateaux*, die Zillenschlächter, die die Schiffe oder Kähne auseinander nahmen und die dann die wiedergewonnenen Bretter, Nägel und Segel usw. verkauften.

56. Den Fabrikanten von Blasebälgen gibt es seit dem 13. Jahrhundert. Manchmal waren die Blasebälge reich geschmückt, wie zum Beispiel die Karls V., die mit Samt und Silberornamenten bedeckt waren.

57. Ursprünglich war das Porzellan nichts anderes, als eine weiße, glänzende Muschel, die in Asien, Afrika und Amerika als Münze gebraucht wurde. Erst im Mittelalter wurde Perlmutter aus der Schale

gewonnen; die ersten Töpferwaren wurden im 16. Jahrhundert aus dem Orient importiert.

58. Der den Kupferschmieden (*chaudronnier*) manchmal gegebene Name von *drouineur* (Kesselflicker) stammt von *drouine*, einem Sack aus Fell, in dem sie ihr Werkzeug transportierten.

59. Philippe de Commines

60. Die ambulanten Schuhflicker führten den Titel *maître savatier de la ville et du faubourgs*, „Schustermeister von der Stadt und den Vororten".

61. Schuhausbesserer.

62. Der Gebrauch von Wachs soll auf das 10. Jahrhundert zurückgehen. Es handelt sich hierbei zweifelsohne um „den guten schwarzen Stein", von dem in den *Cris de Paris* des 16. Jahrhunderts die Rede ist.

63. Trotz der Vorschriften, die in den offenen Urkunden von 1416 bekannt gegeben wurden, „damit die Luft unserer Stadt nicht mehr durch das Schlachten und die Abdeckerei verunreinigt und verpestet wird (. . .) befehlen wir, daß das Schlachten und Abdecken vor den Stadttoren unserer Stadt, Paris genannt, vorgenommen wird".

64. Man hat sogar von einem Zusammenstoß zwischen den Glasern und den Aufständischen von 1848 gesprochen.

65. Einige haben von einem *Ballet des Cris de Paris* gesprochen, das zur selben Zeit gegeben wurde, man hat es aber nie wieder finden können. Vielleicht handelte es sich letzten Endes um dasselbe Ballet.

66. Auch *escureur*, *puitier* oder *vuidangeur* genannt aber auch *cure-retrait*, *maître ès chambres basses*, *maître ès chambres courtoises*, *maître fifi* oder *ouvriers des basses oeuvres*. Leerten die Abtrittsfeger eine Abtrittsgrube, dann rächten sie sich beim Bürger, der ihnen kein Geld oder Schnaps gegeben hatte, indem sie die Exkremente in seine Grube gossen.

67. Merkwürdigerweise hat sich nur die Farbe der Hüte im Laufe der Jahrhunderte nicht geändert. Die meisten Hüte waren in der Tat bis 1670 grau, also bis zu dem Zeitpunkt, als Ludwig der XIV. begann, schwarze Hüte zu tragen. Diese Farbe setzte sich dann natürlich durch. Die Formen allerdings waren sehr verschieden: Es gab die *caudebecs* (die aus der Normandie kamen), den Hut mit hochgebundener Krempe, den mit geschlitzter Krempe, den spanischen Hut, den Rubens-Hut, den Schwedenhut, den Dreispitz, den Zweispitz usw. Die Seidenhüte traten Ende des 18. Jahrhunderts auf.

68. Zu den Emblemen muß man die Banner der Zünfte zählen, deren Einführung auf Ludwig XI. zurückgeht. Anläßlich seiner Auseinandersetzung mit Karl dem Kühnen verließ sich dieser nicht mehr auf den Adel, um die Metropole vor den möglichen Angriffen des Feindes zu schützen. Er griff auf die Einwohner der Stadt zurück, die er hinter 61 Bannern aufstellen ließ.

69. Der Handel mit Haaren war im 17. und 18. Jahrhundert so lebhaft, daß der Mangel an Menschenhaar die Perückenmacher zwang, die Perücken aus Roßhaar herzustellen. Im allgemeinen gab es zwei Sorten Haare: Die *lebendigen* Haare, die man von lebenden Wesen oder von Leichen nahm, und die *toten* Haare, die man dem Kamm entnahm oder die von Kranken stammten.

70. „Der Händler von Schmuckfedern färbte, weißte, stärkte und nähte zusammen und verkaufte alle Arten von Vogelfedern, vor allem die des Straußes". (*Dicionnaire universel du commerce*).

71. Karl VI. hatte diese „falschen Gesichter" verboten, aber Franz I. rehabilitierte sie wieder. Die Masken hatten ein Kettchen, an dessen Ende eine Perle war (manchmal auch eine Nuß), die man in den Mund steckte, um nicht zu sprechen.

72. Die Rattenfänger bedienten sich verschiedener Mittel, von denen die klassischsten selbst von Privatleuten gebraucht werden konn-

ten: Der schwere Stein, der von einer Achse in einem leichten Gleichgewicht gehalten wurde; der Nagel, der von sich plötzlich entspannenden Bogen auf das Tier abgeschossen wurde; Feder- oder Schnellfederfallen. Es gab aber auch das Stroh, das auf der Oberfläche eines mit Wasser gefüllten Behälters lag, die Fleischklößchen, denen man Schwammstücke beigemengt hat, den Teller mit Mehl, unter das man Gips gemischt hatte und neben dem man einen anderen Teller mit Wasser aufgestellt hatte, usw. Die Mausefalle, wie wir sie heute kennen, geht auf das 16. Jahrhundert zurück.

73. Einige Bären waren darauf dressiert, Passanten zu entführen.

74. Der Markt von Saint-Germain wurde in Paris abgehalten, und zwar dort, wo heute der Markt von Saint-Germain stattfindet. Man weiß hingegen nicht, wo der Markt Saint-Laurent abgehalten wurde.

75. Auf Grund einer Verordnung der Pariser Gemeinde wurden 1793 all diese dressierten Tiere eingefangen. Die meisten kamen in den Jardin des Plantes; das Museum für Naturgeschichte wurde erst später gegründet.

76. Der Ausdruck *funambule*, Seiltänzer, wurde 1740 in das Wörterbuch der Académie aufgenommen.

77. Verschiedene dieser Operateure waren wegen ihrer Geschicklichkeit so bekannt, daß sie sich um die Zähne der Könige kümmern mußten. Die Anpreisung dieser Operateure liegt höchstwahrscheinlich der sprichwörtlichen Redewendung: „Lügner wie ein Zahnauszieher" zugrunde.

78. Die Gaukler trugen ein Gewand aus Strohsackleinen.

79. Die *escamonteurs*, Taschenspieler, heißen heute *prestidigitateur*.

80. Die Jongleure des 13. Jahrhunderts nahmen im darauffolgenden Jahrhundert den Titel *ménestrels* oder *ménestreurs* an. Sie schlossen sich dann zu einer Zunft zusammen, deren König *roi des violons jouer d'instruments tout hauts que bas*, „Spieler von hohen und tiefen Instrumenten", hießen. Unter Ludwig XIV. wurden diese Meister zu *maître à danser et joueur d'instruments*, „Tanzmeister und Spieler von Instrumenten". Die Zunft der *ménestriers* gab es bis 1776.

81. Die meisten dieser Auskünfte sind dem Buch Genevière Bollème, *La Bibliothèque bleue, la littérature populaire en France du XVIe au XIXe siècle* entnommen. (Paris, Julliard 1971).

82. Der Ursprung des Ausdrucks *canard* ist umstritten. Einige sehen darin eine Satire auf den königlichen Adler, der auf den Berichten der napoleonischen Armee abgedruckt war. Ohne daß man eine klare Beziehung zu dem besprochenen Flugblatt sehen kann, sagen andere, daß er von dem *couac* kommt, den eine Klarinette erzeugt; wieder andere meinen schließlich, daß *canard* in der Druckersprache die Zeitung bezeichne.

83. Dazu kann man das Werk *Canards du siècle passé* (Paris, Pierre Horay, 1969) konsultieren.

84. Der älteste, bekannte *canard* geht auf das Jahr 1498 zurück und berichtet über das Begräbnis Karls XIII. Das erste gedruckte Plakat stammt aus dem Jahr 1482; es kündigt die Pilgerfahrt des *Grand Pardon de Notre Dame de Reims* an. Diese Premieren folgten also sehr schnell auf die Erfindung der Druckkunst und die Entstehung des Buches.

85. Hersteller von *canards*. Der *canardier*, ein vollkommener Journalist, war für die Redaktion, den Umbruch, die Zeichnung und den Holzschnitt zuständig. Außerdem kümmerte er sich meistens auch noch um die Verteilung der Blätter.

86. Die Lobgesänge, Lieder und Vaudevilles (satirische Volkslieder über ein Tagesereignis nach bekannten Melodien) waren eine zeitlang der Zensur unterworfen.

87. „Nom d'un rat, nom d'un chien! Achetez la fameuse histoire d'un mauvais riche. Voyez comme il lâche ses chiens sur le malheureux; il ne lui laisse que des miettes qui tombe de sa table. Voyez les haillons du pauvre et ses plaies; et regardez le mauvais riche dans sa luxure et son insolence. Venez, voyez, achetez, ça ne coûte que la légère somme de 5 centimes. Voyez, un sou, cette superbe planche parfaitement colorée pour un sou! „ Nom d'un rat, nom d'un chien! " Avez-vous rêvé de chat? Avez-vous rêvé de chien? Avez-vous vu de l'eau trouble? Voilà l'explication de tous les rêves, un volume broché avec des figures!"

88. Ausschnitt aus *Paris pendant la Révolution*.

89. Louis-Sébastien Mercier, *Tableau de Paris*.

90. Restif de la Bretonne, der den kleinen Berufen der Straßen mehrere Novellen gewidmet hat, hat sich manchen Nomaden gegenüber streng geäußert: „Ich habe die Straßensänger immer verabscheut und im allgemeinen die Hausierer", schreibt er. „Das sind verächtliche Kerle ohne Sitten, unnütze Menschen, Faulenzer."

91. Das war der Name des Grundstücks, auf dem das Hopital Quinze-Vingt gebaut wurde.

92. Die 8000 Laternen, die die Bürger in den Fenstern im ersten Stock aufstellen mußten, um die Brigantenbanden in Schach zu halten, wurden im 18. Jahrhundert durch 5000 Straßenlaternen ersetzt, die mit einem aus Eingeweiden hergestellten Öl von der Ile des Cygnes gespeist wurden.

93. Die Abschneider von Nadelköpfen konnten innerhalb von einer Minute 84 Schläge mit der Schere machen, das heißt: mehr als 5000 in der Stunde.

94. Frégoli war ein im 19. Jahrhundert lebender italienischer Schauspieler, der bis zu 60 verschiedene Rollen spielte.

95. *Grisette* bedeutet ebenso Graukehlchen wie junges, leichtfertiges Mädchen.

96. Diese warmen Hammelkeulen wurden im 19. Jahrhundert kalt verkauft, und zwar vor den Eingängen der Volkstheater und in den Schenken. Henry Mayhew schätzt in seiner Untersuchung *London poor . . .* , daß 80 000 Keulen pro Woche verkauft wurden.

97. Zur Zeit, zu der Teppiche in England noch ein fast unbekannter Luxus waren, legte man die Böden mit Binsen aus. Nach Aussage der Dichter und Chronisten warf man die Binsen auf die Straße, durch die eine Prozession kommen sollte. Da man bei der Krönung Heinrichs XIII. befürchtete, nicht genügend Binsen zu haben, liefen Diener dem Geleitzug voraus und riefen: *Binsen! Binsen! Binsen!*

98. Aus König Heinrich IV., Teil 2, 1. Akt, 2. Szene

99. Das heißt: eine Art Obst- und Gemüsehändler.

100. Hierbei handelte es sich um einen Nachtwächter, dem wir auch schon in den Straßen von Paris begegnet sind.

101. Diese Sitte ging auf das Jahr 1416 zurück, in dem der Bürgermeister Henry Barton befahl, an winterlichen Nachmittagen zwischen Allerheiligen und Maria-Lichtmeß Laternen und Beleuchtungen vor den Häusern aufzustellen.

102. Die Kaufrufe der Verkäufer von Themse-Wasser haben drei Komödien den Titel gegeben: *Northward, ho!, Eastward, ho!, und Westward, ho!*

103. *The new river*, „Der neue Bach", der für die Wasserversorgung der Hauptstadt gebaut wurde, wurde 1609 begonnen und 1613 beendet. Er war vor allem das Werk von Hugh Myddelton, ein reicher Bürger der Stadt, der viele Schwierigkeiten überwinden mußte (besonders bei den Grundstücksbesitzern), um seine Ansichten durchzusetzen.

104. Joseph Addison, Essayist und Journalist (1672 bis 1719), der in London vier Indianerhäuptlinge spazieren führte, um seine Leser zu amüsieren, hat im *Spectator* eine interessante Studie (in Form eines Briefes) über das Thema der Londoner Kaufrufe publiziert.

105. Marcellus Mauron (manchmal Laroon oder Lauron genannt) wurde 1653 in Holland geboren; als sein Vater ihn nach England mitnahm, lehrte er ihn die Malerei. Er arbeitete dann mit dem Porträtisten La Zoon. Da er die Kunst der Darstellung von Draperien so gut beherrschte, ließ Godfrey Kneller ihn die Gewänder seiner Porträts malen. Laroon hat unter anderem die Salbung von Wilhelm von Oranien und der Königin Mary dargestellt.

106. Über den Graveur Pearce Tempest ist wenig bekannt. Man weiß nur, daß er am Strand lebte und 1717 starb, 15 Jahre nach Laroon.

107. Shakespeare verweist in *Love's Labour's lost* auf die Trompete des Spielwarenhändlers.

108. Das Horn des Schweinekastrierers galt als das lauteste Instrument in den Straßen von London.

109. Das heißt: nur die Fischverkäufer, Obst- und Gemüsehändler.

110. Henry Mayhew gliederte die Rechnung folgendermaßen: 12 000 Händler für die Märkte von Billingsgate, Covent Garden, Spitalfields, Borough und Leadenhall; sind die Hälfte davon verheiratet und haben Kinder, kommt man auf 30 000 Männer, Frauen und Kinder, die ihren Unterhalt mit *costermongering* verdienen. Der Verfasser ist allerdings der Ansicht, daß er mit dieser Zahl noch weit von der Wirklichkeit entfernt ist und daß sie durch die Hungersnot in Irland sicherlich noch steigen wird.
Henry Mayhew nennt außerdem die Methode (die sehr einfach und ein wenig empirisch ist), mit der er die Straßenhändler gezählt hat. Er ging davon aus, daß er bei seinen Spaziergängen einen Durchschnitt von vier Verkaufsständen pro Meile hatte feststellen können (an stark besuchten Stellen konnte er bis zu 14 Verkaufsstände zählen) und daß es nach Polizeiangaben 2000 Meilen öffentliche Wege gibt, und kam so auf 8000 Verkaufsstände, die je nach der Proportion von verheirateten Männern (und mit den oben genannten Kindern) 20 000 Menschen Unterhalt bieten würden. Dabei ist noch zu bemerken, daß zwei Drittel der *costermongers* Nomaden und der Rest *stationnarys* waren.

111. *On half profits.* Es war üblich, daß die *costermongers* junge Leute einstellten, die ihnen die Waren verkauften und sich mit der Hälfte des Gewinns zufrieden gaben. Das bedeutete, daß der Unterhändler zweimal so viel Waren verkaufen mußte wie der Händler selbst, um seinen Lebensunterhalt zu verdienen.

112. Die *twopenny hops* (Lokale, in denen eine Art Volksbälle stattfanden) entsprechen etwa den französischen *bals musette* (Lokale, in denen nach den Klängen des Dudelsacks getanzt wurde) oder den *bastringues* (volkstümliche Tanzlokale).

113. Manche glauben, daß die ersten Apfelsinen von Sir Walter Raleigh eingeführt wurden, einem Seemann, Kolonist, Dichter und Günstling der Königin Elisabeth I., der unter der Herrschaft Jakobs III. hingerichtet wurde.

114. Davon wurden 15 bis 20 Millionen in London von den ambulanten Händlern vertrieben.

115. Deshalb entzogen manche *costermongers* der Frucht den Saft, bevor sie sie kochten und verkauften ihn an die Weinhändler.

116. War der Hering der populärste Fisch, so galt die Sprotte als ein erschwinglicher Luxus. Der Lachs allerdings war zu teuer und somit den Reichen vorbehalten.

117. Die von Henry Mayhew angegebenen Zahlen sind beeindruckend: allein auf dem Markt von Billingsgate wurden 300 Millionen Seeschnecken pro Jahr verkauft, 500 Millionen Austern, ebenso viele Garnelen und eine Milliarde frische Heringe. In der selben Zeitspanne wurden in London 116 000 Tonnen Frischfisch verkauft.

118. Es gab eine dritte Kategorie, die der marinierten Fische (pickeld), aber ihr Absatz in den Straßen war unbedeutend.

119. Nach Henry Mayhew verkauften die *costermongers* in den Straßen von London 25 Millionen rote Heringe pro Jahr und 36 Millionen Bücklinge.

120. „Reife Erdbeeren und Kirschen an Zweigen" war schon zur Zeit von Heinrich V. ein poetischer und sehr musikalischer Ruf.

121. Die Gurken galten als eine aristokratische Frucht; nach der Cholera von 1849 verloren sie aber an Wert.

122. *Jaw-work, jaw-work, a whole pot a halfpenny, hazelnuts!*, was man folgendermaßen übersetzen könnte: „Arbeit für die Kiefer, Arbeit für die Kiefer, ein volles Maß für einen halben Penny: Haselnüsse!" Und dieser andere Ruf: *A groat a pound large Lilbets, a groat a pound! Full weight, a groat a pound,* „Vier Pence das Pfund Lambertsnüsse! Gutes Gewicht!"

123. Dieser alte Handel ging der Einführung der Kartoffel weit voraus.

124. In dieser Zeit wurden in London fast ebenso viele dieser Zweige verkauft wie es Haushalte gab. Die Ausschmückung der Kirchen machte einen großen Teil der Nachfrage aus. „Stechpalme! Grüne Stechpalme!" und *Ground ivy, ground ivy, come buy my ground ivy!*, „Efeu, kauft mein Efeu!" waren die am häufigsten zu hörenden Rufe.

125. Diese Zahl hat Henry Mayhew angegeben. Die toten Pferde wurden in Schubkarren zum Abdecker gebracht; bei den lebenden Pferden wurde bei ihrer Ankunft ausgewählt: war eines von ihnen jung, wurde es trotz des schlechten Zustandes in einen Stall geführt, behandelt sowie gefüttert und dann vom Abdecker als Karrengaul benutzt, vermietet oder verkauft. Nach dem Schlachten wurden die Tiere zerlegt, das Fleisch von den Knochen gelöst und der Abgang des Viehs wurde beiseite geschafft. Die Knochen wurden gekocht, um das Fett abzusondern, das dann als Wagenschmiere und Schmiere für Harnische verkauft wurde. Die Knochen wurden als Dünger verwendet und das Fleisch wurde zum Kochen in einen enormen Behälter geworfen, der das Fleisch von drei Pferden faßte. Das Kochen dauerte bei einem geschlachteten Tier eine Stunde und 20 Minuten, bei einem an Altersschwäche gestorbenen Tier jedoch länger als zwei Stunden. Der Abdecker hatte Verträge mit wichtigen Unternehmen, wie Brauereien, Kohlenhandlungen und Ställen.

126. Eine sehr zweideutige Bezeichnung, da der Wein nur wenig Ähnlichkeit mit dem vom Kontinent aufwies.

127. Man sagte, daß die Zöllner Komplizen der Aufschlitzer von Ballen waren, die am Kai lagen, und daß auf diese Weise skrupellose Kaufleute billig zu ihren Waren kamen.

128. Während des ersten Viertels des 14. Jahrhunderts konnte man annehmen, daß York Hauptstadt des Königreiches werden würde. Es ist bemerkenswert, daß Westminster lange Zeit administrative Hauptstadt war.

129. Freie Bauern, die die Blumenerde bearbeiteten; denn wie das englische Gesetz keinen Unterschied zwischen Adeligen und nicht Adeligen kannte, gab es auch keinen Unterschied zwischen Freien und Unfreien.

130. Die *conundruns* beinhalteten zumeist einen Stich, *Wonderful Picture*, „Wunderbares Bild" genannt, auf dem eine verzerrte Ansicht einer Landschaft, eines Gebäudes oder einer Gestalt abgebildet war. Wollte man das Dargestellte in seiner normalen Erscheinung sehen, so genügte es, das Bild aus einem gewissen Blickwinkel zu betrachten. Das, was ursprünglich ein der intellektuellen Elite vorbehaltener Zeitvertreib war, wurde in der zweiten Hälfte des 19. Jahrhunderts auch in Frankreich sehr populär.

131. Es handelte sich hierbei oft um Blätter, die auf satirische Art von den politischen und auch den kirchlichen Neuigkeiten berichteten. Sie wurden für einen Penny verkauft.

132. Diese Anekdote hat uns Charles Hindley in seiner „Geschichte der Londoner Kaufrufe" überliefert.

133. *The Beggar's Opera* ist ein satirisches Stück von John Gay. Sie wurde 1728 im Covent Garden aufgeführt. Ihre Lieder basieren auf populären Themen, die von traditionellen englischen, schottischen, irischen, walisischen und auch französischen Melodien ausgingen, und die der Komponist Christopher Pepusch recht ungeschickt harmonisiert hat. John Gay hatte Pepusch gebeten, die Ouvertüre und die Begleitmusik zu komponieren. Die Handlung der *Beggar's Opera* spielt im Gefängnis und seiner Umgebung; die Helden sind Diebe und Prostituierte; das Thema der Intrige liegt der berühmten Dreigroschenoper von Kurt Weil und Bertold Brecht zugrunde. Die *Beggar's Opera* war ein großer Erfolg; sie wurde im Laufe des 18. Jahrhunderts und auch im 19. immer wieder aufgeführt. Im zweiten Akt treten Frauen aus der Stadt auf, deren Arien häufig von den Sängern von Klageliedern aufgenommen wurden.

134. Konzeption, die sich Jakob Burckhardt zu eigen gemacht hat.

135. In Frankreich bei Edouard Watter im 18. Jahrhundert und vor allem bei Joseph Mainzer in *Les Français peints par eux-mêmes* (1853) und bei Bertall in *La Comédie de notre temps* (1875).

136. Die Bemerkung ist von Charles-Nicolas Cochin aus *Supplique aux orfèvres.*

137. Besonders die *Costumes, moeurs et coutumes des Russes dessinés à Saint-Pétersbourg par Ch. G. H. Geissler, Dessinateur, attaché à M. de Pallas, décrits par M.le Dr. J. G. Gruber, et traduits par M. de L . . .* (Leipzig, Industrie-Comptoir, 1804) und *Bilder aus London* von Otto Rosenberg (Leipzig, 1834).

138. Die von David Herrliberger verlegte Folge von Kaufrufen aus Zürich wird bis zu 156 Vignetten zählen.

139. Bolognesische Malerfamilie des Barocks. Die Caracci waren zu dritt: zwei Brüder, Agostino (1557 bis 1602) und Annibale (1560 bis 1609) und ihr Vetter Lodovico (1555 bis 1619). Sie hatten sich zusammengetan, um die bologneser Paläste Fava, Magnani und Sampieri zu dekorieren.

Bibliographie

Der bei weitem bedeutendste Teil der Literatur über die Straßenhändler ist im Laufe des letzten Jahrhunderts entstanden, zu einer Zeit also, zu der die Händlerrufe schon langsam verschwanden; im selben Jahrhundert wurden Drucke nach alten Holzstichen und Lithographien angefertigt, und man versah die Händlerrufe mit den entsprechenden Notationen.

Das in zwölf Bänden erschiene Werk *Tableau de Paris* von Louis-Sébastien Mercier und der fast ein Jahrhundert später publizierte *Dictionaire des Arts, Métiers et Professions* von Alfred Franklin weisen denselben Hang fürs Enzyklopädische auf. Die Schriften von La Bédollierre und Jacob sind dagegen im für das 19. Jahrhundert typischen Stil der „physiologies" (eine Art Sitten-Studie, wie sie auch Balzac verfaßt hat) geschrieben. Historiker, wie Victor Fournel, hielten eher das anekdotische und pittoreske Element der Welt der Straßenhändler fest. Der in der Viktorianischen Epoche lebende Henry Mayhew gab seinen Interviews der Londoner *costermongers*, die der sozialen Studie *London Labour and the London Poor* zugrunde liegen, einen veristischen Charakter. Georg Kastner und Joseph Mainzer schließlich interessierten sich für die Sprache der Ausrufer und die Musik ihrer Rufe.

Diesen Autoren sowie auch den Verfassern von *Paris qui crie* und *Paris gagne-petit* verdanken wir manch pikantes Detail und manche köstliche Geschichte, die wir in unseren Text übernommen haben. Zuweilen haben wir darauf verzichtet, diese Stellen durch Anführungszeichen oder Kursivschrift zu kennzeichnen, um den Rhythmus und die Lebendigkeit des Textes, den wir einem breiten Publikum zugänglich machen wollten, nicht zu beeinträchtigen. Bei wichtigen Textübernahmen haben wir jedoch auf die Quelle verwiesen, denn es scheint uns unerläßlich, daß eine Geschichte der Händlerrufe, zumal sie heute nicht mehr zu hören sind, auf einem gewissenhaften Zusammentragen der überlieferten Zeugnisse beruhe. Es ist amüsant festzustellen, daß selbst die oben genannten Autoren sich gegenseitig angeregt und Händlergestalten, besondere Situationen, Anekdoten oder pittoreske Elemente voneinander übernommen haben. Wir sind im Laufe der Nachforschungen sogar auf identische Texte gestoßen, die unter den Namen von verschiedenen Verfassern publiziert wurden. Solche Fälle kamen im 19. Jahrhundert nicht selten vor, zumal die Autoren, die durch einen Vertrag an einen bestimmten Verlag gebunden waren, ihre Schriften öfters unter einem Pseudonym bei einem anderen veröffentlichten.

Der größte Teil unserer ikonographischen Dokumentation stammt aus dem Cabinet des estampes de la Bibliothèque national, und zwar aus der Sammlung *Les cris de Paris du XVIIIᵉ sièle* (Folio Oa 135c von Bouchot unter dem Titel „Costumes et moeurs" zusammengefaßt). Die anderen Dokumente kommen vor allem aus dem Musée des Arts et des Traditions populaires, dem Musée Carnavalet sowie aus der Kunstbibliothek von Berlin und dem Germanischen Nationalmuseum Nürnberg.

Der Vicomte Savigny de Montcorps hatte zu Beginn eine erste Zusammenstellung der den Pariser Kaufrufen gewidmeten Stiche unternommen. Die erste bedeutende Arbeit über dieses Thema ist jedoch erst vor einigen Jahren entstanden (1971); es ist bedauerlich, daß der Verfasser, Wolfgang Steinitz, die Rufe nur bis 1800 analysiert hat. In jüngster Zeit ist die umfangreiche Studie erschienen, die Karen F. Beall den Händlerrufen und dem Straßenhandel in der ganzen Welt gewidmet hat (1975). Diese wissenschaftliche, klar aufgebaute Arbeit ist in einer sorgfältigen Ausgabe (in Deutsch und Englisch) bei Hauswedell, Hamburg, erschienen. Leider sind wir erst spät auf dieses Werk gestoßen, da es im Sommer 1977 noch nicht in den großen Pariser Bibliotheken verzeichnet war; so konnten wir diese Arbeit nur benutzen, um die Richtigkeit einiger Datierungen und Zuschreibungen zu überprüfen.

Die Bibliographie zu den Bildfolgen, die wir vollständig oder teilweise reproduziert haben, haben wir in dieser Zusammenstellung nicht erwähnt; sie finden diese Angaben in den jeweiligen Bildlegenden.

I LITERARISCHE QUELLEN

ANONYM:

The Bellman's Treasury (1707).

The British Bellman (1648).

Chanson nouvelle de tous les cris de Paris, et se chante comme la volte de Provence (fin du XVIᵉ siècle).

The Cries of London, in Rosburghe Ballads (ca. 1690–1700).

Les Cris de Paris, que l'on crie journellement par les rues de ladicte ville (Troyes, 1584). Werk, das öfters neu aufgelegt und in Form von Heften mit Varianten im Titel herausgegeben wurde; zumeist von *Les Rues et églises de Paris avec la dépense qui se fait chaque jour* begleitet.

Dits (des Spezereiwarenhändlers, des Baders, usw.) in Mysterien, Romanen und Fabliaux des 13. und 14. Jahrhunderts. Der größte Teil der *Dits* wurde von Georges-Adrien Crapelet aufgenommen in *Proverbes et dictons populaires...* (Paris, 1831).

Farce nouvelle, très bonne et fort récréative pour rire des cris de Paris (1548). Herausgegeben von Viollet-le-Duc in seinem *Ancien Théâtre français*.

The London Chanticleers, Komödie (1659).

The Merry Bellman's out-cries (1655).

BEAUMONT et FLETCHER, *The Loyal Subject*, Komödie.

BERTHOD, *La Ville de Paris en vers burlesques* (1652).

BOILEAU Nicolas, *Satire VI* (1666).

BONARDOT, *Études sur Gilles Corrozet.* Ein Heft (das auf diesen Text, der eine Auflage von ca. 1520 reproduziert, folgt) ist nach Kastner vielleicht als Archetypus der 26 Vierzeiler, die im Laufe des 16. Jahrhunderts von 102 weiteren ergänzt wurden, anzusehen. *(Les Cris de Paris que l'on crie journellement . . .).*

BROME Richard, *The Court Beggar* (1632).

COLLETET François, *Le Tracas de Paris* (1658).

DEKKER Thomas, *The Bellman of London* (1608).

DESAUGIERS, *Paris s'éveille à cinq heures du matin,* Komödie in Versen.

FAVART, *La Soirée des boulevard* (1758).

FRANCIS, SIMONNIN et d'ARTOIS, *Les Cris de Paris, tableau poissard en un acte,* in den Varietés 1822 aufgeführt.

GREENE Robert, *Perimedes the Blacksmith* (1588).

GRIVESNES, *Les Esguillons d'amour* (1597). Enthält *La Ville de Paris en vers burlesques, La Foire Saint-Germain* und *Les Cris de Paris.*

HEYWOOD Thomas, *The Rape of Lucrece* (1609).

JONSON Benjamin (genannt BEN), *Epicene or The Silent Woman* und *Bartholomew Fair,* comédies.

LABICHE Eugène, in *Théâtre (Le Misanthrope et l' Auvergnat).*

LA VILLENEUVE Guillaume de, *Les Crieries de Paris* (Ende 13. Jhdts.).

LYDGATE Dan John (zugeschrieben) in *London Lyckpenny (ca.* 1390).

MERCIER Louis-Sébastien, *La Brouette du Vinaigrier,* Drama.

PAIN Joseph, *La Marchande de plaisir,* Komödie (19. Jhdts., nach Marguerite Pitsch).

PERRAULT Charles, *L'Oublieux,* Komödie

PROUST Marcel, *La Prisonnière (A la recherche du temps perdu,* Paris, Gallimard collection Folio).

RABELAIS François, *Pantagruel,* Buch II, Kapitel XXX und XXXI.

REGNARD François, *La Foire Saint-Germain.*

RESTIF DE LA BRETONNE, *Les Contemporaines, ou Aventures des plus jolies femmes de l'âge présent.* (Vor allem *La Petite Oublieuse* und *La Jolie Bonbonnière.)*

RUTEBEUF François, *Les Ordres de Paris.*

SAINT-AMAND, *La Nuit.*

SCARRON Paul, *La Galerie du Palais,* in *Description de Paris en vers burlesques.* Siehe ebenfalls *La Foire Saint-Germain* (1643).

SCOTT Walter, *Fortunes of Nigel.*

SHAKESPEARE William (vor allem in *Henri IV.).*

TALLEMANT DES RÉAUX, *Clinchamp,* in *Historiettes.*

VILLON François, *Ballade des Femmes de Paris.*

WARDE Roger, *The Three Ladies of London,* Komödie (London, 1584).

II MUSIKALISCHE QUELLEN

ANONYM, *Pammelia, musickes miscellanie* (1600–1618).
Le Petit Rien, almanach chantant ou recueil de chansons nouvelles sur des airs çonnus pour l'année 1773 et les suivantes.

ANONYM, englisch aus dem 17. Jhdt., *The Carman's whistle.*

AUBER Daniel-François, Chor des Marktes in *La Muette de Portici.*

BÉRANGER Pierre-Jean de, Lied *marchant d'habits* (1814).

BYRD William, *The Carman's whistle.*

CHARPENTIER Gustave, Pariser Händlerrufe orchestriert in *Louise.*

CLAPISSON L., Chor der Ouvertüre in *La Fanchonnette.*

DAVID Félicien, Quartett *Les Cris populaires de la Provence,* in *La Ruche harmonieuse.*

DERING Richard, *Country Cries.*

DOWLAND John, Lied der Hausierer

ELWART A. IV. Symphonie (nach G. Kastner, ist im Andante die Melodie „*A la barque, à la barque!*" verarbeitet).

GARDINER William, gesammelte Kantilenen.

GAUBERT Ad., *Les brosses à dents, les cure-oreilles, Pot-pourri burlesque sur plusieurs cris de Paris, avec de doubles paroles dessous, variations, airs connus, arrangés pour le forte-piano.*

GIBBONS Orlando, *The Cries of London. Tarquin and Lucree.*

JANEQUIN Clément, *Les cris de Paris sous François Ier,* in *Inventions musicales* (Sammlung von 1520).

JOHNSON Robert, *Carman's whistle.*

KASTNER Georges, *Les Cris de Paris, grande symphonie humoristique vocale et instrumentale* (1857).

LHUILLIER Edmond, *Voilà l'plaisir, mesdames!*

MAYER, *Les Cris de Paris, actualité.*

MORLEY Thomas, Stück für 4, 6, 8 und 10 Stimmen auf die *Londoner Rufe.*

OFFENBACH Jacques, *Mesdames de la Halle.*

PARISOT Victor, *Les Cris de Paris, grande valse imitative* (1840).

RAVENSCROFT Thomas, Lied der Ausrufer von Cheapside.

SAINT-JULIEN Alfred de, *Les Journaux du soir en 1848.*

SCARLATTI Domenico, in *Sonates* (nach G. Kastner, den Liedern des Krämers und Eseltreibens entlehnt).

WEELKES Thomas, *The Cries of London.*

WILSON John, *The Song of the Pedlar* (1673).

CASTIL-BLAZE (François BLAZE, genannt), hat im letzten Jahrhundert die Pariser Händlerrufe gesammelt und notiert.

SPONTINI Gaspare, in *Fernand-Cortez.*

III SEKUNDÄRLITERATUR

ADDISON Joseph, *Cries of London,* in *The Spectator.*

ANONYM, *Paris Gagne-Petit* (Paris, 1854).

ADHEMAR Jean, *Imagerie populaire française* (Paris, Weber, 1976).

ALLEMAGNE H. R. d., *Les Cartes à jouer du XIVe au XXe siècle* (Paris, Hachette, 1906).

ANONYM, *Les Livres de l'enfance du XVe au XIXe siècle,* 2 vol. (Paris, Gumuchian et Cie, 1931–1933).

ANONYM, *Discours sceptique de la beauté de Paris et de ce qu'il a d'incommode,* in *Lettres et discours de M., de Sorbière* (1660).

ASTON John, *Modern Street ballades* (London, 1888).

AUGUR Helen, *The Book of Fairs* (New York, 1971).

BALL Elisabeth, *The Moving Market or Cries of London Town* (Cleveland et New York, 1957).

BALZAC Honoré de, *Ce qui disparaît de Paris,* in *Le Diable à Paris* (Paris, 1844).

BARRON Louis, *Paris pittoresque, 1800–1900, la vie, les mœurs, les plaisirs* (Paris, 1899).

BASS Michael T., *Street Music in the Metropolis* (London, 1864).

BEALL JKaren F., *Kaufrufe und Strassenhändler (Cries and itinerant trades* (Hamburg, Ernst Hauswedell, 1975).

BERALDI Henri (Vorwort von), *Paris qui crie, Petits Métiers* (Paris, 1890).

BERTALL, *La Comédie de notre temps,* 2 vol. (Paris, 1875).

BONŒIL, *Panthéon drolatique, ou Galerie pour rire, enrichie des portraits, esquisses, ébauches, silhouettes, pochades, croquis de tous les personnages célèbres sur le pavé de Paris* (1839).

BRÜCKNER Wolfgang, Populäre Druckgraphik Europas: Deutschland. Vom 15. bis zum 20. Jahrhundert (München, 1969).

CERTEUX Alfred, *Les Cris de Londres au XVIIIe siècle* (Paris, 1893).

CHAMPFLEURY, *Histoire de l'imagerie populaire* (Paris, 1869)

COLAS René, *Bibliographie générale du costume et de la mode,* 2 vol. (New York, 1969).

DOUCET Jérôme, *Les Petits Métiers de Paris* (Paris, 1901).

DUCHARTRE Pierre-Louis (et René SAULNIER), *L'Imagerie parisienne* (Paris, 1944).

DUCHARTRE Pierre-Louis (et René SAULNIER), *L'Imagerie populaire parisienne* (Paris, 1925).

ESNAULT Louis, *Londres.* Illustrationen von Gustave Doré (Paris, 1876).

FOURNEL Victor, *Les Cris de Paris, types et physionomies d'autrefois* (Paris, 1887).

FOURNEL Victor, *Les Rues du vieux Paris, galerie populaire et pittoresque* (Paris, 1879).

FOURNEL Victor, *Histoire du Pont-Neuf* (Paris, 1862).

FRANKLIN Alfred, *Dictionnaire historique des arts, métiers et professions exercées dans Paris depuis le XIIIᵉ siècle* (Paris, 1906).

FRANKLIN Alfred, *Les Rues et les Cris de Paris au XIIIᵉ siècle* (Paris, 1874).

FRANKLIN Alfred, *La Vie privée d'autrefois. Arts et métiers, modes, moeurs, usages des Parisiens du XIIᵉ au XVIIIᵉ siècle.*

FURETIÈRE, Articles, *Crieurs de corps et de vin*, in *Dictionnaire* (Den Haag, 1690).

GENLIS Mme de, in *Mémoires*.

GOURIET Jean-Baptiste, *Les Charlatans célèbres, ou Tableau historique des bateleurs, des baladins, des jongleurs, des bouffons,* etc. (Paris, 1819).

GRAND-CARTERET John, *Vieux Papiers, vieilles images* (Paris, 1896).

GRANDVILLE (et OLD NICK), *Les Petites Misères de la vie humaine* (Paris, 1843).

GREENE Robert, *Never too late* (1590).

GUGITZ Gustav, *Lieder der Strasse. Die Bänkelsänger im Josephinischen Wien* (Vienne, 1954).

HARRIS J., *The Cries of London as they are daily practised* (London, 1804).

HENRION, *Encore un tableau de Paris* (Jaho VIII).

HINDLEY Charles, *A History of the Cries of London ancient and modern* (London, 1881).

HOUX-MARC E., *Les Cris de Paris avec leurs intonations et leur musique, tableau pittoresque, historiettes morales et amusantes . . .* (Paris, 1851).

JOANNIS Claudette, *Les Petits, Métiers des jardins publics* (Paris, Christine Bonneton, 1977).

JONES Karen F. (Karen F. BEALL), *Street Cries in pictures*, in *The Quarterly Journal of the Library of Congress* (Washington, Januar 1968).

KASTNER Georges, *Les Voix de Paris, essai d'une histoire littéraire et musicale des cris populaires de la capitale depuis le Moyen Age jusqu'à nos jours . . .* (Paris, 1857).

KAUT Hubert, *Kaufrufe aus Wien. Volkstypen und Strassenszenen in der Wiener Graphik von 1775 bis 1914* (Vienne et Munich, 1970).

LA BEDOLLIERRE Émile de, *Les Industriels, métiers et professions en France* (Paris, 1842).

LEDIEU Alcius, *Clocheteur et conducteur de vinaigrette* (Abbeville, 1910).

LESPINASSE René de, *Histoire générale de Paris. Les métiers et corporations de la ville . . . du XIVᵉ siècle* (Paris, 1897).

LORENZ Paul, unter der Leitung von *Métiers disparus* (Paris, G. M. Perrin, 1968)

MAINZER Joseph, *Le Marchand de coco, le porteur d'eau et autres marchands ambulants*, in *Les Français peints par eux-mêmes* (Paris, 1853).

MAYHEW Henry, *London characters, illustrations of the humor, pathos, and peculiarities of London life* (London, 1881).

MAYHEW Henry, *London Labour and the London poor* (London, 1851).

MERCIER Louis-Sébastien, *Tableau de Paris,* 12 vol. (Amsterdam, 1782–1789).

MONTEIL Alexis, *Histoire des Français des divers États,* tome III (Paris, 1853).

MORIN Louis, *Éditions troyennes des petits métiers et cris de Paris* (Paris, 1907).

MORRIS O. J., *Grandfather's London* (London, Putnam, 1956).

NICHOLSON William, *London Types* (London, 1898).

NISARD Charles, *Histoire des livres populaires ou de la littérature de colportage depuis le XVᵉ siècle* (Paris, 1854).

PITSCH Marguerite, *Les Cris de Paris,* (Genf 1962).

PITSCH Marguerite, *Les Cris de Paris au XVIIIᵉ siècle* (Paris, 1952).

PITSCH Marguerite, *La Vie populaire à Paris au XVIIIᵉ siècle* (Paris, Picard, 1949).

PRUDHOMME Louis, *Miroir historique, politique et critique de l'ancien et du nouveau Paris . . . ,* 6 vol. (Paris, 1807).

PUJOULX J. B., *Paris à la fin du XVIIIᵉ siècle* (Paris, 1801).

RÉGIS DE LA COLOMBIÈRE Marcel-Blaise de, *Les Cris populaires de Marseille* (Neuauflage, Laffitte, 1971).

REEVES Dorothea, *Come buy'old time sheet sellus of London and Paris and their cries*, in *Harvard, Library Bulletin,* April. 1972.

ROBERTS William, *The Cries of London,* in *the Connoisseur* (London, 1924).

SAVARY DES BRULONS Jacques, *Dictionnaire universel de commerce, d'histoire naturelle et des arts et métiers,* 5 vol. (Kopenhagen 1759–1765).

SAVIGNY DE MONTCORPS Vicomte de, *Petits Métiers et Cris de Paris* (Paris, 1905).

SEBILLOT Paul, *Légendes et curiosités de Paris* (Paris, 1894–1895).

SOCARD Alexis, *Livres populaires imprimés à Troyes de 1600 à 1800* (1864).

SPITZER Léo, *L'Etymologie d'un „cri de Paris"*, in *Études de style* (Paris, Gallimard, 1970).

STEINITZ Wolfgang, *Les Cris de Paris du XVIᵉ au XVIIIᵉ siècle* (Salzburg, 1971).

STOW John, *A Survey of London* (London, 1598).

TESSIER Octave, *Essai historique sur les criées publiques au Moyen Age.*

TEXIER Edmond, *Tableau de Paris* (Paris, 1852).

TUER Andrew W., *Old London street cries and the Cries of to-day* (London, 1885).

WANDAM, *French Men and French Manner* (London, 1895).

YRIARTE Charles, *Paris grotesque, Les célébrités de la rue* (Paris, 1864).

IV URKUNDEN

BOILEAU Étienne, Prévôt de Paris sous Saint Louis, *Le Livre des métiers.* Zum erstenmal 1837 in Paris veröffentlicht.

DELAMARE, *Traité de la Police* (Paris, 1719).

Ordonnances des rois de France.

Fotonachweis

Nᵒˢ 1 à 18. Bibliothèque historique de la Ville de Paris. Photo Alain Nenoff-Gallimard. 19 à 24. B. N. Est. 25 à 32. Bibliothèque de l'Arsenal. Photo Lalance. 33 à 39. B. N. Est. 40 à 49. Musée Carnavalet. Photo Alain Nenoff-Gallimard. 55 à 77. B. N. Est. 78. Musée Carnavalet. Photo Alain Nenoff-Gallimard. 79. Collection Octave Claude. Photo Gallimard. 80. Musée Carnavalet. Photo Alain Nenoff-Gallimard. 81-82. Bibliothèque de l'Arsenal. Photo Lalance. 83 à 94. Musée Carnavalet. Photo Alain Nenoff-Gallimard. 95 à 121. Bibliothèque historique de la Ville de Paris. Photo Massin. 122. Collection particulière. 123. Musée Carnavalet. Photo Gallimard. 124. Collection particulière. 125. Musée des Arts et des Traditions populaires. Photo Lalance. 126. B. N. Est. Photo Lalance. 127. Musée Carnavalet. Photo Lalance. 128. Musée Carnavalet. Photo Lalance. 129 à 133. Musée des Arts et des Traditions populaires. Photo Lalance. 134 à 138. Musée Caranvalet. Photo Alain Nenoff-Gallimard 139 à 148. Bibliothèque des Arts décoratifs. 149. Musée des Arts et des Traditions populaires. Photo Lalance. 150 à154. Bibliothèque historique de la Ville de Paris. Photo Massin. 155 à 157. B. N. Est. 158. Bibliothèque des Arts décoratifs. Photo Massin. 159 à 161. B. N. Est. Photo Alain Nenoff-Gallimard. 162 à 167. Bibliothèque historique de la Ville de Paris. Photo Lalance. 168 à 172. Bibliothèque des Arts décoratifs. Photo Massin. 173. B. N. Est. 174. Musée des Arts et des Traditions populaires. Photo Lalance. 175. B. N. Est. 176 à 179. B. N. Est. Photo Alain Nenoff-Gallimard. 180 à 182. Musée Carnavalet. Photo Alain Nenoff-Gallimard. 183 à 185. B. N. Est. 186. Collection particulière. 187. B. N. Est. 188. Collection de l'auteur. 189 à 191. B. N. Est. 192 à 207. Musée Carnavalet. Photo Alain Nenoff-Gallimard. 208 à 225. B. N. Est. 226. Bibliothèque des Arts décoratifs. 227. Musée Carnavalet. Photo Alain Nenoff-Gallimard.

228 à 232. B. N. Est. 233. Bibliothèque des Arts décoratifs. 234. B. N. Est. 235. Bibliothèque des Arts décoratifs. 236 à 251. B. N. Est. 252. Bibliothèque des Arts décoratifs. Photo Jean-Loup Charmet. 253 à 255. P. N. Est. 256 à 258. Bibliothèque historique de la Ville de Paris. Photo Massin. 259 à 290. Collection de l'auteur. 291 à 294. Collection sirot-Angel. 295 à 298. B. N. Est. Photo Alain Nenoff-Gallimard. 299-300. Musée Carnavalet. Photo Alain Nenoff-Gallimard. 301. B. N. Est. 302. Musée Carnavalet. 303 à 319. Bibliothèque historique de la ville de Paris. 320. Musée Carnavalet 321 à 324. B. N. Est. 325. B. N. Imp. 326. British Museum. 327-328. D'après l'ouvrage de Charles Hindley, *Histoire des Cris de Londres* (1881). 329-330. B. N. Est. Photo Lalance. 331 à 346. B. N. Est. Photo Alain Nenoff-Gallimard. 347. Collection particulière. 348 à 354. B. N. Est. 355 à 362. B. N. Est. Photo Alain Nenoff-Gallimard. 363 à 377. Collection particulière. 378 à 381. D'après l'ouvrage de Henry Mayhew, *London Labour and London poor* (1851). 382. D'après *Londres* par Louis Esnault, illustré par Gustave Doré (1876). 383-384. Bibliothèque historique de la Ville de Paris. 385 à 389. D'après *Grand-father's London*, par O. J. Morris (Londres, Putnam, 1956. Reproduit avec l'aimable autorisation de l'éditeur). 390-391. Nuremberg. Germanisches National-museum. 392 à 405. Berlin. Kunstbibliothek. 406 à 408. Nuremberg, Germanisches Nationalmuseum. 409 à 435. Berlin, Kunsbibliothek. 436 à 451. B. N. Est. Photo Alain Nenoff-Gallimard. 452 à 459. Berlin, Kunstbibliothek. 460. Bibliothèque des Arts décoratifs. 461. Berlin, Kunsbibliothek. 462. Nuremberg, Germanisches Nationalmuseum. 463 à 470. B. N. Est. Photo Massin. 471 à 478. Florence, Bibliothèque nationale centrale. 479 à 482. Berlin, Kunsbibliothek. 483 à 487. B. N. Est. Photo Lalance. 488 à 492. Berlin. Kunstbibliothek. 493 à 498. Milan, collection Bertarelli.

Inhalt

Händlerrufe aus Paris	23
Händlerrufe aus London	165
Händlerrufe aus Köln, Göttingen, Danzig Nürnberg, Leipzig und Hamburg	197
Händlerrufe aus Wien	219
Händlerrufe aus Zürich und Basel	223
Händlerrufe aus Rom, Bologna, Venedig, Mailand und Neapel	225
Anmerkungen	245
Bibliographie	251
Fotonachweis	254

Imprimé en France par Offset-Aubin à Poitiers (P 8284).